CONSERVATOIRE DES ARTS ET METIERS

COURS D'ECONOMIE INDUSTRIELLE

1837-38

LEÇONS

V

COURS

D'ÉCONOMIE INDUSTRIELLE.

IMPRIMERIE DE MOQUET ET COMP.,
Rue de la Harpe, 90.

CONSERVATOIRE DES ARTS ET MÉTIERS.

COURS D'ÉCONOMIE INDUSTRIELLE.

1837-38.

LEÇONS

SUR

Le CAPITAL, l'IMPOT, la RENTE, la DIVISION du TRAVAIL, les MACHINES, le PAUPÉRISME, la MONNAIE, le CRÉDIT, les BANQUES, l'AGRICULTURE, l'INDUSTRIE, les TRAVAUX PUBLICS, la CONVERSION des RENTES, les SOCIÉTÉS en COMMANDITE, les DOUANES, la STATISTIQUE;

ET SUR LES

SOCIALISTES MODERNES :

St. SIMON, FOURIER, OWEN

ET LEURS DISCIPLES.

Par M. BLANQUI aîné.

Recueillies et annotées par Ad. BLAISE (des V.) et Joseph GARNIER.

TOME I.

PARIS,

CHEZ J. ANGÉ, ÉDITEUR,

Rue Guénégaud, 19.

1838

CONSERVATOIRE DES ARTS ET MÉTIERS.

COURS
D'ÉCONOMIE INDUSTRIELLE,

PAR M. BLANQUI AINÉ.

PREMIÈRE LEÇON.

28 novembre 1837.

INTRODUCTION.

SOMMAIRE. Progrès de l'Économie Politique.—Erreurs des anciens économistes.— Supériorité de l'industrie sur l'agriculture. — Comparaison entre les pays agricoles et ceux qui s'occupent d'industrie et de commerce.

L'économie politique est la science de la médecine sociale ; elle a son diagnostic et ses remèdes. Exemples d'apoplexie et de suicide industriels.—Services rendus par les économistes : ils ont démonétisé la guerre entre les peuples, et démontré que les ouvriers et les industriels perdaient plus que les propriétaires fonciers aux émeutes et aux troubles.—Une réaction dans le sens industriel s'est opérée dans les esprits ; les dernières élections en ont été la preuve.—Pour s'occuper de ses intérêts, le pays n'en est pas devenu plus matérialiste.—Accroissement du mouvement industriel de 1824 à 1836 : *Routes, brevets d'invention, sucre, café, caisses d'épargne, houille, coton, soies, mûriers, fers et fontes, indigo, compagnies d'assurances, sociétés anonymes, navigation à la vapeur, chemins de fer.*

L'engouement a fait place à la défiance ; agiotage, abus des sociétés en commandite.—Importance des définitions.— Exemples de la division du travail; nous manquons de spécialités. Réductions du droit sur les houilles.

Depuis que nous nous sommes séparés, la

science, objet de nos études, a fait de notables progrès.

Elle a cessé de demeurer dans la classe des utopies, et chaque jour davantage elle est entrée dans la pratique; elle a présidé à toutes les opérations qui ont été couronnées de succès, et c'est pour avoir méprisé ses conseils que quelques entreprises ont échoué.

Long-temps on a méconnu les principes que la science économique dans son état actuel nous présente comme vrais. Ainsi, par exemple, la grandeur et la prospérité d'un pays ne s'accroissaient autrefois, suivant certains écrivains, que par la guerre et la destruction; d'un autre côté, la terre seule était regardée comme une source de richesses; tout le reste: commerce, industrie, était stérile; les ouvriers des fabriques, les négocians et les marchands des villes, ne créaient aucune valeur, leurs travaux ne servaient qu'à remplacer sans aucun profit ce qu'ils avaient consommé en salaires, en denrées, en marchandises, etc.; en un mot ils n'ajoutaient rien aux richesses du pays. Ces doctrines étant généralement adoptées, la guerre resta long-temps à l'ordre du jour, et il n'y eut qu'une seule classe de personnes riches, celles qui étaient détenteurs du sol; toutes les autres: fabricants, écrivains, marchands et savants, étaient comme des *parias*, indignes de rien posséder. L'application complète de ce système vicieux d'économie politique fut du reste funeste à la terre et aux propriétaires fonciers; car de ce que l'on était persuadé que celle-là était seule créatrice de richesses, on jugeait qu'elle seule devait supporter la charge des impôts, et on l'en chargea outre mesure. Ce système avait eu Turgot pour partisan et pour homme d'application; il trouva de nombreux continuateurs dans l'Assemblée Constituante.

Les travaux d'Adam Smith et des économistes français, postérieurs à la révolution, ont eu pour résultat de démontrer combien cette opinion était fausse; ils ont fait le compte des profits que l'industrie et le commerce avaient procurés à d'autres peuples, et de ce que nous avions perdu à ne pas suivre la même voie. Heureusement ils ont été entendus et aujourd'hui, vous le savez, on ne voit plus de tous côtés qu'entreprises nouvelles, industries créées en quelque sorte. Partout ce sont des sociétés, des actionnaires; ici pour des routes ou des canaux; ailleurs pour des usines, là pour des chemins de fer ou des bateaux à vapeur, d'un autre côté encore pour des mines, des hauts fourneaux, etc.

Par suite de ce changement, l'agriculture, autrefois réputée la première, la seule industrie productive perd chaque jour de son importance, malgré les progrès nombreux qu'elle aussi a faits de son côté. Voyez l'Angleterre, l'art de la culture y est poussé à une perfection inconnue chez nous, et cependant elle est restée bien au-dessous de l'industrie, quant à l'importance de ses produits et au nombre de bras qu'elle occupe; c'est que, Messieurs, le sol a des limites; il n'emploie ceux qui le cultivent qu'une partie de l'année, et ne leur donne qu'une récolte; tandis que les usines, les fabriques, ne demandent que peu de place pour créer des valeurs considérables. Quand les batiments sont insuffisants, on les double en leur donnant quelques étages de plus. Les champs, ai-je dit, ne se moissonnent qu'une fois par année, dans les ateliers au contraire chaque jour de travail est un jour de récolte ; à la lumière que fournit le ciel succède la clarté que nous tirons de l'huile, de la houille, de la résine ; la nuit n'existe plus, le repos est inconnu, au moins pour les machines, qui, dans les besoins pressants, voient leurs conducteurs et leurs surveillants se relever les uns les autres, sans qu'elles arrêtent un instant leur marche.

C'est ainsi, Messieurs, que s'explique, dans les temps passés comme de nos jours, la puissance de certains états dont le territoire est ou fut très borné, et qui commandaient à des peuples vingt fois plus nombreux qu'eux. Voyez Venise au milieu des eaux ; les Provinces unies, au sein des marais, la république de Gênes, celle de Florence ; leur industrie, leur commerce, leur avaient donné le sceptre du monde. Voyez de nos jours la Belgique avec ses quelques millions d'habitants ; voyez l'Angleterre avec son territoire deux fois moindre que celui de l'Espagne. D'un côté : le ciel brumeux, une température froide, un sol qui se refuse à produire mille denrées ; de l'autre : des récoltes doubles, un climat chaud sans être brûlant, des terres où croissent les grains, l'olivier, la vigne, la canne à sucre, l'oranger, en un mot les produits des tropiques et ceux du Nord. Pour les uns le ciel a tout fait ; aux autres il a tout refusé ; et cependant ceux-ci sont riches, puissants, la paix règne parmi eux et leur nom est repecté au loin; tandis que les autres sont pauvres, misérables, la guerre civile ravage leurs campagnes, brûle leurs villes, dévaste leurs maisons et décime indifféremment les derniers comme les premiers d'entr'eux.

A côté de ce tableau des résultats avantageux que produit le travail industriel, je dois placer, pour être vrai, celui des inconvénients qu'il présente. Si en effet, il mène rapidement à la fortune ceux qui s'y livrent avec zèle et intelligence, il est fréquemment inquiété dans sa marche, et il se passe rarement une longue suite d'années sans qu'une crise vienne bouleverser un grand nombre d'existences. C'est cette fragilité, si je puis dire, des fortunes industrielles, qui fait que beaucoup de personnes hésitent encore à se lancer dans cette honorable carrière; c'est elle aussi qui maintient la faveur dont jouissent les propriétés foncières, et qui fait que tant de gens préfèrent un revenu médiocre mais assuré en rentes sur l'état, par exemple, à un revenu plus fort en actions industrielles ou en commandite commerciale.

L'économie industrielle est propre surtout à empêcher ces crises qui désolent l'industrie, à en atténuer les effets, à guider les manufacturiers et les négociants dans leurs entreprises; car il en est pour le corps social comme pour les individus; il y a une physiologie et une hygiène propres à la société comme à l'homme. Sans doute l'économie politique, comme la medecine, n'a pas de remède pour tous les maux et ne peut pas réparer toutes les fautes, tous les accidents ; mais comme elle, elle peut les prévenir presque tous, et annoncer ce qui arrivera si l'on méprise ses conseils.

Quand un médecin dit à un homme court et replet : soyez sobre ou l'apoplexie vous frappera, certainement il parle à coup sûr. Eh bien il en est de même lorsqu'un économiste dit à un fabricant : avant de produire, connaissez d'abord vos débouchés, étudiez la consommation et appréciez-en le chiffre; sans quoi vos magasins s'encombreront et vous vous ruinerez : c'est là un cas d'apoplexie industrielle.

Quand une banque émet plus de billets qu'elle n'a de réserve, elle achète des espèces fort cher pour rembourser, et elle perd de ce côté au-delà de ce qu'elle à gagné sur les émissions. C'est là encore un cas de suicide économique.

L'économie politique est donc la science de la médecine industrielle ; c'est elle qui fournit les moyens de guérir, ou tout au moins de prévenir ces apoplexies, ces asphyxies, ces suicides, qui affectent et tuent le corps des manufacturiers et des négociants. Cette vérité commence maintenant à se faire jour, et nous assistons à une réaction qui en fournit la preuve.

Les économistes avaient dit autrefois que la guerre la plus heureuse était onéreuse, même au vainqueur ; on a commencé par se moquer d'eux, et on a fini par leur donner raison. Aujourd'hui, on ne se bat plus entre peuples, et quelque sujet de mécontentement que les gouvernements puissent avoir les uns contre les autres, ils ne prennent plus les armes pour en tirer satisfaction.

Plus récemment les économistes se sont élevés contre les guerres entre citoyens, et laissant aux hommes politiques le soin de les qualifier et de les punir au moyen de lois spéciales; ils ont démontré combien elles étaient ruineuses et comme elles allaient directement contre le but de ceux-là même qui en étaient les instigateurs. Ils disaient : « On a « cru long-temps et à tort que les propriétaires « fonciers étaient les plus intéressés au maintien « de la paix et du repos public : cette croyance était « une erreur. Les industriels, les commerçants, les « ouvriers surtout, sont bien plus fortement atteints « par les suites d'une émeute ou d'une révolution, « que les propriétaires de terre et de maisons ; car « la terre pas plus que les maisons ne sont dé- « truites, elles restent toujours là ; on peut perdre « une partie du revenu, mais le fonds reste tou- « jours ; tandis qu'une insurrection fait subitement « tomber les actions industrielles, arrête les af- « faires, suspend les commandes, ferme les ate- « liers et renvoie les ouvriers sur la place publique, « sans salaire et sans pain. »

La justesse de ce raisonnement a frappé tout le monde, et depuis plusieurs années nous ne sommes plus désolés par le spectacle douloureux des scènes qui ont ensanglanté nos rues. On discute au lieu de se battre, ce qui vaut infiniment mieux, et comme on ne pend plus les contradicteurs, ceux qui se trompaient ont le temps de reconnaître leur tort et de revenir à la vérité.

Le changement qui s'est opéré dans l'esprit public depuis quelques années est bien remarquable, et les économistes peuvent en revendiquer une bonne part; car dans cette circonstance ce sont eux qui l'ont dirigé. Ce changement s'est surtout observé dans une occasion récente, à propos des élections.

Vous avez vu, en effet, presque toutes les interpellations des électeurs aux candidats porter sur des questions d'intérêts généraux, de travaux publics, de conversion des rentes, de douanes, d'amortissement, de chemins de fer, etc., et déserter presque complétement les discussions irritantes sur les questions politiques, au sujet desquelles on s'entend toujours mal.

Quelques personnes ont paru regretter que le pays semblât se lancer entièrement dans cette voie des intérêts positifs; on a crié au matérialisme. C'est là, je ne crains pas de l'affirmer, une crainte non seulement exagérée, mais encore dénuée de fondement; et il est facile de répondre à ceux qui l'ont exprimée que le pays ne s'occupe tant d'intérêts positifs, de richesses enfin, que pour développer ensuite avec plus de sécurité et de persévérance tout ce qui a rapport à l'intelligence, et qu'il ne court après la fortune que parce qu'elle mène à la liberté.

La réaction industrielle, qui a eu les économistes de toutes les classes : professeurs, écrivains, journalistes, pour promoteurs, remonte déjà à plusieurs années; mais elle ne s'est fait sentir d'une manière bien sensible que dans ces derniers temps : quelques chiffres vous mettront à même d'en juger.

ROUTES.

En 1824 il n'y avait en France que 15 millions de mètres de route.

En 1836 il y en a 25 millions.

Or, vous savez combien de richesses enfouies la création d'une route met en valeur ; rappelez-vous seulement le résultat de l'élargissement de quelques quais à Paris et le percement d'une rue dans un quartier populeux. J'ai déjà traité cette question l'année dernière, je ne puis que vous y renvoyer (1).

BREVETS D'INVENTION.

En 1820, il a été accordé 118 brevets d'invention.

En 1836, 405.

Bien que ces brevets n'aient pas tous été délivrés pour des inventions bien réelles et bien importantes, il n'en est pas moins certain qu'il y a eu une plus grande émulation pour bien faire.

SUCRE.

En 1820, on a importé 45 millions de kilogr. de sucre.

En 1836, 80 millions de kilogr.

---

(1) Voyez Cours d'économie industrielle de 1836-1837, recueilli par Ad. Blaise, (des Vosges), et Joseph Garnier. 1 vol. in-8°, chez Angé, rue Guénégaud, 19.

Et la production indigène s'est élevée à 45 millions de kilogr.

Café.

En 1820, on a importé 3 millions de kilogr. de café.

En 1836, 22 millions de kilogr.

Ces chiffres sont concluants; car le sucre et le café sont des consommations de luxe, et l'énorme accroissement de leur importance indique de notables progrès dans la condition et le bien-être des habitants : j'en tire encore une autre preuve du chiffre suivant.

Caisses d'épargne.

En 1820, les Caisses d'épargne ne recevaient que quelques centaines de mille francs.

En 1836, les fonds déposés dans leurs Caisses dépassent 100,000,000 fr. C'est là que les économies se groupent et forment des capitaux qui permettent d'acheter des actions, des rentes, etc. Autrefois on ne songeait qu'à la terre, et comme tout le monde ne pouvait pas en avoir, on ne faisait pas d'épargne.

Voici maintenant pour l'industrie :

Houille.

En 1820, on importait 275 millions de kilogr. de houille.

En 1836, 992 millions de kilogr.

Et nos mines en fournissent plus du double.

En 1820, 885,250,200 kilogr.
En 1835, 1,968,624,000 kilogr.

Coton.

En 1820, on a importé 21 millions de kilogr. de coton.

En 1836, 59 millions de kilogr.

Soie.

En 1820, on a importé 400 mille kilogr. de soie.

En 1836, 2 millions de kilogr.

Sans parler de l'augmentation de la production indigène, dont je donnerai une idée en vous citant un chiffre :

Muriers.

De 1820 à 1835 on a planté plus de 6 millions de mûriers, et depuis deux ans ce nombre s'est peut-être doublé !

Fers et fontes.

En 1820, on a importé 14 millions de kilogr. de fer et fonte ;

En 1836, 29 millions,

Tandis que la production nationale s'élevait dans une forte proportion.

Indigo.

En 1820, on a importé 800 mille kil. d'indigo ;
En 1836, id. 1300 mille id.

Cet accroissement a eu lieu malgré la découverte du bleu de Prusse, et son application à la teinture des draps.

Compagnies d'assurances.

En 1819, il n'y avait que deux compagnies d'assurances contre l'incendie;

En 1837, on en compte huit, sans parler de celles établies dans les départements et de celles ayant pour objet les assurances sur la vie, contre la grêle, les accidents, les naufrages, les pertes de procès, les vols, les maladies de bestiaux, etc.

Ainsi, les idées de prévoyance ont pénétré dans les campagnes; on a acheté la sécurité au prix même quelquefois du nécessaire. Ce fait est remarquable.

Sociétés anonymes.

De 1808 à 1820, le gouvernement n'a autorisé les statuts que de 22 sociétés anonymes.

De 1820 à 1837, cette autorisation s'est étendue à 120 sociétés.

Et ici je ne parle que des sociétés sérieuses, des sociétés anonymes, qui sont l'objet d'un examen rigoureux de la part des conseils d'État et du ministère.

Navigation a la vapeur.

Cette nouvelle voie de transport s'est aussi considérablement augmentée; aujourd'hui on voit des bateaux à vapeur partout. Il n'est si petite rivière navigable qui n'en ait au moins un; chaque lac de la Suisse en a plusieurs ; il en est de même sur la Seine, la Loire, le Rhin, la Saône, le Rhône ; la Méditerranée et l'Océan sont sillonnées par des *steamers* ; Londres, le Hâvre, Calais, Ostende, Hambourg, Rotterdam, Strasbourg, Nantes, Bordeaux, Cherbourg, ont des lignes régulières de bateaux à vapeur. Par eux Marseille a été mis en rapport avec le Levant et l'Archipel, Gênes, Naples, Alexandrie, Smyrne, Constantinople ; on peut se donner rendez-vous dans l'une de ces villes, et s'y trouver à une heure fixée. Suivant la pensée de Napoléon, la Méditerranée est devenue un *lac* français.

La ligne de Paquebots-Poste, le service de la Mer Rouge, ont rapproché les distances. J'ai reçu l'autre jour une lettre de Lahore, qui m'était écrite par le général Allard ; cette lettre, datée du mois de Juillet, m'est venue par la Mer Rouge, Suez, Alexandrie, les paquebots et Marseille.

La navigation par la vapeur a encore fait disparaitre presque tous les dangers que présentaient nos fleuves : autrefois il en coûtait plus cher pour assurer un navire allant de Rouen au Hâvre, que du Hâvre à New-Orléans ; aujourd'hui, avec les remorqueurs, on ne fait même plus assurer. Le Rhône, si long-temps stérile à la remonte, est enfin rendu au commerce, et le chenal de la Loire devient presque suffisant.

Les CHEMINS DE FER n'ont pas donné de résultats moins brillants : je ne parle pas de la France, où ils ne sont encore que de véritables joujous offerts en appât à la curiosité publique ; mais voyez en Amérique, en Angleterre, en Belgique. Bientôt on ira en huit heures de Londres à Liverpool (80 lieues), et dans l'été on pourra revenir le même jour (160 lieues !)

En France, je vous en ai fourni la preuve tout à l'heure, on commence à suivre ces exemples ; on le fait même en ce moment avec témérité; car il en est toujours ainsi chez nous : on ne sait rien faire avec mesure, on a de la répugnance ou de l'engouement, et l'engouement est dangereux en industrie. Parce qu'une société en commandite a réussi, toutes les entreprises se montent en commandite.

Il faut y prendre garde; car bientôt on rouvrirait à la Bourse les maisons de jeu que l'on ferme au Palais-Royal ; le tirage des primes remplacerait celui de la loterie, et les capitaux, au lieu de vivifier l'industrie et de soutenir le commerce, ne serviraient plus que d'aliment à l'agiotage, et de proie au charlatanisme et à la friponnerie !

C'est surtout dans ces circonstances et sur de telles questions qu'il importe d'interroger l'économie politique; elle a trouvé place dans les conseils du pays; les électeurs l'ont fait entrer à la Chambre dans la personne de quelques députés; les capitalistes, les industriels doivent la consulter à leur tour.

Le temps que l'on consacre à l'étude de cette science peut être regardé comme bien employé. Voyez, par exemple, ce que nous avons fait ensemble. En étudiant, il y a quelques années, le tarif des houilles, nous démontrions ses vices et nous demandions, non sans quelque vivacité, sa réforme. A cette époque, on regardait nos opinions comme subversives, et nos réclamations comme mal fondées. Déjà l'année suivante on les trouvait justes, mais un peu trop vives, et on accordait un léger dégrévement. Cette année on nous donne complétement raison; mais on ne nous donne encore qu'une satisfaction imparfaite. Nous y reviendrons de nouveau jusqu'à ce que nous ayons obtenu le tout; et j'ai l'espoir d'avoir cette bonne nouvelle à vous apprendre, l'année prochaine, à pareille époque.

Je me propose d'examiner, dans le Cours que nous commençons aujourd'hui, tout ce qui touche aux intérêts généraux du pays, et spécialement à ceux de l'industrie. Je saisirai toutes les occasions qui se présenteront pour examiner les questions qui l'intéressent. La session qui va s'ouvrir sera essentiellement économique; nous aurons souvent à suivre la chambre, à la devancer même dans tout ce qui concerne les droits de douanes, les travaux publics, les sociétés en commandite, etc. Toutes ces questions sont importantes; toutes peuvent recevoir une solution exacte.

La plus légère définition mal posée pouvant causer de graves erreurs, je m'attacherai à les bien expliquer toutes. Qui croirait, par exemple, qu'il existe des rapports entre la division du travail et le choix des professions? C'est une mauvaise définition qui a fait de ces deux titres des choses différentes, tandis qu'elle n'en forme qu'une. En effet, c'est parce qu'on a mal choisi les professions, qu'on les a mal partagées, et qu'il se trouve tant de concurrence sur certains points et une si grande disette sur d'autres.

Tout le monde a voulu être médecin, avocat ou notaire, et les pères de famille n'ont mis dans le commerce ou l'industrie que ceux de leurs enfants qui manquaient d'intelligence. Comment donc, après cela, voulez-vous lutter avec des pays (l'Angleterre, la Belgique) où l'on n'a en vue que l'industrie et le commerce? Où sont nos ingénieurs, nos chefs d'usine? où trouver des conducteurs et des chefs ouvriers pour l'exécution de la loi sur les routes? où sont nos mécaniciens, nos chauffeurs pour nos locomotives et nos bateaux à vapeur? Nous n'en avons pas. Il faut les aller chercher en Angleterre, alors que nous avons tant d'ouvriers intelligents sans ouvrage, tant de jeunes gens bourrés de grec et de latin sans place, tant d'avocats sans clients, et de médecins sans malades.

Tout cela, Messieurs, est du ressort de l'économie politique; c'est là, de la division du travail. Nous avons demandé et nous avons obtenu, sinon l'abolition complète, du moins une forte réduction du droit sur la houille. Nous demandons depuis deux ans, et nous obtiendrons bientôt sans doute la réforme de l'enseignement public.

Ad. B. (d. V.)

SECONDE LEÇON.

Séance du 1er décembre 1837.

INTRODUCTION (suite).

SOMMAIRE. Révolution que subissent les richesses mobiliaires et agricoles.— Dangers du progrès industriel.
L'étude de l'économie politique convient à tout le monde.— Reproches adressés aux économistes qu'on dit trop pressés.— Essais de Turgot. — On accusait ce ministre d'être trop pressé. — Le gouvernement est entravé par l'ignorance du public. Il est forcé de respecter les droits acquis.
Ce n'est qu'avec le secours de l'économie politique qu'on peut résoudre les questions que font naître en ce moment les salaires, le paupérisme, les rentes, un projet du gouvernement belge sur les monnaies, la construction des chemins de fer, notre colonie d'Alger.
Il n'y a que les éléments de bien utiles dans la science. — En quoi consistent ces éléments. — Définition de la *valeur*, de la *valeur en échange* et de la *valeur en usage*; de la *richesse*; de la *monnaie*; du *travail*; du *capital*; du capital *fixe* et du capital *circulant*.

Dans la dernière séance nous nous sommes occupés des progrès que l'économie politique a faits dans ces derniers temps; je vous demande la permission de consacrer encore à ce sujet, la première partie de cette leçon. Et d'abord je crois devoir appeler votre attention sur une puissance nouvelle qui réagit sur les phénomènes dont s'occupe la science que nous étudions, je veux parler de la richesse mobilière qui suit dans son accroissement une progression vraiment remarquable et qui en est arrivé au point de se poser aristocratiquement, comme il y a quarante ans la richesse territoriale. Quelques chiffres vont fixer dans votre esprit ce notable changement pour l'Italie, la France et l'Angleterre. En comparant dans ces trois pays la population agricole à la population industrielle, on est arrivé aux rapports suivants:

En Italie	100	habitants	cultivateurs
	31	—	étrangers à la culture;
En France	100	—	cultivateurs,
	50	—	étrangers à la culture;
En Angleterre	100	—	cultivateurs,
	200	—	étrangers à la culture.

Ces proportions s'accroissent tous les jours; et cela se conçoit. La population agricole est bornée par le territoire national; et le personnel industriel n'est limité que par les marchés, c'est-à-dire, par le monde entier. Il y a 15 ans les chiffres que je viens de vous citer étaient :

pour l'Italie	100	habitans	cultivateurs,
	20	—	étrangers à la culture;
pour la France	100	—	cultivateurs,
	37	—	étrangers à la culture;
pour l'Angleterre	100	—	cultivateurs,
	160	—	étrangers à la culture.

Mais, vous le savez, la croissance a ses dangers, et la population en devenant industrielle doit attirer l'attention; car si elle produit plus, la prospérité est plus fragile et plus sujette aux révolutions brusques qui amènent des malaises périodiques, tandis que la population agricole dont la richesse suit une marche beaucoup plus lente jouit d'une tranquillité et d'une énergie bien plus grandes. C'est sur beaucoup de points, comme pour les hommes pris individuellement; séparés, ils ont sans doute moins d'infirmités que lorsqu'ils sont réunis, et ils donnent lieu à beaucoup moins de complications. Nous étudierons cette année quelques-unes des difficultés qu'entraine avec lui le développement industriel. A ce sujet je veux répondre à un préjugé grave qui s'est accrédité chez un grand nombre de personnes. L'économie politique, dit-on, ne convient qu'au gouvernement, lui seul doit l'étudier; si l'organisation de la société doit être modifiée, si telle branche de la production souffre, c'est à lui de prendre ses mesures; nous n'avons pas besoin de nous en occuper. Mais, Messieurs, qu'entend-on par gouvernement? — Sans doute les hommes qui gouvernent. Eh bien! leurs fautes sont la plupart du temps celles des populations; car s'ils n'avaient point une partie plus ou moins considérable de citoyens qui les poussent, ils ne les feraient pas, et en définitive personne n'aime à mal faire, parce qu'il est fort ennuyeux de s'entendre critiquer. Savez-vous pourquoi dans la dernière ordonnance sur les houilles on s'est réservé la faculté de retirer le bien qu'on vient de faire? C'est parce qu'on savait que la mesure plairait aux uns et déplairait aux autres, et qu'on a voulu se mettre en état d'agir conformément aux réclamations ultérieures. Si donc les fautes de l'administration ne sont que l'expression de celles du public, comment les citoyens qui composent ce public pensent-ils éclairer l'administration, s'ils ne sont point eux-mêmes sans préjugés?

Avec un peu de réflexion l'on ne tarde pas à se convaincre que l'économie politique intéresse tout le monde, même pour le choix d'un emploi et d'une simple opération communale. Depuis le conseiller municipal jusqu'au diplomate, tous ont besoin de la consulter. Presque toujours elle intervient pour résoudre les questions avec une exactitude mathématique, écartant ainsi les passions dont l'influence est reprimée, soit par la justice soit par l'intérêt bien entendu. Prenons pour exemple la question de la vaine pâture. Pensez-vous qu'il faille lâcher les troupeaux dans les guérets, à tort et à travers, comme cela se fait dans presque toute la France; pensez-vous qu'à l'imitation des Espagnols, il faille sacrifier les campagnes au fléau de la *mesta*, comme ils disent, dans l'intérêt de l'industrie des laines. Si vous êtes indécis, la science vous donnera une solution exacte, et avec son secours vous pourrez établir les droits des propriétaires et la liberté qu'on doit accorder aux bestiaux.

Ceux qui douteraient encore de la nécessité de connaître l'économie politique me permettront une autre comparaison. Supposez un malade qui ne parle point, à côté d'un autre qui peut expliquer son mal au médecin; lequel des deux a plus de chances pour la guérison? La réponse n'est pas difficile. Eh bien, le corps social a aussi ses maladies, et les individus qui le composent doivent les indiquer. Il faut savoir se plaindre pour que les plaintes ne soient pas de stériles déclamations faites avec passion, et pour qu'on ne soit point autorisé à y répondre aussi avec passion.

On nous a adressé un autre reproche. On a dit que nous demandions trop et que nous allions trop vite. Il faut s'entendre sur ce point; car ce reproche a aussi été adressé à des hommes dont le caractère, à la fois grave et élevé, exclut l'idée de toute précipitation inopportune. C'est ainsi que Turgot, ce grand ministre, j'ai presque dit ce grand homme, n'écoutant que sa probité, crut pouvoir attaquer toutes les questions et faire triompher ses idées généreuses sur l'amélioration des routes, les abus des corporations, les injustices des corvées, l'émancipation du travail, etc.; mais il ne tarda point à rencontrer une opposition formidable de la part des privilégiés coalisés qui lui reprochaient sans doute aussi d'être trop pressé. Il faut le dire ici; ce n'est pas le roi que Turgot rencontra au nombre des opposans à ses belles tentatives de réforme; car Louis XVI répétait souvent: « Il n'y a que M. Turgot et moi qui aimions le peuple. » Il était beau de voir ces deux hommes de bien accoudés sur la même table et travaillant avec ardeur au sort des masses. Combien les considérans, ou, comme on dit aujourd'hui les exposés des motifs des décisions qu'ils prenaient en commun sont beaux, et combien je regrette que le temps ne me permette pas de vous en donner lecture.

Turgot, en se mettant à l'œuvre, trouva dans les parlements une opposition redoutable. Lorsqu'il demanda la libre circulation du blé, non point de l'étranger en France ou de la France à l'étranger, mais de province à province (chaque province avait alors sa ligne de douanes), c'était la chose la plus simple que de demander que le blé pût être porté des pays où il abondait dans ceux qui en manquaient. Eh bien, il fallut souvent faire marcher plus de 25,000 hommes pour maintenir un décret qui avait déplu à MM. du parlement, soutenus d'ailleurs par une population ignorante. La nécessité de la violence découragea Turgot qui n'était point un homme d'épée, et la plupart de ses réformes furent ajournées.

Aujourd'hui la corvée telle qu'elle était à cette époque, c'est-à-dire, l'obligation pour les pauvres de faire des routes pour les voitures des riches, nous paraît une chose odieuse. Turgot le pensait aussi ; mais il était le seul en haut lieu. Il est curieux de lire les lettres qu'il échangea sur ce point avec le garde des sceaux qui se faisait l'avocat des gens qui avaient le malheur d'aller en voiture (1).

---

(1) Les documents suivants sont extraits des œuvres de Turgot.

(*Observations de M. le garde-des-Sceaux.*) Les propriétaires qui paraissent au premier coup-d'œil former la portion des sujets du roi la plus heureuse et la plus opulente, sont aussi celle *qui supporte les plus fortes charges*; et qui par la nécessité où elle est d'employer les hommes qui n'ont que leurs bras pour subsister....

RÉPONSE DE M. TURGOT.

M. Trudaine n'a certainement pas pensé que les propriétaires, et surtout les propriétaires privilégiés, fussent ceux qui supportassent les plus fortes

Il y avait à Rouen 142 meuniers privilégiés et une confrérie de forts de la halle, ou porteurs de farine, qui ne vous aurait pas permis de porter votre provision vous-même, et qui vous forçait, moyennant finances, à emprunter le dos de l'un de ses membres. La compagnie des fours était organisée de la même manière. Turgot crut que la justice voulait que l'on pût porter son sac soi-même, et cuire son pain *ad libitum*. Une insurrection de meuniers et de fourniers, soutenus par les parlements, vint lui prouver qu'il était trop pressé.

---

charges, il était fermement convaincu, et il m'a souvent dit qu'en dernière analyse, tous les impôts retombaient sur les propriétaires des terres, ou en augmentation de dépense ou en diminution de revenu; il avait cela de commun avec toutes les personnes qui ont réfléchi sur la nature et les effets de l'impôt; mais de ce que le propriétaire ressent le coup de la ruine de son fermier, il ne s'ensuit pas que ce fermier ne soit encore plus malheureux que son maître lui-même. Quand un cheval de poste tombe excédé de fatigue, le cavalier tombe aussi; mais le cheval est encore plus à plaindre.

Les propriétaires font vivre par leur dépense les hommes qui n'ont que leurs bras; mais les propriétaires jouissent par leur argent de toutes les commodités de la vie. Le journalier travaille et achète, à force de sueurs, la plus étroite subsistance; mais quand on le force de travailler pour rien, on lui ôte même la ressource de subsister de son travail par la dépense du riche.

Suite des observations de M. le garde-des-Sceaux.

Les propriétaires ne profitent pas seuls de l'avantage des grandes routes bien entretenues. Les voyageurs, les rouliers et les paysans même qui vont à pied en profitent également; les voyageurs font plus de chemin en moins de temps et à moins de frais, et les rouliers fatiguent moins leurs chevaux, usent moins leurs voitures et leurs équipages; le simple paysan qui va à pied marche plus facilement dans une belle route que dans un mauvais chemin, et perd moins de temps lorsqu'il est obligé de se transporter hors de son domicile. De là résulte que le profit des grandes routes s'étend proportionnellement à tous les sujets du roi.

RÉPONSE DE M. TURGOT.

A l'égard des paysans qui vont à pied, M. le garde-des-Sceaux me permettra de croire que le plaisir de marcher sur un chemin bien caillouté, ne compense pas pour eux la peine qu'ils ont eue à le construire sans salaire.

Le système des corporations n'était autre chose que l'esclavage des blancs. Un pauvre ouvrier n'était guère émancipé avant l'âge de trente-cinq ans et moyennant des sacrifices considérables. Turgot ne parvint point à faire comprendre, après des efforts réitérés, que des études de menuiserie ou de cordonnerie n'ont pas besoin de durer 20 ans, et qu'un apprenti, après deux ou trois ans, fait assez de travail pour gagner sa vie. Il attaqua cet état de choses anormal et impie qui empêchait par le fait le mariage et encourageait la débauche, dans un préambule, le plus beau morceau que l'administration ait emprunté à la science ; mais il n'en fut pas moins obligé de révoquer l'ordonnance qu'il avait fait signer à Louis XVI.

Le gouvernement est donc souvent entravé par l'ignorance du public et les réformes sont plus difficiles qu'on ne pense ; d'un autre côté, ces difficultés et cette résistance s'expliquent assez naturellement. Lorsque des capitaux et des talents ont été mal dirigés et qu'ils se voient obligés de changer de route ; lorsque du fer, par exemple, on est obligé d'aller à la toile, de la menuiserie à la chaudronnerie, il y a toujours quelque violence, quelque déchirement dans une innovation. Lorsque la perturbation a lieu sur une grande échelle, les changements, quelque légitimes qu'ils soient, occasionnent de grands maux, et cela explique comment, après en avoir signalé la nécessité avec énergie, on se voit obligé de prendre les plus grandes précautions pour appliquer le remède. Heureux quand il n'est pas pire que le mal.

Ce qui est arrivé et ce qui arrive tous les jours pour le système prohibitif nous fournit une preuve de tout ce que je viens de dire. Vous savez qu'il est fondé sur ce principe absurde que l'argent est la marchandise par excellence et que par conséquent il faut en accaparer le plus possible. De là le système mercantile, qui prohibe la sortie du numéraire sous peine de mort, (quand on fait mal, on éprouve toujours le besoin de bien punir les récalcitrants), et par conséquent toujours vendre et jamais acheter, toujours exporter et jamais importer, comme si c'était possible. Ce malencontreux système est aujourd'hui perdu quant à la doctrine; mais les lois que ses partisans nous ont faites portent encore leurs fruits. En Espagne, par exemple, il est encore défendu de faire sortir de l'or; il est vrai qu'on ne se tue plus pour cela; on se tue pour autre chose. Nous avons souvent démontré, et vous admettez que la théorie prohibitive est absurde; mais nous n'en sommes pas moins forcés de respecter les droits acquis. Comment donc pouvons-nous nous y prendre pour résoudre la question et concilier tous les intérêts? — Nous y parviendrons au moyen de l'économie politique.

Cette science sera aussi notre guide dans les questions que je vais avoir l'honneur de vous rappeler.

Comment se fait-il que lorsque les subsistances augmentent les salaires augmentent, et que lorsque les subsistances diminuent les salaires baissent? On croirait le contraire. Eh bien! la loi, telle que nous venons de l'énoncer, se reproduit constamment avec une régularité mathématique. La démonstration en est aussi simple que celle d'une règle de trois ; vous en jugerez lorsque nous aurons besoin de l'invoquer à l'appui de nos raisonnements.

Comment se fait-il qu'avec une richesse publique croissante, on ait à déplorer les tristes effets d'une misère privée extrême? Pourquoi l'Angleterre, en s'enrichissant, voit-elle augmenter le nombre des enfants étiolés dont le travail exploité avant l'âge? Est-ce là une nécessité? — La solution de cette question est importante ; et quelque difficile qu'elle puisse paraître, il n'est pas impossible de la résoudre avec la science d'aujourd'hui.

On dit tous les jours que les routes, les canaux, les chemins de fer, enrichissent le pays en permettant aux producteurs de vendre leurs produits à meilleur marché. Comment se fait-il donc que ces mêmes producteurs, en vendant moins cher, gagnent davantage? — Ces vérités sont encore faciles à démontrer.

Y a-t-il avantage à réduire la rente 5 pour cent? De quelle nature est cet avantage; et si au contraire il y a désavantage, de quelle nature est ce désavantage? — Nous répondrons d'une manière nette et précise, et nous y ajouterons des considérations concluantes qu'on n'a fait, ce me semble, valoir nulle part.

Quelques-uns d'entre vous ont entendu parler du projet qu'a le gouvernement belge de faire de nouvelles pièces d'or de 25 francs à un certain titre. Il s'est aperçu que pour 1000 francs en or on donnait non seulement 1000 francs en écus d'argent, mais encore un agio de 10 francs. Alors il s'est dit : « Si je faisais des pièces de 25 francs avec cette différence en moins ; » c'est-à-dire, pour parler français, si je faisais de la fausse monnaie ou si je volais dix francs par mille? Prenons-y garde, c'est là un projet qui a des ramifications politiques. Pour combattre ce projet, la science viendra à notre aide; et d'ailleurs, si, comme je le présume, il cache quelque chose qui peut s'écarter de la ligne droite, je vous le dirai sans ménagement.

Qui doit faire les chemins de fer? — Pour mon compte particulier, je crois que le gouvernement doit faire au moins les grandes lignes, et j'espère pouvoir vous présenter à l'appui de cette opinion, des arguments assez concluants. J'entrevois dans les compagnies une aristocratie naissante dont le monopole poussé au-delà de certaines limites pourrait devenir fort onéreux pour le pays.

Ce qui prouve surtout que l'économie politique est non-seulement la science des états, mais aussi celle des plus petites communes, ce sont les questions si intéressantes d'hôpitaux, d'enfants trouvés, et de bureaux de bienfaisance. On vient de faire, à Bordeaux, la bêtise d'écrire sur un placard : « La mendicité est abolie. » Oui, on ne mendiera plus dans Bordeaux ; mais on mendiera tout autour, mais on volera le raisin ; et puisqu'on n'a pas voulu aborder la question, il faudra bien qu'on la reprenne quand elle se représentera au bureau de bienfaisance ou à la cour d'assises. C'est là une de ces questions qu'il faut prendre par la base, et ce n'est pas parce que vous aurez dit que la mendicité est abolie, qu'elle sera détruite. Ce décret ressemble assez à celui qui aurait pour but de fixer une nouvelle marche au soleil. La théorie a, pour s'appuyer dans cette question, des expériences faites sous l'influence d'un système dur et impitoyable, et sous l'influence d'un système doux et chrétien : ni l'un ni l'autre n'ont réussi. La science nous conduira à un moyen terme, également éloigné de la cruauté et d'une philanthropie mal entendue.

La question d'Alger est aussi de notre domaine. Nous verrons que l'amour-propre et l'esprit de conquête ne suffisent pas pour établir une opinion stable. En examinant tous les tenants et les aboutissants, nous verrons que tout ce qui a été fait est exécrable. Je suis ici l'écho de MM. les ministres, qui ont constamment émis cette opinion; non pas pour ce qu'ils faisaient, mais pour ce qu'avaient fait leurs prédécesseurs. Nous verrons aussi, s'il faut que nous traitions nos colonies avec les idées de Christophe Colomb, ou bien avec les idées du 19e siècle. Nous verrons qu'au lieu de faire sur la côte africaine un heureux essai de la liberté du commerce, on y a implanté les habits verts, pour tourmenter les Arabes et leur donner une triste idée de nos progrès. Il faut l'avouer, les Anglais sont nos maîtres, en l'art de coloniser. Un beau jour l'un de leurs vaisseaux envoie ses hommes pour faire de l'eau dans la petite île, à peine habitée, de Syngapore. Le lieu leur paraît propice au commerce de la Grande-Bretagne, et sur leur rapport, Syngapore devient une petite colonie anglaise et libre, un refuge pour les navires du monde entier faisant le commerce de la Chine, parce qu'ils entrent et sortent sans payer. La circulation a fait prospérer la petite colonie ; elle a aujourd'hui 24,000 habitants, et, en appelant tous les intérêts, les Anglais lui ont donné tous les trésors.

Je bornerai là l'énumération des questions pour lesquelles l'économie politique nous fournira des solutions. J'aurais pu vous en citer un plus grand nombre; mais, au fur et à mesure que nous avancerons, vous penserez de plus en plus avec moi que l'économie politique touche à toutes les questions, et que nul citoyen ne peut dire que cette étude lui est inutile.

Il faut maintenant que je vous fasse. pour ainsi dire, ma profession de foi à propos d'un préjugé en circulation : on se figure que, pour éclairer les questions qui sont agitées tous les jours sur les intérêts matériels, il faut invoquer la partie la plus transcendante de la science, c'est-à-dire la partie la plus vague et la moins comprise. C'est une erreur : dans les sciences, en chimie, en physique, en mécanique, ce sont les idées les plus élémentaires qui guident dans les applications même les plus compliquées; la vue d'une bouillote au feu suffit pour expliquer toute la théorie de la machine à vapeur. Il en est de même en économie politique, et c'est à cette partie élémentaire sur laquelle repose la science positive que je m'arrêterai. Il ne me serait peut-être pas plus difficile qu'à un autre d'attaquer les abstractions les plus ardues, et de vous faire une science pour ainsi dire éthérée, dont les applications seraient possibles dans 1,000 ans; mais je crois qu'il sera plus profitable que nous nous occupions de ce qui se passe autour de nous. Cette manie d'excursions dans le vague, tient au peu d'instruction positive que l'on a : ce manque de connaissances pratiques est la plaie de notre époque. Ainsi, Messieurs, bien peu d'entre vous pourraient me dire avec quoi on a teint le tapis vert qui couvre ma table et l'abat-jour de ma lampe; d'où vient la houille du poële qui nous échauffe, comment on a feutré la laine de nos chapeaux. Sans doute tout cela n'est pas nécessaire pour monter régulièrement la garde, ou bien administrer son ménage. Non, certes; mais il y a d'autres circonstances où cela est fort utile. Quelques personnes m'ont écrit de bien loin, il y a quelques jours, pour me demander la cause de leurs souffrances : « Nous souffrons, disaient-elles, de la rareté des houilles; nous voulons nous en plaindre; mais nous ne savons quelle raison donner au gouvernement pour qu'il nous écoute. Ayez la bonté de nous faire un exposé des motifs, et nous y ajouterons de l'énergie pour qu'on s'occupe de notre affaire. » J'ai répondu que je ne pouvais de si loin tâter le pouls au malade, qu'il fallait remonter à la source du mal, en suivant la marche des houilles avant d'arriver au lieu de consommation; et expliquer la cause du mal au gouvernement qui y apporterait sans doute remède, si les moyens proposés étaient légitimes. Vous le voyez, Messieurs, c'était ici le cas où l'on aurait dû faire un peu d'économie politique ; et si je me tiens long-temps dans le même sujet, c'est que je veux surtout vous faire comprendre l'importance qu'il y a à vulgariser cette science, même dans les plus petites communes.

Comme j'avais l'honneur de vous le dire, il y a quelques instants, j'aurai souvent besoin, dans le courant de l'année, de m'appuyer sur les principes élémentaires de la science. Il faut donc que nous définissions ensemble quelques mots ; c'est par là que je terminerai cette séance, en vous traitant quelques instants en écoliers. En arithmétique, vous le savez, il est indispensable de savoir la table de Pythagore avant d'aller plus loin ; eh bien ! c'est la table de Pythagore de l'économie politique dont je vais vous entretenir. Commençons par le mot *valeur*.

Ce mot entraîne avec lui le sens d'une abstraction dont je ne vous parle qu'à mon corps défendant, parce qu'il soulève une foule de questions métaphysiques, bien que tout le monde croit le comprendre. Adam Smith, le premier, nous en a donné une définition claire et méthodique. Suivant lui, il y a deux espèces de valeur : la *valeur en usage* et la *valeur en échange*. La première est celle dont tout le monde jouit ou peut jouir, et qui par conséquent n'est jamais échangée ; telle est la lumière du soleil. La seconde, que tout le monde n'a pas, et avec laquelle ceux qui la possèdent peuvent s'approvisionner de ce dont ils ont besoin. Avec un sac de blé, par exemple, je me procure un chapeau, des mouchoirs ou des bottes à volonté. Vous comprenez déjà que la richesse se compose de valeurs en échange et non point de valeurs en usage.

Cette simple définition vous met à même d'apprécier le rôle que jouent l'or et l'argent dans le commerce de la vie, et l'absurdité du système de ceux qui lui attribuent des qualités sans bornes. L'or et l'argent n'ont qu'une valeur relative, et comme marchandise intermédiaire. En effet, supposons toujours que je possède un sac de blé : si j'ai besoin de bottes et que le cordonnier n'ait pas besoin de blé, nous ne pourrons pas traiter ensemble; mais si je puis échanger mon sac de blé contre de l'argent, le cordonnier me vendra ses bottes, car, à son tour, il pourra, avec la *monnaie* que je lui aurai donnée, se procurer tout ce dont il aura besoin.

Il a fallu mille ans pour arriver à ces définitions d'une simplicité populaire, et long-temps on s'est cru pauvre avec des provisions de cuir, de matières colorantes, de grains, etc., et l'on a ambitionné les écus de l'avare.

Comment se procure-t-on les valeurs en échange ? Par *le travail*; le travail, nécessité sociale quoi qu'on fasse, et dont Adam Smith nous a laissé une analyse remarquable.

Pour travailler, il faut des avances, c'est-à-dire des matières premières, des instruments, de la nourriture. Ce sont ces avances qui constituent le capital. Supposez cinq personnes dont une a les avances et les autres les bras. La première dit aux autres : « Je n'ai pas besoin de travailler, mais je vous fais des avances et vous me donnerez une partie des profits de votre travail. » Ne se peut-il point qu'en pareil cas le capital abuse de son avantage, et qu'il n'exploite le travail en se faisant la part du lion? Toutes les guerres civiles n'ont pas d'autre origine, et leur théorie se réduit à cette simplicité matérielle et patriarchale.

Adam Smith nous a appris qu'il fallait faire deux parts du capital. Si l'on construit une usine, il faut d'abord en engager une partie pour bâtir, et acheter le mobilier de l'usine; ensuite il faut se servir de l'autre pour les besoins courants. La première partie s'appelle le *capital fixe* ou *engagé*; la seconde porte le nom de *capital circulant*, et aussi, quoique improprement, celui de capital roulant.

Quel est le rapport qui doit exister entre les deux parties du capital? C'est là une question de la plus haute importance. Vous avez beaucoup de marchands qui calculent fort mal, et qui, par exemple, mettront trente mille-francs à une devanture de boutique, quand ils ne devraient y consacrer que dix mille francs. Qu'arrive-t-il? c'est qu'au bout de quelque temps ils sont obérés; les charges sont plus fortes que les ressources, et ils sont obligés de s'arrêter. Nous méconnaissons presque toujours, en France, le principe qui doit présider au partage du capital; nous construisons des usines (et il faut avouer que ces imprudences sont moins fréquentes qu'il y a quelques années) comme si elles devaient loger des potentats et durer des milliers d'années. Les Anglais, au contraire, bâtissent en briques et seulement pour quarante ans ; ils prévoient que dans ce laps de temps l'industrie aura marché, qu'il faudra ajouter ou retrancher, peut-être même tout refaire ; ils comprennent très-bien que l'on s'appauvrit en faisant des avances trop considérables, et c'est appauvrir la nation, que de bâtir pour la postérité.

C'est sur des idées aussi simples que nous baserons notre théorie des richesses ; et c'est avec des prolégomènes si clairs et si faciles à comprendre, que nous parviendrons à résoudre les problèmes les plus difficiles que les progrès et les complications de notre ordre social font ou ont fait naître.

J. G.

TROISIÈME LEÇON.

Séance du 3 décembre 1837.

CAPITAL. IMPÔT. RENTE. PROFITS DU CAPITAL.

SOMMAIRE. Définition du capital. — Comparaison d'un peuple et d'un journalier qui consomment tous leurs revenus, et d'un ouvrier qui épargne. — Rôle que joue le capital dans le phénomène de la production. — L'abondance des capitaux amène la division du travail. — Avantages de la division du travail; ex. d'une fabrique d'épingles. Les capitaux peuvent recevoir différents emplois dont les résultats sont entièrement différents. — Comparaison de la Hollande, de l'Italie et de l'Espagne. — Le bon emploi des capitaux facilite le progrès industriel; ex. de *Watt*, *Wyatt*, *Lewis Paul*, *Arkwright*, *Hargreaves*, *Crompton*, *Cartwright*, *Berthollet*, *Bell*. — Importance du fer dans la civilisation. — Est-il toujours possible d'accroître les capitaux, de faire des économies? Oui. Ex. de la France. — Le développement des richesses fait disparaître les inégalités sociales : Ex. de la domesticité en Amérique; il sert aussi la moralité et la civilisation.

DE L'IMPOT.

Définition de l'*impôt* : de son chiffre, de sa répartition, de son emploi. Un économiste anglais, partisan des impôts, les regarde comme des enfants qui forcent les chefs de famille à travailler. — Réfutation de cette opinion. — Outre le chiffre de l'impôt, sa répartition et son emploi, il faut encore considérer les formalités que sa perception entraîne : des *acquits à caution*.

DU CAPITAL MORAL.

L'intelligence de l'homme est le plus précieux de tous les capitaux. — Il importe de la cultiver. Ex. de peuples qui l'ont négligée, ce qu'il en est résulté. — Ex. de peuples qui ont accru leur *capital moral* : différence avec les premiers. — Comparaison des résultats obtenus par un homme qui a consacré toute sa fortune pour accroître son *capital moral*, et par un autre homme qui a conservé son argent et son ignorance. De l'intérêt des *profits*. — De la réduction de la *rente* : ses inconvénients, ses avantages. — Considérations sur l'habitude française de se retirer de bonne heure des affaires. — C'est une perte du *capital moral*.

Je reviendrai encore ce soir sur la nécessité de bien s'entendre sur la définition de certains termes dont nous sommes forcés de nous servir, pour résoudre les nombreuses et intéressantes questions dont je vous ai parlé dans mes deux premières leçons.

Avant qu'Adam Smith ne nous eût donné du mot *valeur* la belle et simple définition que je vous ai citée l'autre jour, on avait écrit des centaines de volumes sur le même sujet sans pouvoir s'entendre. Ces apparentes contradictions ont discrédité la science auprès de certaines personnes qui ne l'avaient point étudiée; c'est comme si l'on reprochait aux médecins de professer plusieurs doctrines et de suivre des systèmes différents pour le traitement des mêmes maladies; malgré ces dissidences on ne saurait dire que la science médicale n'existe pas; il en est de même de la science économique. C'est du conflit qui s'élève entre ses partisans de doctrines opposées, que jaillit la lumière qui sert à nous guider, et que sortent les découvertes et les vérités qui forment aujourd'hui les bases sur lesquelles elle repose.

Nous avons vu déjà que les principaux éléments de la production industrielle étaient les CAPITAUX et le TRAVAIL. Le *capital* est cette portion de la richesse publique qui sert à l'entretien des travailleurs et au développement de la production : il dérive des profits accumulés par l'épargne, c'est l'excédant de la production sur la consommation. Admettez un peuple qui consomme tout ce qu'il produit, et son capital restera stationnaire; il ne diminuera pas mais il ne s'accroîtra pas non plus. C'est comme un ouvrier qui mange chaque jour ce qu'il gagne et qui ne garde rien pour les jours d'inaction et de maladie. Si au contraire l'ouvrier qui reçoit un salaire de trois francs n'en dépense que deux, cette épargne de un franc par jour se multipliera; elle produira bientôt des intérêts, et l'ouvrier deviendra *capitaliste*, c'est-à-dire, qu'il pourra à son tour avancer aux simples journaliers des instruments et des outils pour travailler, des aliments ou un salaire qui les représente pendant toute la durée de leur travail, et des matières brutes à transformer. Si l'état se compose de beaucoup d'individus semblables à cet ouvrier économe, sa prospérité s'accroîtra; dans le cas contraire elle diminuera chaque jour.

Le rôle que le capital ou le crédit qui le représente joue dans la production est si important que rien ne pourrait se faire sans lui; c'est ainsi, par exemple, que l'on remarque souvent dans un pays un grand nombre de bras inoccupés, en même temps que des travaux considérables et fort utiles restent inexécutés. Dès que les capitaux existent et sont disposés à entreprendre un travail quelconque, on voit aussitôt les ouvriers s'offrir de tous côtés. Lorsque la proportion des capitaux inactifs est plus grande que celle des ouvriers oisifs, les salaires augmentent, parce qu'il y a demande de travail; si, au contraire; ce sont les travailleurs qui s'offrent plus qu'ils ne sont demandés, ce sont les salaires qui sont réduits.

Plus les capitaux sont abondants et plus l'industrie se perfectionne, plus les travaux se divisent en un plus grand nombre de mains. Comparez le commerce dans une grande ville et dans un village : d'un côté vous verrez tout se subdiviser à l'infini, des industries presque sœurs se sépareront, le marchand de papier peint ne vendra pas de papier blanc ; de l'autre côté au contraire vous verrez toutes les professions, toutes les industries se confondre, le charron sera maréchal et serrurier, l'épicier vendra du vin et sa femme des bonnets. De cette différence il résultera que dans la ville les mêmes marchandises seront moins chères que dans le village, bien que celui-ci soit exempt d'impôt et que les loyers y soient moins chers. C'est l'abondance des capitaux qui aura produit ce phénomène ; c'est par elle que le marchand de la ville aura pu acheter à meilleur compte en prenant de plus fortes parties ; c'est qu'il s'adressera à des consommateurs plus riches et plus nombreux, et qu'il pourrra dès lors réduire ses bénéfices partiels parce qu'il est sûr de les voir se multiplier.

L'action du capital sur l'industrie n'est pas moins remarquable que celle qu'il exerce sur le commerce. Adam Smith nous en cite un exemple curieux dans la fabrication des épingles. Il suppose une fabrique assez mal montée et composée seulement de dix ouvriers; si chacun d'eux était obligé de faire des épingles entières depuis la première opération jusqu'à la dernière, il en ferait à peine 20 dans sa journée, soit 200 pour les dix ouvriers ; si au contraire ils se partagent la besogne et que chaque ouvrier fasse toujours la même ou les mêmes opérations, ils acquerront tous une telle habileté qu'ils pourront faire 48,000 épingles dans un jour (1). On conçoit qu'il doive résulter de cette augmentation de la production une baisse de prix qui facilite l'accroissement de la consommation.

Si les capitaux, ou plutôt ceux qui les possèdent, avaient toujours assez d'esprit pour aller féconder les industries qui végètent faute de cet aliment indispensable à toutes les entreprises, le pays n'aurait plus bientôt de malheureux dans son sein, et chacun jouirait du bien-être et de l'aisance que lui aurait procurés son travail. Malheureusement il n'en est pas ainsi, et souvent des capitaux nécessaires sur un point ont été compromis sur un autre dans des affaires mal conçues; ils sont deve-

---

(1) *Babbage*, dans sa *science des Manufactures*, donne sur les avantages qui résultent d'une bonne direction du travail dans la fabrication des épingles, quelques renseignements qui ne sont pas sans intérêt.

« Les procédés suivants sont en usage dans la fabrication des épingles :

L'*étirage du fil de laiton*, donne lieu à quatre opérations faites par des hommes.

Le *redressage du fil de laiton*, opération confiée à une femme aidée d'un enfant.

L'*épointage*, deux opérations, par un ouvrier et un enfant.

Le *posage des têtes*, plusieurs opérations, par des femmes et enfants.

L'*étamage*, trois opérations faites par un homme et une femme, ou un homme et un enfant.

La *Mise en papier*, trois opérations faites par des femmes. »

Comme on le voit, les différents travaux nécessités pour la fabrication des épingles, peuvent être exécutés par des hommes, des femmes et des enfants, dont les salaires varient avec le degré d'intelligence et d'habileté. S'il fallait que chaque ouvrier fasse lui-même les épingles entières, une partie de son temps serait employé à faire ce dont on peut charger un enfant dont le salaire n'est que de quelques sous, tandis que celui de l'ouvrier est de plusieurs francs; il résulte donc de la division du travail dans la fabrication des épingles entre les hommes, les femmes et les enfants, outre une économie de temps considérable et une plus parfaite exécution, une économie non moins forte sur les salaires; économie qui, loin de nuire à l'ouvrier, lui est au contraire favorable. La fabrication des épingles n'est ici qu'un fait entre mille, choisi pour établir la démonstration. Le même raisonnement est applicable à toutes les industries, à tous les jours de travail. (Note du R. Ad. B. (d. V.)

nus la proie que se sont partagée quelques intrigants; et au lieu de servir à une reproduction avantageuse pour tous, ils ont été détruits par une consommation improductive.

L'emploi que l'on peut faire des capitaux varie tellement, qu'il importe de savoir quel est celui que l'on doit préférer. Dans une société bien organisée, au moins sous le rapport economique, les capitaux trouvent presque toujours un placement sûr et productif; dans le cas contraire, ils se consomment inutilement et sans donner lieu à la création d'une autre valeur.

Voyez la Hollande : dans ce pays. la plus petite économie trouve un placement; elle se groupe, s'associe, s'accroît par la puissance de l'intérêt composé. Les habitatious sont commodes et bien tenues, les routes sont bornées; on voit que des hommes industrieux et travailleurs ont fixé dans ce lieu leur demeure; tout y est en harmonie, les individus, comme les gouvernants sont gens d'affaires et ne négligent rien.

Jetez un regard sur l'Italie. Le pays est superbe, la nature est généreuse, le soleil et la terre fertiles. Tous ces biens sont perdus cependant, parce que les capitaux ne viennent pas les mettre en œuvre. L'habitant est sobre, et par conséquent, il lui serait facile d'épargner, de former le noyau d'un capital, la boule de neige qui va toujours grossissant. Et tout cela est inutile parce qu'on n'a pas dans ce pays l'habitude de l'épargne; elle n'est pas dans les mœurs, et on n'y trouverait pas, comme en France, en Angleterre, en Belgique, en Hollande, en Amérique, des caisses, des établissements spéciaux pour les y déposer et les retirer à volonté. Là, le lazzaroni mange le soir le revenu que la mendicité lui sert chaque jour, comme le grand-seigneur dépense celui que ses fermiers lui paient, sans souvenir de la veille comme sans prévoyance du lendemain. En Italie comme en Espagne, autre pays dont nous avons déjà parlé, si riche à la fois et si misérable, le peuple est pauvre et à peine vêtu, tandis qu'il n'y a pas de route, que des marais répandent au loin la maladie et la mort; des milliers de cierges brûlent en plein jour dans les églises au lieu d'éclairer des fabriques, des troupes de laquais inutiles et paresseux peuplent les antichambres. Ils forment avec quelques chevaux de main tout le luxe de leurs maîtres, qui brille d'autant plus que leurs uniformes galonnés font contraste avec les guenilles et les baillons dont sont couverts les autres habitans.

Tous ces biens naturels, la puissance productrice de la terre, la valeur morale et matérielle de l'homme, sont ainsi gaspillés sans profits, et de leur inaction il résulte une perte, une décroissance du capital national; car, de même que rester en place lorsque tout le monde marche, c'est reculer; conserver la même fortune quand tous les autres augmentent la leur, c'est s'appauvrir.

L'emploi des capitaux, ai-je dit, peut se faire de plusieurs manières, et suivant qu'on adopte tel ou tel placement, il en résulte un accroissement ou une diminution des forces productives d'un pays. Que la poudre à canon, par exemple, soit brûlée en feu d'artifices ou pour faire sauter un rocher qui nuit à la navigation, ou se trouve en travers d'une route; qu'elle entr'ouvre la terre et livre ses trésors à nos ingénieurs et à leurs ouvriers; que les éleveurs s'adonnent à la production des chevaux de luxe ou à celle des chevaux de travail, et vous verrez quelles seront les conséquences de ce choix sur la fortune publique.

Plus le capital national est bien placé, et plus il facilite le progrès de la civilisation. Si le révérend docteur ROEBUCK; et après lui *Mathew* BOULTON de Birmingham n'eussent confié leurs capitaux au célèbre WATT (1), où en seraient aujourd'hui la machine à vapeur et les conquêtes que nous avons faites avec elle? Où en serait la civilisation, si les capitaux n'étaient venus aider dans leurs travaux les auteurs de tant d'admirables découvertes? Les vaisseaux à voiles, les *steam-boats*, n'eussent pas remplacé les chaloupes et les galères conduites à la rame; nos usines n'auraient encore pour moteurs que des manéges; nos soldats seraient armés de flèches; *John* WIATT, *Lewis* PAUL, *Richard* ARKWRIGHT, *James* HARGREAVES, *Samuel* CROMPTON, *Edmond* CARTWRIGHT, BERTHOLLET et BELL n'eussent pas inventé: le premier, son métier à

---

(1) En 1764, James Watt quitta la place de conservateur des médailles de l'université d'Édimbourg: pour se livrer tout entier à l'exécution de la première machine à vapeur améliorée. Le docteur Roebuck lui fit les avances nécessaires pour l'achever; ce ne fut qu'en 1775 qu'il s'associa avec Mathew Boulton de Birmingham, fabricant distingué et homme de science, et qu'ils fondèrent ensemble, sur la colline alors stérile de *Soho*, les ateliers que depuis ils ont tant agrandi, et qui ont peuplé ce lieu désert, de beaux jardins et de riches habitations. (Note du R. — Ad. B. (d. V.)

filer mécanique; le second, sa carde cylindrique; le troisième, son *rowing-frame* et *drawing-frame*, son métier continu et sa carde sans fin; le quatrième, sa *spinning-Jenny*; le cinquième, sa *Mull-Jenny*; le sixième, la navette volante; le septième, le métier à tisser mécanique; le huitième, l'art de blanchir le coton au chlore; et le neuvième, celui d'imprimer les étoffes au cylindre sans fin. Je borne cette citation aux découvertes qui concernent la fabrication des étoffes de coton, parce que ce sont elles surtout qui ont opéré la révolution industrielle qui a changé les rapports des nations entre elles, qui ont fait pénétrer notre civilisation et nos connaissances dans tous les pays où nos tissus trouvaient une place, qui ont enfin donné à un grand nombre de travailleurs l'occupation et le salaire dont ils ont besoin pour vivre et soutenir leurs familles. Sans ces découvertes nous en serions à la filature à la main, aux quenouilles, nos étoffes seraient tissées sur le vieux métier à main (1),

(1) Le métier à tisser mécanique, depuis long-temps en usage en Angleterre, n'est pas encore généralement adopté en France. Un grand industriel, dont les fabriques occupent plus de 600 ouvriers, répondit un jour à l'auteur de cette note qui lui demandait pourquoi il n'avait pas remplacé son tissage à la main, par le tissage mécanique. « Pourquoi voulez-vous que je fasse une dépense de plus de 100,000 fr., pour changer mes métiers lorsque je vends bien mes produits actuels? je n'ai pour concurrents que des fabricants qui font comme moi· je n'ai donc rien à craindre. Ah! si les tissus anglais entraient en France, à la bonne heure, je serais forcé de perfectionner mes machines; mais à quoi bon? puisque les tarifs me protégent et que, je l'espère du moins, on ne les changera pas. »

Voilà déjà deux ans que cette conversation a eu lieu, et depuis lors, rien n'a changé; les vieilles machines fonctionnent toujours et font payer cher leurs produits aux consommateurs français. Car pour l'étranger, il y a long-temps que nous ne lui vendons plus que des étoffes fines dont le dessin et la couleur font tout le prix, et ne peuvent se trouver ailleurs. Ce elles seraient peintes à la brosse au lieu d'être imprimées au cylindre.

C'est à l'abondance des capitaux, et surtout à leur bon emploi que nous sommes redevables de ces perfectionnemens et de tous ceux qui ont été apportés dans les autres industries. C'est à eux que nous devons l'exploitation régulière et productive d'un métal indispensable, le fer, dont la seule présence influe si fortement sur l'agriculture et l'industrie. Otez le fer que l'on n'arrache du sein de la terre qu'avec des capitaux énormes, ôtez encore le bœuf et le cheval dont l'éducation dure des années, c'est-à-dire nécessite de longues et périlleuses avances de capitaux, et voyez ce qui restera à l'homme et ce qui deviendra, je le répète, la cause de la civilisation. C'est là, messieurs, qu'en étaient nos aïeux, et s'ils sont demeurés si longtemps stationnaires, c'est qu'ils manquaient des capitaux nécessaires pour faire au travail des avances d'instrumens, de salaires et de matières premières, ou qu'ils les consommaient improductivement à entretenir dans l'oisiveté une suite nombreuse de valets et d'hommes d'armes qui eussent fait d'excellents ouvriers, et à donner des fêtes et des banquets.

---

sont les tarifs qui nous ont fait perdre d'importants débouchés, pour ces produits, ce sont eux qui ont empêché les perfectionnements sans lesquels on ne pourra jamais obtenir d'économies et de réduction de prix. C'est encore l'obstination des fabricants français à ne pas suivre les progrès de la Grande-Bretagne, qui est cause de la concurrence déjà redoutable que nous fait ce pays dans la fabrication des étoffes de soie, dont hier encore nous avions le monopole. Nous conservons encore notre supériorité pour les façonnés, mais les industriels de Spitalfields font avec leurs métiers mécaniques des étoffes de soie-unies aussi belles et moins chères que les nôtres. (Note du R. — Ad. B. (d. V.)

C'est au bon emploi du capital que l'on distingue les peuples civilisés de ceux qui ne le sont pas ; à ces derniers, il manque, presque toujours, jusqu'aux premiers éléments du travail. Ils savent bien du reste eux-mêmes quelle est leur infériorité à cet égard ; voyez les sauvages, par exemple, ce qu'ils estiment le plus, c'est le fer ; avec un clou, un marteau, on obtient d'eux tout ce que l'on désire ; c'est toujours avec des haches et des clous que tous nos grands navigateurs, Lapeyrouse, Cook, trafiquaient avec les peuples dans les pays desquels ils pénétraient.

Locke attribue l'enfance prolongée de l'Amérique, malgré son climat, son sol et ses fleuves, à l'absence du fer ; à cette cause j'en ajouterai une autre. Si, en effet, les Espagnols eussent bien dirigé leur activité, s'ils l'eussent employée à produire au lieu de l'appliquer à détruire, si, en retour des galions chargés d'or qu'ils envoyaient à la métropole, ils eussent rapporté du fer qu'ils n'avaient pas chez eux, des charrues, des instruments de labourage, des machines propres aux travaux de l'industrie ; le pays qu'ils avaient conquis aurait atteint un haut degré de prospérité ; il est pauvre et désolé par la guerre civile, par ce qu'on y a fait un mauvais emploi des capitaux, et qu'on y a méprisé le travail.

J'ai dit en commençant cette leçon que les capitaux dérivaient des profits par l'épargne ; après vous avoir tracé le tableau de tout ce que les capitaux bien employés permettaient d'entreprendre, je dois rechercher s'il est toujours possible d'accroître les capitaux, c'est-à-dire de faire des profits et des épargnes. Pour moi, je considère que dans la plupart des cas, lorsque le gouvernement et les mœurs n'y sont pas entièrement opposés, ce qui est fort rare, il est possible de travailler et de faire des économies; car la force productive de l'homme est très grande, quand elle n'est pas contrariée, et presque toujours on produit plus que l'on ne consomme.

Voyez la France d'autrefois avec ses 26 millions d'habitants, et la France d'aujourd'hui qui en compte 33. Comparez le logement, la nourriture, les vêtements aux deux époques; dites-vous encore que dans les 40 années pendant lesquelles ce changement s'est opéré, il faut compter au moins 15 années de guerre, qui ont dévoré plus de 4 millions d'hommes; dites-vous aussi que les frontières se sont plutôt rapprochées qu'étendues: que deux fois l'étranger a envahi le territoire; qu'il a mis à contribution la capitale, les villes et les campagnes, et que pour le renvoyer il a fallu lui donner des milliards. Rappelez-vous tous ces faits, et vous serez convaincus qu'il est toujours possible d'économiser, d'augmenter son capital; car tant de maux n'ont pu être effacés, tant de jouissances n'ont pu être mises à la portée d'un plus grand nombre d'hommes, que par une direction plus intelligente du travail qui a procuré des profits sur lesquels on a fait des économies, qui, accumulées et associées, ont formé des capitaux considérables.

Les pays où les capitaux se multiplient et se développent avec le plus de facilité, c'est-à-dire ceux où ils sont employés de la manière la plus intelligente, sont en même temps ceux où les distances qui séparent les différentes classes de la société se comblent avec le plus de rapidité, où l'ouvrier passe plus vite de la condition de simple journalier à celle d'entrepreneur. Là encore les inégalités sociales disparaissent tous les jours, les domestiques n'y sont pas tenus par les maîtres dans une espèce de vassalité, parce qu'il leur est facile de changer de condition. C'est aux États-Unis de l'Amérique du Nord que l'on remarque surtout ce résultat particulier du développement du capital et de son application à un travail de reproduction. Cette réhabilitation de l'homme est fort importante, parce qu'elle ajoute au *capital moral* de la nation qui l'entreprend. En Amérique, où les domestiques n'acceptent pas la qualification de serviteurs, mais prennent celle d'*aide* (*help*), leur conduite est régulière; ils tiennent à être respectés par leurs maîtres, parce qu'ils se respectent eux-mêmes; ils ne travaillent que modérément, mais ils le font avec conscience; leurs gages sont élevés, mais ils ne cherchent pas à les augmenter par les vols, les abus de confiance qui se commettent avec tant de facilité dans d'autres pays où ils sont presque tolérés. Le domestique américain se conduit bien et cherche à mériter l'estime du monde, parce qu'il sait qu'il pourra plus tard y prendre sa place; il respecte en lui-même le futur citoyen qui sera appelé peut-être à remplir des fonctions dans la cité et à parler un jour dans la salle des États.

Ainsi non seulement les capitaux bien dirigés multiplient la richesse, mais ils ajoutent encore à la considération de l'homme ; ils sont aussi un puissant moyen de moralité. Dans le pays dont nous venons de parler, la débauche n'est pas devenue, comme ailleurs, une sorte de mal nécessaire ; le séducteur n'abandonne pas la femme qui a manqué pour lui à ses devoirs ; il se marie parce qu'il sait pouvoir subvenir par son travail aux besoins de la famille qu'il se crée, à l'éducation des enfants qu'il peut avoir.

C'est en suivant cette marche que les Américains sont parvenus à réaliser des progrès si incroyables dans un demi siècle. Là où s'élevaient il y a 50 ans les arbres séculaires des forêts vierges dont les voyageurs nous ont donné de si magnifiques descriptions, on compte les villes par centaines ; de vastes terrains incultes qui rappelaient en les voyant les steppes de la Russie ont été livrés à la culture ; des routes, des canaux, des chemins de fer, ces produits admirables d'une civilisation avancée, sillonnent aujourd'hui les vastes plaines que le bison et l'Indien à peau rouge habitaient seuls autrefois.

Si tant et de si utiles travaux ont pu être faits en un temps si court, c'est que plus qu'ailleurs les capitaux étaient productifs ; c'est qu'au lieu de rappporter 10 pour cent comme en Europe, ils en donnaient d'abord 20, 30, et ensuite jusqu'à 100 et 200.

Cet état de choses était transitoire il est vrai, et tenait à la position toute spéciale de ces Européens transportés dans un pays tout neuf avec les connaissances qu'ils avaient acquises dans leur ancienne patrie. C'est ainsi qu'ils ont pu éviter beaucoup d'écueils et marcher plus vite que nous, qui avons eu à surmonter des obstacles que le temps avait formés et qui n'existaient pas pour eux. D'autres causes encore se sont du reste opposé chez les peuples d'Europe aux développements de la richesse et à la formation des capitaux : Je placerai en première ligne l'impôt.

L'impôt c'est, vous le savez, la portion des produits d'une nation qui passe des mains des particuliers aux mains du gouvernement pour subvenir aux consommations publiques. Quand la répartition de l'impôt entre les contribuables est bien faite, quand sa quotité n'est pas trop forte et que les consommations qu'il permet de faire sont bien entendues, il ne gêne pas la production des richesses, il l'encourage même parce qu'il lui rend en services de toutes sortes, en sécurité, en économie et facilité de transports, au-delà du sacrifice qu'il a imposé à ceux qui l'ont payé. Malheureusement il est rare que l'impôt soit réparti, fixé et appliqué comme nous venons de le dire. Souvent il a été créé dans des circonstances malheureuses qui n'ont pas permis d'en bien étudier l'assiette et d'en limiter le chiffre; et une fois établi on l'a conservé sans modifications, même après que les circonstances auxquelles il était dû avaient cessé d'exister. C'est alors que l'impôt est nuisible et qu'il porte un coup funeste à l'agriculture, à l'industrie et au commerce. Il s'est pourtant trouvé des économistes qui ont soutenu en thèse absolue que l'impôt était une excellente chose et que l'on ne pouvait donner de meilleur stimulant au travail. Un écrivain anglais a même comparé l'impôt à un enfant nouveau-né dont l'existence obligeait le père de famille à redoubler d'industrie pour subvenir aux frais de son éducation. A ce compte nous serions tous pères d'une très nombreuse famille et en poussant cet argument jusqu'à ses conséquences extrêmes on trouverait que le meilleur moyen de nous enrichir serait de prendre tout ce que nous avons. Pour appuyer son système, l'auteur donne en exemple son pays, l'Angleterre, où les impôts sont plus élevés que partout ailleurs et dont l'agriculture et l'industrie sont supérieures à celles de tant d'autres pays.

Tout en admettant les faits que nous cite l'économiste anglais, j'arriverai à une opinion entièrement opposée à la sienne; je dirai que si la Grande-Bretagne a pu faire d'aussi grands progrès dans l'industrie et l'agriculture, c'est *malgré* les impôts et non pas à cause d'eux; j'ajouterai même que s'ils ont pu et s'ils peuvent encore payer de si lourds impôts, c'est parce que le travail était développé chez eux sur de larges bases et qu'il procurait de grands bénéfices; s'il n'en eût pas été ainsi et si, par exemple, l'impôt ne se bornant pas à prélever une part du revenu eût touché au capital, celui-ci en diminuant eût amené la chute d'un grand nombre d'entreprises, les salaires eussent été réduits, et une certaine quantité de travailleurs eût été mise en disponibilité. C'est-à-dire que tous les revenus, toutes les consommations auraient diminué à la fois et que l'impôt lui-même n'aurait pu être payé.

Avant de quitter cette matière j'ajouterai encore une considération qui ne parait pas sans importance. Beaucoup de personnes croient et à tort, que lorsque le chiffre d'un impôt n'est pas trop élevé, le dommage qu'il cause est minime et qu'il n'est pas dès lors d'une bien grande utilité d'en demander la suppression. L'argent que paie le contribuable est souvent bien peu de chose en comparaison de ce qu'il perd par suite des formalités, des délais, qu'entraine presque toujours la perception de ces sortes d'impôts. Vous connaissez les désagréments causés par la délivrance des *acquits à caution* dont le prix est de 25 cent.; il en est de même pour certains droits de tonnage sur les canaux, ces droits ne sont souvent que de quelques centimes et ils occasionnent des dépenses considérables. Loin de protéger ce que j'appellerai les petits impôts je m'éleverai avec force contre eux, parce que leur perception coûte souvent plus ou au moins tout autant qu'elle ne rapporte, et qu'ils entrainent pour le pays une perte plus que double de celle que la loi a semblé leur imposer.

La plus importante question qui se rattache au CAPITAL, ce qui en forme l'élément le plus précieux, celui sans lequel les autres n'auraient aucune valeur puisqu'ils ne seraient pas mis en œuvre : c'est l'homme et son intelligence, qui forment ce que j'ai déjà appelé le CAPITAL MORAL d'une nation. Lintelligence de l'homme est le plus important de tous les capitaux et il importe de ne pas le laisser inactif.

L'or n'est rien sans la pensée, c'est elle qui est tout. Malheur aux peuples qui la laissent s'engourdir, qui négligent de la cultiver. Voyez ce qui se passe dans les deux Amériques : du Nord et du Sud; quelle distance sépare les hommes de ces deux pays, également partagés sous le rapport du sol et du climat! Voyez les Américains du Nord qui n'étaient que 1,400,000 à l'époque de la paix qui fut conclue après la guerre de l'indépendance, et qui sont aujourd'hui au nombre de plus de 14 millions; voyez ensuite le Mexique, la Colombie, dont la population décroit au lieu de s'augmenter. D'un coté on travaille, de l'autre on se repose. Ici l'on a fait 3000 lieues de chemins de fer et de canaux en quelques années, autant que tous les états de l'Europe réunis, en y comprenant l'Angleterre, la Belgique et la France; là on met 15 jours pour faire un trajet qu'il serait possible de parcourir en quelques heures; et lorsque des étrangers établissent un service de Messageries pour abréger les distances et établir des rapports plus faciles entre des villes importantes, on met obstacle à leur entreprise, on les ruine pour les punir d'avoir eu l'intention de faire du bien au pays.

Sans aller si loin et sans sortir de notre pays, rappelez-vous les cartes ingénieuses dressées par mon collègue M. Ch. Dupin pour indiquer le degré d'instruction de chacun de nos départements. Comparez les teintes noires de la Provence à celles si claires de l'Alsace, celles du Béarn à celles de la Normandie; s'il y a une si grande différence entre ces provinces d'un même pays cela ne vient pas de ce qu'il y ait moins d'intelligence d'un côté que de l'autre, mais uniquement à l'éducation qui est donnée dans ces départements, aux habitudes qui y sont adoptées et donnent en quelque sorte une nouvelle éducation. Dans le Nord et dans l'Est toutes les pensées sont dirigées vers le travail industriel, les circonstances au milieu desquelles ces provinces sont placées excitent encore leur activité naturelle. Dans le Midi, au contraire, après une légère attention donnée aux affaires, chacun se retire dans sa bastide, à l'ombre de sa vigne ou de son figuier, et passe le temps à boire, à fumer et à dormir. C'est comme cela, Messieurs, que le capital moral augmente et diminue.

Voyez la Hollande, avec ses villes et ses routes conquises sur la mer; malgré les révolutions qui ont ébranlé sa puissance, elle en a conservé une très-grande encore, parce qu'elle est restée attachée au travail. Voyez, au contraire, Venise, la reine de l'Adriatique, dont les escadres couvraient les mers, dont le nom était respecté dans toutes les parties du monde, tant qu'elle conserva ses habitudes laborieuses et qu'elle tira sa force des capitaux dont disposaient ses négocians, et des besoins des autres peuples qui ne pouvaient se satisfaire qu'avec des produits sortis de ses manufactures; Venise moderne, cette ville que l'oisiveté laisse pourrir dans les lagunes, est esclave : elle appartient à l'Autriche. L'inaction, le découragement ont glacé ses habitans, qui vivent aujourd'hui dans la misère en se drapant dans la gloire de leur passé.

Ainsi, Messieurs, le capital s'augmente de la valeur intrinsèque de l'homme, qui représente les sommes dépensées pour son éducation : mécanicien, manœuvre ou penseur, c'est la même chose ; leur valeur augmente ou diminue suivant leurs capacités, leur utilité échangeable. L'éducation est un capital fixé dans un homme, comme une semence est confiée à la terre : l'éducation et la semence doivent l'une et l'autre rapporter des fruits. Bacon a dit : Le talent est un pouvoir; nous disons : Le talent est une richesse. L'homme qui le possède en a l'usufruit, le fonds reste à son pays. Qu'un homme invente une machine, un procédé, il jouira seul de sa découverte pendant un certain temps; mais après lui, et de son vivant même après un délai déterminé, elle tombera dans le domaine public, et chacun pourra en profiter.

L'étude est le moyen le meilleur et le plus sûr d'augmenter le capital moral d'un pays, et d'accroître par lui les richesses. Supposez un père ayant deux fils, et un capital de 40,000 francs à leur partager. Il leur propose de choisir entre l'ignorance et un sac de 20,000 francs à leur majorité, ou une instruction solide et pas d'argent; admettez que l'un des fils préfère recevoir sa part en argent et l'autre en science ; arrivés à vingt ans, les deux jeunes gens sont lancés dans le monde, l'un avec un capital de 20,000 fr. représentant mille francs de rente, l'autre avec un capital moral qui représente les études qu'il a faites et qui ont absorbé la part d'argent semblable à celle de son frère, à laquelle il avait droit. Si, au bout de dix ans, par exemple, vous retrouvez les deux frères : l'un végètera misérablement avec ses mille francs de rente, s'il ne les a pas même entamés et perdus ; tandis que l'autre aura fait son chemin dans l'industrie ou le commerce, et qu'il y aura amassé des capitaux doubles, triples, décuples même de ceux qu'il aurait eu de sa légitime. Maintenant appliquez ce raisonnement à une nation, et voyez combien sa puissance devra être considérable ou réduite, suivant qu'elle aura donné à chacun de ses enfants de l'or, comme l'Espagne, ou de l'instruction comme l'Angleterre.

Adam Smith a dit : ne croyez pas que la nation la plus riche est celle qui a le plus de troupes et de forteresses, mais celle qui a le plus d'intelligence, origine de la richesse. Voyez la Russie, qui occupe tant de place sur la carte, et a des centaines de millions de sujets et des millions de soldats; et comparez la à l'Angleterre. dont le territoire microscopique semble un point qu'on ne peut observer qu'à la loupe. Ici il n'y a pas des bras nombreux voués à l'oisiveté des garnisons, les chevaux ne piaffent pas sur les places publiques et ne caracolent pas dans les champs de manœuvres ; ils travaillent à la charrue, ce qui ne les empêche pas, quand le besoin se fait sentir, de marcher à la guerre : les charretiers deviennent alors des soldats et des cavaliers, et les chevaux sont attelés aux canons.

C'est le développement quotidien du capital moral qui facilite l'accroissement des richesses nationales; et les travaux d'un Wat, d'un Arkwright, d'un Lavoisier, d'un Vaucanson, d'un Jacquard sont plus utiles à leurs pays que ceux de généraux illustres dont l'intelligence est réduite à l'oisiveté par la paix, cet état normal des sociétés modernes, ce qui n'empêche pas d'en avoir toujours un très-grand nombre très-chèrement payés.

Le premier résultat de l'accroissement des capitaux est d'en diminuer la valeur, c'est-à-dire la rente que l'on paie pour leur usage, et à laquelle on a donné le nom d'intérêt.

Il faut distinguer l'intérêt des profits. Ceux-ci sont toujours honorables, parce qu'ils sont la rémunération d'un travail présent qui se renouvelle chaque jour ; l'intérêt est honorable aussi, mais il l'est moins cependant parce qu'il n'est que le prix accordé pour obtenir la faculté de se servir de capitaux, qui sont le produit d'un travail antérieur et déjà récompensé. De là la différence qui existe entre les travailleurs et les capitalistes, entre le taux de l'intérêt et le chiffre des profits.

Quand les capitaux sont abondants et nombreux, ils sont naturellement moins demandés, et le taux de l'intérêt baisse ; c'est ce qui a lieu en ce moment, et nous conduit tout naturellement à vous dire quelques mots de la question de la réduction de la rente.

Le rentier, c'est le propriétaire d'un capital accumulé autrefois, et qui a besoin pour produire de l'industrie et du savoir-faire d'un homme d'intelligence en disponibilité. Après avoir reçu 10 et 15 p. % de ses capitaux lorsqu'il les faisait valoir lui-même, le rentier trouve dur de n'en plus recevoir que 5, et plus dur encore d'être exposé à n'en recevoir plus que 4 et même moins. Cependant il ne peut pas en être autrement. L'homme, dont le savoir et l'activité font marcher une entreprise, doit être plus rémunéré que celui qui n'a eu d'autre talent que celui d'avancer son argent, et d'autre danger à courir que l'éventualité d'une perte partielle.

En Orient, où cette éventualité est souvent proche de la réalisation, le taux de l'intérêt est plus élevé qu'ailleurs ; il n'est pas rare de le voir à 15 p. % et même plus ; il est en outre augmenté par le danger qui résulte de la violation des dispositions du Livre Saint, l'Al-Coran, qui défend le prêt à intérêt.

« L'usure, a dit Montesquieu, augmente dans les pays mahométans à proportion de la sévérité de la défense : il faut que le prêteur s'indemnise du péril de la contravention. »

Hors ces cas spéciaux, dont on peut trouver encore des exemples dans les colonies où la mauvaise organisation du travail augmente les chances de perte, le taux de l'intérêt est modéré, et il tend continuellement à diminuer par suite de l'abondance des capitaux.

C'est pour avoir observé cette tendance générale vers la baisse, qu'on a songé à mettre les rentiers de l'État sur la même ligne que les rentiers du commerce et de l'industrie, en réduisant la rente 5 p. % à un taux inférieur.

La question est de savoir :

1° Si le gouvernement a le droit d'opérer cette réduction ;

2° S'il a intérêt à la faire ;

3° Quels intérêts sont favorisés par cette mesure ;

4° Et enfin, quels intérêts elle froisse.

Le gouvernement a le droit, comme tout débiteur, de rembourser son créancier, en lui donnant le taux nominal de sa dette et non le montant effectif de l'emprunt. Presque tous ont été constitués bien au-dessous du pair ; il n'y a donc pas eu service rendu par les prêteurs, qui ont acheté de l'emprunt comme de toute autre marchandise ; et on ne saurait parler de reconnaissance nationale, de probité politique, lorsque soi-même on n'a fait qu'une affaire. Le gouvernement, dont les finances sont prospères, a donc le droit de faire la réduction, c'est-à-dire de rembourser le 5 p. %, et d'offrir aux porteurs, en échange de leurs inscriptions, soit 100 fr. de capital par chaque 5 francs de rente, soit des coupons d'un nouvel emprunt à un taux inférieur.

Le gouvernement a intérêt à faire la réduction ; c'est même un devoir pour lui, parce qu'il diminue par là les charges publiques d'une somme assez forte, et qu'il rétablit l'équilibre entre la position des prêteurs à l'État et celle des prêteurs à l'industrie, dont les chances et les avantages doivent au moins être les mêmes, s'ils ne sont plus grands en faveur de capitaux industriels.

Les intérêts auxquels la réduction de la rente sera favorable sont assez nombreux. Ils se composent d'abord de toutes les industries, de tous les commerces qui verront affluer vers eux des capitaux dont ils ont souvent besoin, et qui, dans l'état actuel, vont de préférence vers le trésor, parce qu'il paie plus cher que tous les autres. A ces intérêts déjà nombreux, il faut ajouter encore ceux de tous les consommateurs, qui, par suite de l'activité donnée à l'industrie par l'abondance des capitaux, pourront payer moins cher une foule d'objets dont ils ont besoin.

Les intérêts que la réduction de la rente froisse ne forment que quelques exceptions, et ne touchent que peu de personnes. Les rentiers, qui seuls pourraient avoir le droit de se plaindre avec quelques fondements, n'y sont que fort légèrement intéressés, parce qu'ils seront indemnisés par la diminution des impôts qu'ils paient comme contribuables, et par la réduction du prix des objets dont ils ont besoin comme consommateurs.

Il y aura donc profit pour tous dans l'exécution de cette mesure, qui nous enlèverait ainsi l'un de ces nombreux enfants dont parle l'économiste anglais, et dont nous sommes tous abondamment pourvus; sous ce rapport encore, nous venons de le voir, les rentiers eux-mêmes y gagneraient.

Je terminerai cette leçon sur le capital, en signalant une faute qui se commet très-fréquemment chez nous, et qui nuit gravement aux progrès de la richesse publique. En France, donc, le grand tort de beaucoup d'industriels et de négocians, c'est de se retirer trop tôt et de ne travailler un instant avec quelqu'activité que pour se retirer aussitôt après. Il n'en est pas de même en Angleterre : le père reste avec ses enfants, les aide de ses conseils et de son expérience. Chez nous, il semble qu'on ait hâte de se mettre à la charge des autres; car c'est là réellement ce que font tous ces hommes qui se retirent jeunes avec toutes leurs connaissances et leur force. Toutes ces intelligences oisives sont perdues pour le pays, c'est une consommation improductive du *capital moral*.

Dans l'un des voyages que j'ai faits, je me suis trouvé avoir l'occasion de traiter cette question avec le célèbre économiste Malthus, qui me dit : chez vous on fait tout bien et vite, l'industrie comme la guerre; mais on n'attend le résultat de rien, on se dépêche de faire, puis on se *retire* pour voir travailler les autres. Les vétérans entament la bataille, et ils la laissent terminer aux conscrits qui la perdent.

QUATRIÈME LEÇON.

DE LA DIVISION DU TRAVAIL (SUITE).

SOMMAIRE. Découverte de ce principe, par Adam Smith.—Note sur ce sujet.—Avantages de la division du travail dans les métiers en général. —Avantages de la division du travail dans chaque métier.— L'invention des machines est un effet de la division du travail.—De la division du travail entre les nations.—Difficultés qui se présentent sur ce point de la question.—Division du travail dans les diverses circonscriptions d'une nation.

La division du travail n'abrutit pas le travailleur.—Elle provoque l'invention des machines qui relèvent la dignité humaine, et des procédés qui préservent la santé des hommes.

Plus le travail est spécial, et plus le travailleur trouve de l'occupation.— La division du travail lie le sort de l'ouvrier à celui du fabricant et rend sa position plus stable.

M. de Sismondi s'élève contre la division du travail.—Sa théorie refutée.— M. de Sismondi appuie et combat Malthus.– M. de Sismondi appartient à l'école française.—Ce qui distingue cette école de l'école anglaise; elle apprécie les progrès industriels que nous avons faits.—Autre réfutation de la doctrine de M. de Sismondi relativement à son produit net.

Nouvelles considérations pour prouver que la santé et l'intelligence des ouvriers ont un rapport direct avec la division du travail et l'emploi des machines.

La division du travail est mieux comprise en Angleterre, en Hollande, en Belgique qu'en France.

S'il y a des crises dans l'industrie, ce n'est point à la division du travail qu'il faut s'en prendre, mais au système prohibitif qui ferme les débouchés.

Depuis la dernière séance, on m'a fait l'honneur de m'adresser quelques lettres relativement à l'opinion que j'ai émise sur la question des rentes et sur celle de la mendicité. Je me serais fait un plaisir et un devoir d'y répondre, si je n'avais craint que cela ne m'entraînât trop loin; ce n'est qu'en passant que j'ai mentionné ces deux questions, et elles sont assez importantes pour que j'y revienne plus tard et que je consacre à l'examen de chacune d'elles une séance spéciale. C'est alors que je répondrai à ceux qui ont bien voulu m'écrire. Je reviens à la question de la division du travail, dont je vous ai entretenu dans la dernière séance.

La question de la division du travail, bien que fort simple en apparence, n'en est pas moins une des plus difficiles que l'économie politique de nos jours ait à résoudre. En effet, comme son application est une des principales causes du développement industriel de notre époque, c'est à elle que se rapporte le plus grand nombre des complications auxquelles la prospérité récente de nos manufactures a donné naissance.

Adam Smith, vous le savez, est l'auteur de cette belle découverte, dont M. Say étendit plus tard les applications. C'est lui qui, le premier, en a prêché les avantages et étudié les inconvénients; ou, en d'autres termes, qui en a fixé la théorie et la démonstration, et qui est la cause première des services immenses que la division du travail a rendus aux entreprises de tout genre.

La division du travail n'est autre chose que la précaution prise de distribuer la besogne à chacun selon son aptitude. Ainsi, dans l'ordre intellectuel, par exemple, nous avons des avocats, des médecins, des professeurs, des savants, etc.; et dans l'ordre matériel, des fabricants de souliers, des fabricants d'habits, des laboureurs, etc. Adam Smith a cherché pourquoi cette division s'était établie dans la société, et en fouillant dans le passé et dans les événements de son temps, il a découvert, c'est le mot, ce que personne n'avait vu avant lui, et il a proclamé quels immenses avantages on retirerait du principe de la division du travail convenablement développé. Ce n'est pas à dire pour cela que la division du travail soit une innovation moderne; bien loin de là : elle existait avant que Smith nous en eût fait apprécier l'importance et déduit toutes les conséquences; elle existait comme les fonctions de la digestion et de la respiration avant que les médecins nous les eussent fait connaître, comme la circulation du sang avant la belle découverte d'Hervey (1).

---

(1) Néanmois Beccaria enseignait, dans un cours qu'il faisait à Milan en 1769, c'est-à-dire avant la publication de l'ouvrage d'Adam Smith, que la séparation des travaux était favorable à la multiplication des produits. « *Chacun sait*, disait-il, par sa propre expérience, qu'en appliquant ses mains et son esprit, toujours sur un même genre d'ouvrages, il obtient des résultats plus faciles, plus abondants, que si chacun terminait seul les choses dont il a besoin. »—Malgré cette antériorité bien constatée, J. B. Say n'en persiste pas moins (Traité d'écon. pol. p. 66 vol. 1) à faire honneur à Smith de l'idée des avantages de la séparation des occupations, parce que très probablement, dit-il, il l'avait professée avant Beccaria dans sa chaire de philosophie à Glasgow; mais ne semblerait-il pas, d'après les paroles de Beccaria, que le principe de la division du travail était depuis long-temps tombé dans le domaine public?... dès-lors il ne serait pas juste de considérer Smith comme auteur d'une *découverte*; et il vaudrait mieux dire que l'illustre écossais est *probablement* le premier économiste qui ait analysé les avantages, depuis long-temps appréciés, du principe de la division du travail avec cette sagacité qui caractérise les esprits supérieurs.

Chacun comprend facilement que si tout le monde voulait tout faire, tout le monde serait mal servi. Si le tailleur se mêlait de faire ses meubles et l'ébéniste ses habits, l'un et l'autre perdraient beaucoup de leur temps à faire des objets fort peu présentables; mais si, au contraire, chacun d'eux s'ingénie dans son propre métier, il acquerra bientôt le secret d'un très grand nombre de perfectionnements, qui le mettront à même d'échanger avec avantage ses produits avec son voisin, qui, à son tour, aura acquis une grande habileté dans sa spécialité. En travaillant exclusivement à son industrie propre, chacun des deux industriels fera, non-seulement mieux et plus vite, mais encore à meilleur marché; de là possibilité pour lui de répéter plus souvent ses profits et d'agrandir le cercle de ses consommations par des échanges plus fréquents.

Ce qui a lieu pour la société entière, c'est-à-dire pour la généralité des professions, doit se passer aussi pour chacune d'elles. Nous avons vu, dans l'exemple de la fabrication des épingles cité

« La division du travail a dû naître avec les sociétés; on voit dans la Bible, qu'Abel et Caïn n'avaient point les mêmes occupations; l'un cultivait la terre, l'autre gardait les troupeaux. Parmi les fils de Caïn, Jabel invente les tentes, Jubal imagine les instruments de musique, Tubalcaïn découvre le moyen de fabriquer et de mettre en œuvre le fer et le cuivre, tandis que Noéma, leur sœur, travaille la laine, et trouve l'art d'en faire les étoffes; Énos, petit-fils d'Abel, donna une forme au culte public et aux exercices de la religion. Malgré l'incertitude de ces faits, il n'en est pas moins remarquable que, dans ces temps si reculés, l'on ait attribué aux fils et aux petits-fils d'Adam une division aussi caractérisée. En effet, il ne faut qu'un peu de réflexion pour se convaincre, etc. » (J. ch. Bailleul. de la richesse et de l'impôt, p. 75. (*Note du R.*)

par Smith, que, par le seul effet de la division du travail, chacun exécutant une partie spéciale, les produits sont plus abondants et mieux conditionnés. En effet, je vous ai dit que tous les ouvriers, l'un dans l'autre, faisaient 48,000 épingles, au lieu de quelques centaines qu'ils pourraient à peine faire, s'ils étaient obligés de se livrer simultanément à toutes les opérations. La fabrication des cartes à jouer présente un spectacle semblable; en se partageant les travaux, cinq ou six hommes parviennent à faire 1,500 cartes par jour, tandis que sans cette division ils n'en feraient guère plus d'une centaine, quoique travaillant ensemble (1).

L'invention des machines est un effet de la division du travail; elles l'ont perfectionnée après lui avoir dû naissance. Comparez le filage à la quenouille au filage à la mécanique. Voyez ces pauvres femmes travailler toute une journée pour créer un produit de quelques sous; voyez au contraire ces rapides bancs à broches dont chacun travaillant comme des milliers de femmes, donne des produits à la fois plus beaux et moins coûteux. Entrez dans ces magnifiques ouvroirs de notre industrie; vous y voyez la balle de coton brut en-

(1) « Qu'un forgeron (dit Smith, pour montrer combien l'exercice constant d'une même profession peut augmenter la force productive d'un homme,) accoutumé à manier le marteau, mais novice dans l'art de faire des clous, soit obligé d'en fabriquer, ce ne sera qu'avec une peine extrême qu'il en fera deux ou trois cents dans un jour, encore même seraient-ils d'une mauvaise qualité : un autre forgeron qui serait accoutumé à ce même travail, mais qui n'en aurait pas fait son métier unique et principal, ne donnerait guère, quelque diligent qu'il soit, que 800 à 1000 clous par jour; tandis que j'ai vu des jeunes gens au-dessous de 20 ans qui, n'ayant jamais fait que des clous, en fabriquaient chaque jour plus de 2300. »

trant par la porte A, se transformer en boudins et en une série de fils de plus en plus fins, et sortir filée par la porte B, puis arriver tissée en calicot à la porte C, puis enfin imprimée et propre à la consommation sur la porte D.

Après avoir signalé les merveilleux effets de la division du travail, Smith a reconnu pour les nations le même principe dont J. B. Say a plus tard achevé la démonstration. Les diverses nations du globe ne produisent pas toutes les mêmes choses; la France a surtout du vin, la Russie des chanvres et du goudron, la Pologne du blé, l'Espagne des laines et du plomb; et s'il est préférable pour le cordonnier dont je vous parlais tout à l'heure d'acheter ses meubles à son voisin l'ébéniste, et réciproquement pour celui-ci de se faire habiller par son voisin le tailleur, de même vous comprendrez sans peine que si la Russie voulait faire du vin avec ses steppes et la France du goudron avec ses vignes, ces deux nations agiraient au rebours de leurs intérêts et que les simples notions du sens commun leur indiquent la voie des échanges comme une conséquence naturelle de la division du travail.

Cependant, je me hâte de l'avouer, la question n'est point aussi simple qu'elle peut vous apparaître, d'après ce simple exposé; car vous pensez bien qu'on serait arrivé à la solution avant J. B. Say et Adam Smith. Sans doute personne peut-être ne s'aviserait de vouloir faire du vin en Russie, et du goudron en France; parce que ces deux produits ont une patrie exclusive; mais tous les produits n'ont pas comme le vin et le goudron une origine si nettement tranchée ; il y en a même que tous les pays peuvent réclamer comme indigènes, et qui laissent à plusieurs peuples l'espoir d'une nationalité trompeuse. De ce nombre sont par exemple le fer et la houille ; le fer que réclament à des titres différents l'Angleterre, la Belgique, la France, la Suède, l'Espagne et l'Allemagne ; la houille que réclament aussi avec les mêmes droits, la France, l'Angleterre et la Belgique. C'est ici, Messieurs, que commencent ces milliers de difficultés que l'économie politique rencontre dans l'application. S'agit-il du fer, par exemple, tous les pays que je viens de vous citer veulent ou espèrent faire mieux que les voisins, et invoquent les douanes pour empêcher, comme on dit, la production étrangère d'*envahir* le marché national, et pour faire par conséquent des infractions à la division du travail.

On rirait sans doute, si l'on voyait des producteurs vouloir faire du vin en Russie ; mais on ne rit plus quand on voit qu'ils veulent fabriquer du fer en France, cher d'abord et puis à meilleur marché, et l'on cherche si les douanes en imposant des sacrifices à la nation, ne parviendront pas à la doter d'une nouvelle industrie. Là est, je vous le répète, la véritable difficulté pour l'économie politique pratique.

Vous avez observé que soit par hasard, soit par une circonstance particulière, quelques peuples sont parvenus à se faire d'une industrie commune à plusieurs autres une spécialité nationale, pour laquelle ils luttent long-tems avec les autres sans danger. Alors la question est encore plus compliquée. L'Angleterre est dans ce cas pour la houille.

Quand on pense que ce pays est approvisionné de combustible pour dix mille ans ! et que ses mines ont une organisation modèle, on peut bien croire qu'il vaut mieux aller s'approvisionner chez elle que d'entreprendre des extractions chez soi. Mais d'un autre côté, en suivant cette idée d'une manière absolue, les Anglais abuseraient de notre quiétude et nous feraient payer cher notre aveuglement. Et d'ailleurs, puisque nous avons aussi des mines riches et abondantes, nous ne perdons pas l'espoir d'arriver un jour et d'avoir aussi notre propre magasin (1). Mais en attendant il faut savoir trouver le point de l'équilibre; et c'est là cette sage pondération qu'il n'est pas facile d'atteindre pour éviter les crises qui ravagent nos industries.

Non-seulement la division du travail se trouve dans la société, dans les diverses nations, dans les diverses industries, mais encore dans les diverses circonscriptions d'une même nation. Ainsi, sans aller à l'étranger, prenons la France seule.

Les productions du midi ne sont pas les mêmes que celles du nord ; la Beauce fournit le blé, la Provence les huiles d'olive, le Bordelais, la Provence et la Bourgogne, les vins divers. Toutes ces industries, quoique différentes, sont solidaires et

---

(1) La production { Anglaise a été en 1835 de . 170,000,000 ton.
Belge. 32,000,000
Française. . . . . 25,300,000 (*N. du R.*)

une corrélation intime les lie pour tous les événements qui peuvent survenir. On a pu, il y a quarante ans, placer sans danger sous le régime de la liberté commerciale absolue, toutes les provinces françaises; n'y a-t-il pas lieu, Messieurs, à demander aujourd'hui la même liberté pour des circonscriptions plus grandes, il est vrai, mais dans une situation tout-à-fait analogue ; je veux parler de toutes les nations du globe?

Ainsi les méditations de Smith et de Say nous permettent d'établir les classifications suivantes dans la division du travail :

Division du travail entre les diverses opérations d'une même industrie.

Division du travail dans la société pour les différentes industries.

Division du travail pour la spécialité des nations.

Division du travail entre les circonscriptions d'une même nation.

Ainsi la grande famille humaine nous apparaît-elle comme une immense ruche où chaque nation, chaque province, chaque bourgade, chaque famille, chaque individu a sa place et sa tâche spéciales, selon sa nature ou sa capacité.

Mais je ne vous ai parlé jusqu'ici que des avantages de la division du travail. On a aussi trouvé à ce grand principe de nombreux inconvénients. Voyons jusqu'où peut aller leur influence.

On a dit que l'exercice continuel d'une seule et même opération dans la même industrie, avait pour résultat immédiat et infaillible d'abrutir l'homme qui s'y livrait. En effet, s'est-on demandé, quel développement l'intelligence peut-elle acquérir si le même ouvrier n'a, pendant plusieurs années, que le temps de faire des clous ou d'émoudre des pointes d'épingles? Oui, Messieurs, ces occupations sont loin d'agrandir le cercle des connaissances scientifiques et littéraires de ceux qui en sont chargés, et l'homme condamné à faire des clous toute sa vie devient clou lui-même, si je puis m'exprimer ainsi; et cependant Dieu n'a pas créé l'homme pour de si rudes occupations! — Sans doute il faut que de temps en temps il lève les yeux vers le ciel pour y lire l'empreinte de la divinité. Mais le mal porte avec lui sa guérison, et la civilisation le fera disparaître un jour par la division du travail elle-même mieux entendue et mieux appliquée. Le mouvement n'est pas permanent, et si aujourd'hui la division du travail, encore incomplète, force l'homme à faire un travail stupide et le réduit aux fonctions de machine, elle lui fera trouver plus tard un salaire honorable avec un repos convenable, tout en le dispensant d'une foule de travaux écrasants qui le rendent aujourd'hui roue, volant ou bête de somme.

Vous connaissez tous quel horrible métier c'est que de tirer des épreuves; il faut être constamment pendu à la mécanique. Eh! bien, si vous avez un balancier qui fasse cette besogne, l'homme n'est plus abîmé par le travail. Cependant, Messieurs, pour le dire en passant, les premiers ouvriers qui ont dû se servir de cette machine, se sont révoltés contre la nouvelle puissance qui venait relever la dignité humaine (1). Le métier de battre le plâtre n'est ni sain ni récréatif; les Anglais ont maintenant une machine pour cette fatale besogne. Jadis on broyait la terre de porcelaine au grand détriment de la santé des ouvriers; aujourd'hui cet inconvénient a disparu et l'hygiène publique se trouve améliorée d'autant.

L'ouvrier qui sait confectionner toutes les parties d'un produit, paraîtra, au premier abord, un être plus complet, et l'on a cru que celui qui ne savait, par exemple, faire que des têtes d'épingle, éprouverait plus de peine à se replacer, s'il venait une fois à quitter l'emploi où il a appris sa spécialité; mais il n'en est rien, car on a remarqué que ceux qui manquent le plus souvent de travail sont précisément ceux qui savent faire un peu de tout ce qui concerne la fabrication des produits à la confection desquels ils concourent. Les ouvriers agriculteurs, les ouvriers maçons sont dans ce cas; ils font des produits complets, et pourtant ce sont les premiers qu'une crise jette sur la voie publique. C'est que les industries divisées présentent plus de solidité, parce que ce sont les plus importantes, c'est-à-dire celles qui satisfont à un plus grand nombre de besoins et qui ont les débouchés les plus vastes.

La suspension des travaux nuit, non-seulement à l'ouvrier, mais au fabricant, et alors ce n'est qu'à son corps défendant que celui-ci suspend les travaux. Avant de se résoudre à cette cruelle né-

(1) Oui, mais provisoirement ils mourraient de faim. (*Note du R.*)

cessité, il lutte contre la fatalité le plus long-temps qu'il peut, de sorte qu'on peut dire que le sort de l'ouvrier est lié à celui de l'entrepreneur. Dans un moment de crise, le salaire pourra bien être diminué; mais, en pareil cas, la position de l'ouvrier qui fait tout par lui-même est encore moins favorable. Ordinairement il ne travaille point avec une machine; ses outils lui appartiennent, et il est plus facilement condamné, c'est-à-dire congédié par celui qui l'occupe. C'est ce qui n'arrive pas dans les industries que j'appellerai savantes ou à grands capitaux, parce qu'on y regarde à deux fois avant de laisser chômer les valeurs imposantes engagées dans des bâtiments considérables et des machines fort chères et fort nombreuses.

M. de Sismondi a été frappé de l'extrême misère qui se manifestait à côté de la richesse, et il s'est demandé si cet accroissement des hôpitaux à côté des palais n'était pas le résultat de l'introduction des machines, ou, en d'autres termes, de la division du travail, et si le dernier mot du développement industriel était d'augmenter indéfiniment la prospérité de quelques-uns au prix de la détresse de presque tous les autres. Vivement ému d'un pareil état de choses, M. de Sismondi, dont le caractère mérite d'être vénéré, a jeté un éloquent cri d'alarme et s'est mis à attaquer Smith corps à corps.

Adam Smith avait dit aux gouvernements: Quand vous ne gênerez pas l'industrie, elle se dirigera toute seule vers les travaux les plus profitables, adoptant en cela le langage des économistes, qui avaient proclamé le *laissez-faire, laissez-passer*. Ensuite Adam Smith fit aux corporations, déjà attaquées et ébranlées par Turgot, une guerre dont elles ne se sont pas relevées. S'appuyant sur les principes de ce réformateur, les gouvernements se sont mis à l'œuvre, les uns avec modération, les autres avec énergie, et en Angleterre, en Belgique et en France, on a traité les corporations comme le voulait Smith.

Mais M. de Sismondi, loin de répudier le vieux système, l'a, pour ainsi dire, montré comme l'ancre de salut, en présence des difficultés que présente maintenant la liberté industrielle. — Vous avez aboli, a-t-il dit, les jurandes et les maîtrises, et vous voilà dans le désarroi de la concurrence universelle; vous avez poussé jusqu'à ses dernières limites la division du travail et l'introduction des machines, et maintenant vous avez la richesse accumulée sur un point et la misère sur dix autres. Oui, vous avez augmenté la production, mais vous avez oublié que ce n'est pas assez de produire et qu'il faut encore écouler et consommer, et vous voilà aux prises avec les encombrements et les crises commerciales, qui vous apportent la disette au sein de l'abondance, qui font de l'industrie un champ de bataille et de l'humanité la litière de quelques privilégiés. — Voici, d'ailleurs, comment M. de Sismondi explique les inconvénients de la théorie d'Adam Smith. Selon lui, il faudrait faire deux parts du produit; une destinée à couvrir les avances faites pour payer le travail et l'achat des matières premières, et l'autre, qui est le profit et la seule avec laquelle on puisse accroître les dépenses d'une nouvelle production. — Or, dit M. de Sismondi, comme la production s'accroît constamment comme quatre, quand la somme du produit n'est que de deux, il doit toujours arriver un moment où l'avilissement des produits occasionne les révolutions périodiques auxquelles nous assistons. — Pour lui, la production serait une machine éminemment explosible, à laquelle il faudrait adapter une soupape, et il semble avoir regretté, sans le dire, que les jurandes et les maîtrises aient été abolies, car elles étaient un obstacle à une concurrence sans limites. Vous avez vu tout-à-l'heure M. de Sismondi, qui s'élève contre le *laissez-faire* et le *laissez-passer* des économistes, emprunter leur théorie du produit net pour expliquer les funestes effets de la production exagérée, et vous le voyez maintenant rétrograder vers le passé, pour y reprendre les entraves dont il nous a été si difficile de nous débarrasser.

M. de Sismondi, s'occupant avec une louable anxiété du malaise des travailleurs, a énergiquement attaqué Malthus, qui dit à une partie de l'espèce humaine : Retirez-vous ; il n'y a pas de couvert pour vous au banquet de la vie. — Toutefois, en repoussant cette théorie comme un grand anathème, M. de Sismondi a reconnu qu'il fallait entraver par des lois et la concurrence et le mariage. Mais, encore une fois, que deviennent alors la liberté individuelle et la liberté de l'industrie, si nous sommes obligés de refaire ce que la révolution de 89 a défait.

Ici commence avec M. de Sismondi, la lutte qui s'est engagée entre l'école anglaise et une autre école plus craintive, si vous voulez, mais bien plus généreuse, issue de la révolution, et qu'on appelle maintenant l'école française. L'école anglaise, et Malthus en tête, s'occupe fort peu des maux qu'entraîne avec lui le développement de l'industrie; les victimes lui importent peu, pourvu que les manufactures produisent; car avec elles, le char de *l'industrie va si vite, qu'il est impossible de voir ceux qu'il écrase dans sa course rapide.* L'école française ne fait pas si bon marché des hommes, et, pour elle, l'égalité n'est pas un vain mot. Elle veut ce que la révolution a voulu, je ne dirai pas l'égalité des vestes, mais l'égalité des droits de chacun. Telle n'est point l'école anglaise, qui partage l'espèce humaine en deux castes bien distinctes: l'une qu'elle met à la tête de la société, et l'autre dont elle fait la queue. Quant à nous, Messieurs, nous voulons les réunir. C'est à M. de Sismondi que doit être rapporté l'honneur d'avoir provoqué la formation de cette nouvelle école, qui veut réintégrer dans le sein de la société, cette classe si nombreuse, dont Malthus voulait ôter le couvert. Et déjà cette nouvelle tendance de l'économie politique a porté quelques fruits; Malthus m'a dit un jour: Franchement, j'ai peut-être trop tendu l'arc, et je ne me refuse pas à passer condamnation sur quelques parties de ma doctrine. — Et, en effet, je crois vous avoir appris que, dans les dernières éditions, il a effacé quelques phrases trop dures, et qu'il s'est ainsi incliné devant l'école française.

M. de Sismondi s'est donc indigné fort justement contre l'école anglaise; mais tout en reconnaissant qu'il a montré dans la lutte une force et une vigueur remarquables, il faut aussi avouer qu'il est sorti lui-même des limites du vrai. Car si le développement de l'industrie a occasionné quelques maux, que de biens n'en est-il pas résulté? Sans les machines, sans la division du travail, les ouvriers d'aujourd'hui auraient-ils le linge que n'avaient pas nos pères! Il y a cent ans sur deux mille personnes, il n'y en avait pas deux qui eussent des bas. Combien d'autres progrès dont nous sommes loin de nous douter; car l'histoire du peuple n'a pas été faite. Nous possédons vingt histoires également mensongères des princes et des rois, et personne ne nous a dit comment vivaient et comment étaient vêtus ou logés nos ancêtres (1). Mais à défaut d'un Cuvier qui pût nous faire avec des débris l'histoire qui nous manque, nous sommes obligés de juger d'après ce que nous avons vu nous-mêmes ou d'après ce que nous ont dit nos vieux parents. Je possède, pour mon compte particulier, un de ces vestiges qui serviront un jour à constituer l'histoire de nos aïeux, je veux parler de l'habit que mon père a porté comme représen-

(1) M. Monteil a publié plusieurs volumes d'une histoire des Français de divers états; il est vivement à regretter que ce savant n'ait pas pu continuer un ouvrage sous plusieurs rapports si remarquable. (*Note du R.*)

tant du peuple à la Convention nationale. Eh bien! Messieurs, il n'y a pas un ouvrier aujourd'hui dont la veste ne soit d'un drap plus beau que celui de l'habit dont je vous parle. Tout le monde sait d'ailleurs qu'il n'y a pas bien long-temps le petit-fils avait encore le jour de ses noces, l'habit qu'on avait fait à son grand-père pour une pareille cérémonie.

Ainsi, Messieurs, si l'ouvrier souffre comme producteur, il est dédommagé comme consommateur. Les petites filles portent déjà des tabliers de soie, elles auront bientôt, je l'espère, des robes semblables; et vous voyez bien que si le mouvement industriel qui nous emporte à quelques inconvéniens, il a aussi ses avantages.

Le perfectionnement des voies de communication n'est qu'une conséquence de la division du travail qu'il doit y avoir entre les nations. Or que de changements heureux n'amèneront pas les nouvelles voies que l'on projette. Si l'on fait le chemin de fer de Paris à Marseille, nous verrons arriver les légumes, le lait, les fruits du midi; et producteurs et consommateurs s'en trouveront bien. Les résultats sont incalculables. Le chemin de Paris à St. Germain aura eu à la fin de l'année 10 à 15 mille voyageurs pour une route parcourue avant par quelques centaines de personnes. Que d'ouvriers employés pour la construction et l'entretien de ce chemin! C'est que lorsque quelque chose de grand est créé tout le monde en profite et la production amène la consommation.

M. de Sismondi a eu tort, je crois, de s'appuyer

sur le produit net pour ses démonstrations; car si un ouvrier fait un habit, il faut tenir compte du profit de tous ceux qui y ont pris part : du berger, du tondeur, du laveur, du peigneur, du teinturier, du tisseur, du producteur des matières colorantes, des producteurs des machines, du fabricant des boutons, du fabricant de la doublure etc., etc.; j'en oublie plus de la moitié. Ainsi la production de l'habit dont nous parlons, avant de passer du dos du mouton sur le dos du consommateur, a occupé 70 ou 100 personnes, que sais-je; et toutes ces personnes ont eu leur profit; car l'on conçoit bien qu'il doit y avoir profit toutes les fois qu'il y a produit, et dans l'exemple que je vous cite, les différents producteurs n'ont sans doute pas attendu pour faire leurs affaires, le profit du tailleur. C'est à quoi M. de Sismondi n'a pas pensé.

Avant de terminer cette leçon je vous demande la permission de revenir sur quelques points que j'ai abordés en commençant.

On a parlé d'abrutissement; mais pénétrez dans quelques ateliers, ceux de tréfilerie par exemple où avant l'application des mécaniques, les ouvriers faisaient eux-mêmes fonction de machines, vous les verrez, le journal à la main, assister en surveillants au travail qui se fait sous leurs yeux et leur direction, et qui n'exige d'eux que quelques coups de main de temps en temps. Et pour les résultats hygiéniques, la science ne fait-elle pas tous les jours des progrès satisfaisants? Jadis l'art du doreur était très malsain à cause des émanations mercurielles auxquelles l'ouvrier était exposé; mais aujourd'hui on établit des fourneaux d'appel et des vitrages séparant de l'ouvrier les pièces chargées d'or et de mercure qu'il expose au feu, qui le garantissent de tout danger.

D'un autre côté l'on est en droit de dire que les ouvriers les plus intelligents sont ceux qui sont le plus en contact avec les machines, à moins qu'ils ne soient trop encombrés et mélangés, c'est-à-dire de sexes différents, et à moins qu'ils ne soient trop jeunes; car les ouvriers saisissent ce qu'il y a de plus ingénieux dans les machines. Je n'en citerai pour preuve que les ouvriers de Paris exerçant 40 à 50 industries différentes et produisant pour 500 à 600 millions de produits avec des machines simples. Cette brillante industrie parisienne est le résultat de la division du travail; et pourtant elle n'a pas d'égale en Europe. Tout le monde fait ses commandes à Paris, parce qu'il y a ici une atmosphère d'intelligence, d'enthousiasme et d'émulation que les ouvriers n'ont point ailleurs et qui abandonnerait les Parisiens s'ils voulaient travailler isolés où s'ils s'en allaient à la campagne.

Mais, il faut le reconnaitre, la division du travail n'est point encore aussi bien organisée en France, dans les grandes industries, comme en Angleterre et même comme en Hollande et en Belgique, où l'on peut voir les manœuvres industrielles s'exécuter dans un ordre tout-à-fait militaire, comme cela se passe sur un navire. Personne ne perd son temps par des changements de place. Tout est réglé; et toutes les attributions se correspondent si bien, que l'on dirait que toute l'usine n'obéit qu'à un seul homme et à un seul mouvement. Vous jugerez de cette bonne organisation et de cette division bien entendue par l'état suivant des fonctionnaires d'une mine que j'ai visitée en Angleterre.

1° Le DIRECTEUR-ADMINISTRATEUR-GÉNÉRAL, pour les connaissances générales et spéciales, et présidant à toutes les parties de l'entreprise;

2° Le DIRECTEUR DES TRAVAUX INTÉRIEURS, qui dirige les opérations de la mine et commande aux ouvriers mineurs;

3° Le CAISSIER TENEUR DE LIVRES, chargé de tous les détails de la comptabilité;

4° L'INGÉNIEUR-MÉCANICIEN, chargé de toutes les fonctions des machines;

5° Le PRÉPOSÉ AUX PUITS, qui dirige le service des pompes et des appareils de sondage;

6° Le PRÉPOSÉ A LA SURFACE, qui inspecte les minerais et veille aux préparations qu'ils doivent subir avant d'être livrés au commerce;

7° Le MAITRE CHARPENTIER, chargé de toutes constructions;

8° Le MAITRE FORGERON, chargé de la construction et de l'entretien des outils en fer;

9° Le CHEF DE MAGASIN, chargé de L'ACHAT et de la distribution de tous les articles nécessaires à l'exploitation;

10° Enfin le MAITRE CORDIER, chargé de la fabrication et de l'entretien de tous les cordages;

M. de Sismondi a fait un autre reproche que je veux encore aborder ce soir; il a dit que la plupart des chefs de fabrique, sans s'inquiéter de la nature de leurs débouchés, se mettent à fabriquer à tout hasard, sacrifiant ainsi à un dieu inconnu, comme ferait Lyon, s'il produisait sans s'inquiéter de ce qui se passe aux États-Unis. Cet argument le reporte tout naturellement à réclamer ces mêmes lois qui, en mettant des bornes à la division du travail et au développement de l'industrie, prohibaient l'intelligence et forçaient un pauvre diable à faire un apprentissage indéfini, pour arriver à l'état de maître à l'âge de 35 ans. Le remède n'est pas là, à mon avis; la liberté d'industrie a été proclamée, mais on a maintenu les douanes; c'est-à-dire qu'on nous a donné la faculté de produire sans nous donner celle d'écouler nos produits, et c'est ainsi que l'on nous a forcé à sacrifier à un dieu inconnu. La liberté du commerce est une conséquence corrélative de la liberté industrielle; et la suppression des douanes en est la déduction mathématique et naturelle. Telle est la solution de la question des encombrements et des crises périodiques. La difficulté ne commence que lorsqu'il s'agit des produits appartenant à tous les pays. Ce sera le sujet d'une autre séance.

Jph G.

CINQUIÈME LEÇON.

Séance du 12 décembre 1837.

MACHINES.

SOMMAIRE : Les machines ont eu des avantages et des inconvénients.— Ceux-ci sont dus à la soudaineté des inventions, et principalement de la MACHINE A VAPEUR et du MÉTIER A FILER. Ces découvertes ont été le point de départ de toutes les autres.—Les ouvriers n'ont pas seuls ressenti les effets des machines, ils ont affecté également les capitalistes, les commerçants et les agriculteurs.

Examen des attaques dont les machines ont été l'objet. Réfutation de M. de Sismondi.—On ne peut interdire l'usage des machines.—On ne peut supprimer les BREVETS D'INVENTION — Comparaison de deux peuples, l'un travaillant avec des machines, l'autre les repoussant.— Le progrès industriel est devenu un devoir pour nous —Les machines ne profitent pas seulement à l'industrie qui les emploie, mais à toutes les industries.—Erreur de M. de Sismondi, sur la LIMITE de la PRODUCTION et sur les BESOINS EXISTANTS. Une augmentation de production a pour résultat une augmentation de revenus, et celle-ci un accroissement de consommation.—Exemple de la Saintonge et du Nord, de la Normandie et du Limousin, de la Flandre, de l'Alsace, de l'Artois, des Vosges.

Examen des avantages moraux qu'ont eus les machines par rapport à l'homme, aux femmes et aux enfants.—Abus des machines : trop longue durée du travail.—Cet abus est plus difficile qu'on ne pense, à faire disparaître.—Craintes que les machines ont fait concevoir à Montesquieu et Colbert.—Comparaison des pays à machines et sans machines : Irlande et Angleterre, Espagne et Belgique.—Accroissement de la population dans les villes de fabrique : Glasgow, Manchester, St-Quentin, Reims, Mulhouse, etc.

Toutes les sciences, tous les arts, ont participé aux progrès des machines : ÉTIRAGE DU PLOMB, LAMINAGE DU FER, CLICHAGE, BOUTONS, ESTAMPAGE, PIPES, OMNIBUS, BATEAUX A VAPEUR, GAZ, CHEMINS DE FER, CARCELS, ALCOOLS DE FÉCULE, BLANCHISSAGE AU CHLORE, INDIGO, BLEU DE PRUSSE, PAPÉTERIE, TANNERIE, SOUDE FACTICE, ACIDE PYROLIGNEUX, etc.

Le plus grave inconvénient des machines, c'est de placer les ouvriers sous la dépendance des capitalistes. Il disparait chaque jour.—Lois contre les COALITIONS, elles ont été rapportées en Angleterre, il faut en faire autant en France.—Histoire des diverses inventions.

Vous avez vu comment l'accroissement des capitaux et la division du travail avaient conduit à l'invention des machines. Nous devons examiner maintenant quelles ont été les conséquences de l'emploi de ces nouveaux instrumens de production sur l'industrie et le bien-être des travailleurs.

Comme tout ce qui est conçu par l'esprit des hommes, les machines ont eu des avantages et des inconvéniens. En même temps qu'elles enlevaient le travail à quelques individus, elles l'offraient à d'autres; elles créaient des produits et en même temps des consommateurs : en un mot, elles déplaçaient des existences, mais elles n'en détruisaient aucune.

Si elles se fussent introduites graduellement dans l'industrie, elles eussent laissé aux individus qu'elles remplaçaient le temps de chercher une occupation ailleurs, de se créer une nouvelle industrie et de nouveaux revenus. Mais, vous le savez, il n'en fut pas ainsi, elles sont arrivées tout-à-coup, elles ont été inventées à la fois et sans qu'auparavant on en eut jamais entendu parlé.

Les deux premières machines qui furent inventées remontent à la fin du XVIIIe siècle; ce sont la machine à vapeur et le métier à filer. Leur importance et les modifications qu'elles apportèrent dans tout le système de fabrication, forcèrent bientôt de changer tous les instrumens qui devaient leur être subordonnés, surtout à la première (1). C'est la brusque découverte de ces machines puissantes qui a donné tant d'importance à la question qui nous occupe, c'est à la sou-

---

(1) Voir la note à la fin de la leçon, pages 105 et suivantes.

daineté de leur apparition que sont dues toutes les complications que nous étudions aujourd'hui.

Le jour où, grâce aux travaux de Watt, la machine à vapeur devint un moteur permanent et économique, l'industrie se développa en Angleterre où, jusque là, la cherté des salaires avait été un obstacle qu'on n'avait pu franchir. Perpétuellement disponible, la machine à vapeur remplaça avantageusement les roues hydrauliques qui manquent souvent d'eau, et les manéges qui sont d'un entretien coûteux; elle devait être adoptée partout avec empressement, mais à plus forte raison dans un pays où le combustible était abondant et à bas prix.

Le perfectionnement du moteur des fabriques fut le premier pas, le point de départ d'une foule d'autres améliorations qui, pour être secondaires, n'en ont pas moins eu d'importans résultats.

Les industries qui en ont le plus profité sont celles qui ont pour objet la conversion des matières textiles : coton, laine, soie, chanvre, lin, etc, en fils et en tissus : aujourd'hui leurs produits réunis s'élèvent à plus de quinze cent millions de francs.

Du perfectionnement de ce que les Anglais appellent *power-loom* est découlé également un grand nombre de progrès qui ont opéré à leur tour dans l'industrie une révolution tout-à-fait radicale, dont les ouvriers ne se sont pas seuls ressentis, mais qui a affecté aussi les capitalistes, les entrepreneurs, les négocians et les agriculteurs.

En présence de ces faits, il est inutile de demander quelle a été la cause des perturbations qui ont déplacé quelques existences, et anéanti quelques fortunes ; nous devons simplement nous borner à rechercher si l'on a fait tout ce qui était possible pour se défendre contre ces inconvéniens, contre cette perte de travail, momentanée il est vrai, mais qui n'en a pas moins été douloureuse pour les journaliers qui ont eu à la supporter.

Cette question tient de trop près à celle de la division du travail dont elle est une conséquence, pour que nous ne trouvions pas sur le terrain où elle nous place, les mêmes adversaires que ceux que nous y avons trouvés l'autre jour. Au premier rang des auteurs qui ont proposé de réglementer le travail et de débarrasser les ouvriers des soucis que leur cause l'invention des machines, nous trouvons donc M. de Sismondi.

Cet écrivain a proposé de mettre les travailleurs dépossédés de leurs fonctions par l'invention d'une machine nouvelle, à la charge du fabricant qui l'adopte; comme dans certaines contrées agricoles, les fermiers sont tenus de pourvoir à la subsistance des journaliers inoccupés. Mais cette mesure, que le désir de soulager la misère des ouvriers qui se voient enlever leur pain par l'emploi des machines peut inspirer à un homme de bien, ne saurait être adoptée par des hommes d'état qui voient plus loin que le moment présent et dont le devoir est de ne pas engager l'avenir. Or, c'est ce qui arriverait si la législation plaçait de nouveau les travailleurs industriels sous la dépendance absolue de ceux que l'on a appelés avec raison les hauts barons d'une féodalité nouvelle.

Dans un autre passage de ses NOUVEAUX PRINCIPES, M. de Sismondi propose encore d'anéantir les priviléges dont jouissent les inventeurs, c'est-à-dire de mettre leur découverte en circulation, de la jeter dans le domaine public parce que, dit-il, « en en conservant la jouissance exclusive à l'inventeur on lui donne le monopole du marché contre les autres producteurs ses compatriotes. Il en résulte que les consommateurs nationaux y gagnent fort peu, que l'inventeur y gagne beaucoup, que les autres producteurs y perdent et que leurs ouvriers meurent de misère. Si, au contraire, toutes les inventions sont immédiatement révélées, immédiatement soumises à l'imitation de tous les rivaux de l'inventeur, le zèle pour de pareilles découvertes se réfroidira et l'on ne les regardera plus comme un expédient par lequel on peut enlever des pratiques à ses concurrens. »

M. de Sismondi a grande raison de dire que *si les inventions sont immédiatement révélées, le zèle pour de pareilles découvertes se refroidira;* et il se refroidira si bien qu'il disparaîtra même tout-à-fait et que les hommes industrieux iront porter leurs inventions dans des contrées où les droits du génie sont mieux appréciés et mieux récompensés. Il arrivera alors ce qu'il vous est facile de prévoir en comparant deux peuples dont l'un utiliserait toutes les découvertes, toutes les machines possibles, tandis que l'autre les repousserait pour employer un plus grand nombre de bras.

Supposez, par exemple, que la France soit le pays où, par une philantropie que j'appelerai *homicide*, le législateur ait défendu l'emploi des machines dans les arts et l'industrie, et que l'Angleterre ou la Belgique soit le pays au contraire où des récompenses, des priviléges soient offerts et décernés aux inventions utiles, à celles qui économisent des bras et du temps. Que résultera-t-il pour les deux pays de cette position si différente?

D'un côté on file à la quenouille, on tisse à la main, on blanchit au pré, on imprime à la table deux couleurs au plus et on a de grosses toiles, de grosses cotonnades communes irrégulières et qui reviennent à plus de 40 sous l'aune. De l'autre côté au contraire, on file au métier, on tisse à la mécanique, on blanchit au chlore, on imprime quatre couleurs au rouleau, on sèche au cylindre chauffé par la vapeur; et pour résultat on obtient pour 16 à 20 sous des toiles, des indiennes, plus fortes et de meilleur teint que celles de 40.

La conséquence de ces deux systèmes, c'est que les femmes qui n'ont que 35 sous à mettre par aune d'étoffe, ne peuvent pas acheter de robe tous les ans dans le pays sans machines; tandis que celles qui habitent le pays à mécaniques peuvent en avoir deux par année. C'est encore que le pays où l'on produira à 16 sous fera tous ses efforts pour faire entrer ses étoffes dans le pays où elles se vendent 40, et qu'il sera secondé dans ses entreprises de contrebande par les habitants mêmes du pays protégé contre les machines. C'est que non seulement on perdra de cette manière la plus forte partie des débouchés intérieurs, mais encore tout espoir de placement sur les marchés étrangers. Qu'arrivera-t-il alors de ce système? Que feront les ouvriers qui auront rempli les fonctions des machines? A qui vendront-ils leurs produits quand les prix seront trop élevés pour être atteints par les revenus des nationaux, et trop différents des prix étrangers pour que leur qualité inférieure leur fasse obtenir la préférence sur les places de commerce des autres pays? Seront-ils plus heureux de cet état d'infériorité qui privera la plupart d'entre eux de tout travail dans l'avenir comme dans le présent, que des momens de malaise qu'ils ont à supporter aujourd'hui, moments qui sont difficiles à passer sans doute, mais qui au moins ne sont que transitoires et ne durent que quelques instants?

Nous pouvons donc conclure hardiment que lors même que le moyen serait trouvé de pouvoir défendre entièrement l'emploi des machines, cette mesure ferait le malheur de tous; parce qu'elle remplacerait une souffrance passagère par un mal permanent. Quant aux moyens d'exécuter la loi, que j'ai, dans cette hypothèse, admis un instant comme découverts, j'en nie la possibilité. Je demande quels sont les instruments qui seront considérés comme machines et comme tels défendus, et ceux dont l'usage sera permis. Tout ce qui nous entoure, tous les objets dont nous nous servons, ne sont-ils pas des machines ou les produits des machines? La charrue n'est-elle pas une machine? Le lévier, la houe, la presse, ne sont-ils pas des machines? Le tour, le rabot, la lime, le burin, ne sont-ils pas encore des machines? Si vous prohibez l'emploi des agens mécaniques, n'aurez-vous pas à répondre à une armée de copistes qui viendront se plaindre de la concurrence de la presse d'imprimerie, et alors rayerez-vous de l'histoire la découverte de Guttemberg? Écouterez-vous aussi les doléances des propriétaires de chevaux et de mulets qui seuls autrefois faisaient les transports, et qui sont devenus inutiles en grande partie depuis l'amélioration des routes et de la navigation? Non, Messieurs, il ne peut pas être permis d'apporter d'obstacles aux développements des machines dans l'industrie, parce qu'on ne peut les empêcher partout à la fois; rester en place quand tout le monde avance, c'est reculer; et en industrie, reculer c'est mourir.

Si nous considérons les machines sous un autre point de vue, nous verrons qu'il ne nous est pas possible de renoncer, je ne dis pas à leur emploi, mais encore à leur perfectionnement. Les machines sont le double produit des capitaux et de l'intelligence, et renoncer à leur usage, à leur invention, c'est abandonner nos richesses, c'est nous suicider moralement. Vous le savez en effet et je vous l'ai dit déjà l'an dernier: (V. 1re Leçon, page 5.) Tous les grands progrès qui ont été faits depuis un siècle en civilisation, en sciences, en industrie, sont dus à trois grands peuples: la France, l'Angleterre et les États-Unis d'Amérique. C'est de-là que sont parties toutes les améliorations qui se sont opérées dans la condition des hommes; ce sont ces trois grandes nations, parmi lesquelles la France occupe une belle place, qui ont fait avec un admirable dévouement toutes les expériences, tous les essais d'organisation politique et industrielle, auxquels ont doit la légère augmentation de bien-être dont jouissent aujourd'hui des millions de travailleurs de tous les pays. Une louable émulation s'est établie entre ces peuples et chacun d'eux ne voudrait céder le pas aux deux autres, car le progrès est pour eux plus qu'un besoin, plus qu'une nécessité; c'est un devoir !

Lorsque, frappé des inconvénients qui résultent des machines, on veut placer en regard les avantages qu'elles procurent, on ne doit pas se borner à considérer les services spéciaux qu'elles rendent à l'industrie qui les emploie, car celle-ci n'en ressent pas seule les heureux effets. Ainsi que cela est arrivé pour la machine à vapeur et la machine à filer, l'invention d'une machine a souvent amené ou nécessité la découverte ou le perfectionnement de beaucoup d'autres. Que l'on parvienne à trouver, par exemple, un procédé de fabrication du fer qui en réduise le prix de 15 à 20 pour cent, et ce ne seront pas seulement les maîtres de forge qui profiteront de cette économie, mais encore tous les industriels qui emploient le fer, tous les consommateurs qui achètent des objets dont la confection a nécessité le concours de machines et d'instruments dont le fer compose la principale matière première. Il en sera de même si l'invention dont il s'agit, concerne la fabrication du coton, celle de la laine ou toute autre; la réduction de prix qui en résultera aura pour conséquence, malgré l'opinion contraire de M. de Sismondi, d'augmenter la consommation, ce qui occupera un plus grand nombre d'ouvriers et ajoutera à la richesse publique en créant de nouveaux revenus.

Depuis qu'à l'exemple de l'Angleterre, chaque peuple a voulu se faire le fabricant et le boutiquier de l'univers, l'invention des machines est devenue une loi à laquelle tout le monde a été contraint d'obéir; il n'y a eu de chances de succès que pour ceux qui ont travaillé sans relâche à améliorer leurs méthodes, à perfectionner leurs instruments. La supériorité a été le partage de ceux qui ont le plus inventé et qui, à chaque découverte nouvelle, en ont fait chaque jour succéder une autre. Sans cette marche continuellement progressive, le premier inventeur eût été bientôt atteint par ses concurrens auxquels il n'aurait pas pu cacher longtemps son secret, et qui lui eussent repris les débouchés qu'il aurait pu s'ouvrir d'abord, grâce à la supériorité de ses produits ou à leur bon marché.

C'est parce que M. de Sismondi a nié que toute diminution de prix d'une marchandise d'un usage habituel, avait pour résultat un accroissement de consommation, qu'il s'est opposé aux développements des machines, et qu'il a demandé avec tant d'instance qu'on y apportât des obstacles. Suivant lui, vous le savez, (V. 4e Leçon, p. 74) les revenus ne s'accroissent que comme deux, quand la production augmente comme quatre; or la consommation ayant pour limite la somme, non pas de tous les besoins existants mais de ceux qui ont un revenu ; la production, qui doit se régler sur la consommation, ne peut s'élever sans danger au delà du chiffre des revenus disponibles. Telle est, Messieurs, la base du système de M. de Sismondi, mais ainsi que j'ai essayé de vous le faire voir dans notre dernière leçon, cette base même est fausse, et avec elle tout le système qu'elle supporte. Non, quand la production s'accroit les revenus ne lui sont pas inférieurs ; non, il ne faut pas considérer dans ce calcul, seulement le bénéfice net du dernier producteur ; mais encore les profits et les salaires de tous ceux qui ont concouru à la production : depuis le cultivateur, le bucheron ou le mineur, jusqu'au marchand en détail et à ses commis.

En procédant ainsi, on reconnait que toute augmentation de production entraine une augmentation de revenu, sinon supérieure, au moins égale ; parce qu'il suffit qu'il y ait un capital disponible pour faire l'avance de la production, pour que tous les profits, les salaires, les revenus qui permettent de consommer, soient créés ensuite. On ne peut jamais connaître les besoins existants, car ils restent toujours ignorés tant qu'ils ne possèdent pas les moyens de se satisfaire. La production est antérieure à la consommation et c'est elle qui la règle, car c'est d'elle que découlent tous les moyens d'échange ; c'est elle qui donne du travail, qui occupe les bras de l'ouvrier, les connaissances du savant, le savoir de l'ingénieur ; et qui leur donne une rémunération en échange de leurs services.

Les besoins existants ne sont donc pas, ne peuvent donc pas être, la limite de la production ; parce qu'ils ne sont pas fixes, et qu'ils augmentent ou diminuent suivant le degré d'activité de la production agricole et manufacturière. Les besoins ne sont pas fixes : comparez en effet la liste des objets regardés aujourd'hui comme de première nécessité, même pour la famille du plus humble artisan, avec l'inventaire de ce qui composait autrefois l'ameublement et le costume de plus d'un bourgeois aisé. Sans doute si vous appliquiez la production de 1836 à la consommation de 1750, vous auriez un excédant considérable ; mais cela tient à ce que les salaires de 1836 n'ont pas été partagés entre les consommateurs de 1750. A toutes les époques il s'est trouvé des gens qui sont parvenus à dépenser 50 mille francs par an et même plus, on peut être certain que dans le même temps les ouvriers, les marchands, les cultivateurs, eussent trouvé le moyen de consommer un revenu de 12 à 1500 francs ; si donc, il y a un siècle, la consommation était si restreinte, ce n'était pas qu'il manquât de besoins à satisfaire, c'est que les revenus correspondants n'existaient pas. Depuis lors, chaque progrès dans les arts a stimulé et accru la production, celle-ci a augmenté les profits et les salaires, et ces derniers ont provoqué la manifestation de besoins qui jusqu'alors n'avaient été que des désirs à peine avoués, tant leur satisfaction semblait impossible ou tout au moins éloignée.

Quelques exemples rendront encore plus sensible l'évidence de ce raisonnement.

Avant qu'un nouveau procédé de distillation

n'eût été adopté dans la Saintonge, on y brûlait moins de vin, on y faisait moins d'eau-de-vie que maintenant, et elle était de qualité très inférieure; par suite de ce perfectionnement on fait plus et mieux; on vend plus facilement, avec de plus grands avantages, et en plus grande quantité.

Passez dans le Nord, et voyez les progrès qu'a faits la culture des plantes oléagineuses depuis que les moyens d'extraction ont été perfectionnés, et que l'on retire plus d'huile de la même quantité de matière, grâce aux presses hydrauliques etc.

Partout où l'industrie du mécanicien se développe, toutes les autres industries sont en voie de prospérité, ainsi qu'il est facile de s'en convaincre en comparant les pays les plus riches à ceux qui le sont moins. Prenez par exemple la Creuse où il n'y a pas de machines, et la Seine-inférieure où il y en a de tant de sortes; où en est l'agriculture dans ces deux départements? Est-elle plus avancée dans le Limousin que dans la Normandie, et les habitants comment sont-ils meublés, habillés et nourris dans ces deux provinces de la France? Ne remarquez-vous pas la même aisance générale, chez l'ouvrier des fabriques comme chez le cultivateur, en Flandres, dans l'Artois, en Alsace, dans les Vosges?

Matériellement donc, les machines n'ont pas les inconvénients qu'on leur attribue, voyons si les reproches d'immoralité qu'on leur adresse sont mieux fondés.

Nous avons vu déjà qu'elles avaient arraché l'homme à l'exploitation brutale dont il était l'objet; ce n'est plus sa force que l'on recherche aujourd'hui, mais son intelligence, son habileté, son adresse. Un mécanicien est mieux payé qu'un tourneur de roue, l'ouvrier qui sait réparer lui-même son métier reçoit plus que celui qui est obligé de recourir à l'aide d'un contre-maitre; c'est la différence qui existe entre les ouvriers anglais et français.

Ce sont aussi les machines qui ont permis de donner aux femmes, du travail proportionné à leur force, qui les a fait sortir de cette éternelle minorité à laquelle les anciennes lois organisatrices de l'industrie les avaient condamnées. Cette amélioration dans le sort des femmes est un signe non équivoque de civilisation : chez les sauvages, elles remplissent les fonctions de bêtes de somme; dans les campagnes, leur condition n'est guère plus supportable; dans les villes au contraire, qui doivent leur prospérité aux machines et à l'industrie, elles sont employées à un travail qui n'a rien de dégradant, et où elles peuvent faire usage de la délicatesse de leurs organes, de l'habileté de leurs doigts, du tact exquis dont elles sont douées.

Les machines ont encore émancipé les enfants qui n'avaient été jusqu'ici qu'une charge souvent bien lourde pour leurs parents, et qui sont devenus un moyen d'augmenter le bien-être de la famille.

Malheureusement, Messieurs, on ne s'est pas borné à tirer des machines les avantages qu'elles offrent, la convoitise de l'homme en a abusé comme de toutes les bonnes choses; car après avoir fait servir les machines à économiser la force de l'homme, on s'est autorisé de la permanente activité de l'instrument, pour exiger autant de services du bras qui le dirige, de l'œil qui le surveille; ce qu'on a retiré de la fatigue du travail, on l'a reporté sur la durée. Les journées de 12 heures ont été étendues à 14 et 15, et il n'est plus resté aux anciens manœuvres élevés aux fonctions d'ouvriers, qu'un temps à peine suffisant pour satisfaire des appétits bruts; il n'ont pas eu celui de vivre, de penser. C'est là un grave inconvénient et je suis prêt à le reconnaitre avec tous ceux qui l'ont signalé, mais j'ai cherché en vain comment il était possible de le faire disparaître. On a proposé, je le sais, de régler par une loi le maximum de la durée du travail. Au premier abord ce remède semble suffisant, et la loi d'une exécution facile, mais en admettant que cela soit comme on l'espère, je recherche les effets de la loi et je suis conduit à reconnaitre qu'elle n'est point admissible, parce qu'elle aurait pour résultat de tuer l'industrie. Quelle serait en effet la position de nos fabricants qui, conformément à la loi, ne feraient fonctionner leurs machines que 10 ou 12 heures par jour, vis-à-vis de leurs concurrents des autres pays qui travailleraient 14 ou 15 heures? Les forcerez-vous à payer à leurs ouvriers un salaire aussi fort pour 12 heures que pour 15? S'ils réduisent le prix de la journée d'un quart ou d'un cinquième, comment les ouvriers pourront-ils vivre, quand déjà leur salaire actuel est insuffisant? Et s'ils le laissent intact, comment soutiendront-ils la concurrence avec des prix de revient augmentés de 20 à 25 pour cent?

Il en est donc, vous le voyez, d'une loi pour fixer la durée du travail, comme de celle qui interdirait l'emploi des machines; elles sont également impossibles parce qu'elles ne peuvent être générales. Cette mesure ne peut être applicable qu'au travail des enfants, et c'est une question sur laquelle je reviendrai; elle ne l'est pas à celui des hommes qui auraient le droit de dire : « En m'empêchant de travailler au-delà des heures fixées vous me privez d'un supplément de salaire dont j'ai besoin; vous me faites mourir de faim pour me laisser reposer. » Je sais bien qu'il est cruel pour tout homme de cœur qui pénètre dans une fabrique, de voir écrit en traits de souffrance, sur le visage des malheureux qui y sont enfermés tout le jour, les conséquences funestes d'un système manufacturier poussé à l'excès. Je comprends parfaitement qu'en présence de la misère dont cette population ouvrière si nombreuse porte la livrée, on se prenne à vouloir une solution immédiate à cette question de haute politique et d'hygiène générale, mais je le répète, cette solution est plus difficile à trouver qu'on ne le suppose; parce que, à côté du soulagement qu'on espère donner au malheur, se trouve le mal certain que l'on causera à ceux dont on prétend adoucir la position.

Les plaintes élevées contre les machines ne se sont pas fait entendre seulement de nos jours; Montesquieu lui-même s'en rendit l'écho, voici ce qu'il disait à propos des moulins à eau : « Les ma-

» chines dont l'objet est d'abréger l'art, ne sont » pas toujours utiles. Si un ouvrage est à un prix » médiocre et qui convienne également à celui qui » l'achète et à l'ouvrier qui le fait, les machines » qui en simplifieraient la manufacture, c'est-à- » dire qui diminueraient le nombre des ouvriers » seraient pernicieuses; et si les moulins à eau n'é- » taient partout établis, je ne les croirais pas aussi » utiles qu'on le dit, parce qu'ils ont fait reposer » une infinité de bras, qu'ils ont privé bien des » gens de l'usage des eaux, et ont fait perdre la fé- » condité à beaucoup de terres. » Vous le voyez, Messieurs, le génie même n'est pas à l'abri de l'erreur, et dans cette circonstance nous surprenons Montesquieu à désirer que le peuple soit renvoyé à la meule, le châtiment des esclaves chez les anciens. Quelles ne seraient pas ses plaintes contre nos moulins à l'anglaise.

Colbert lui-même fut effrayé de l'envahissement des agents mécaniques dans l'industrie, lui qui cependant avait entrepris et exécuté tant de réformes qui eurent des résultats aussi perturbateurs pour le moins que ceux qui ont été amenés par les machines. Un mécanicien ayant été présenté un jour à ce célèbre ministre, s'efforça de lui expliquer les avantages d'une machine qu'il venait de construire et qui pouvait remplacer plusieurs ouvriers, et lui demanda son appui pour faire adopter son invention dans les fabriques. Colbert lui répondit : ALLEZ PORTER AILLEURS VOTRE MACHINE, NOUS AVONS ICI TROP DE BRAS A OCCUPER POUR SONGER A LES RENDRE INUTILES. Et quand il fut sorti, il ajouta en s'adressant aux personnes qui l'entouraient : UN HOMME COMME CELA, MAIS C'EST A ÉTOUFFER.

Si tant et de si puissantes accusations n'avaient été adressées aux machines, je croirais superflu de vous donner de nouvelles preuves de la supériorité des pays qui les ont adoptées sur ceux qui les ont repoussées; mais ces accusations subsistent, et comme on les renouvelle chaque jour, elles ont fait naitre dans les esprits une certaine indécision sur la manière dont cette question devait être décidée; vous me permettrez donc de citer encore quelques faits propres à faire cesser cette indécision.

Je prendrai mon premier exemple dans un pays très rapproché de nous, et je comparerai la position de l'Irlande où il n'y a pas de machines, avec l'Angleterre qui renferme tant de manufactures créées depuis l'invention des machines. D'un côté nous verrons le paysan irlandais cultiver la terre, engraisser des bestiaux dont il ne mange pas, et se nourrir toute l'année de pommes de terre dont il n'a pas toujours une quantité suffisante; de l'autre côté l'ouvrier anglais qui achète les bœufs et les légumes de l'Irlande; celui-ci portant l'hiver de bons habits de drap bien chaud et l'été des vêtements d'étoffe légère, habitant de petits *cottages* bien propres, bien aérés et suffisamment vastes; tandis que l'autre sera à peine couvert de quelques haillons, et que sa famille et une partie de son bétail auront pour demeure commune la seule pièce qui compose sa misérable cabane.

Comparant ensuite deux peuples qui ne furent

unis un instant que par la force, et dont l'un autrefois soumis à l'autre lui est aujourd'hui de beaucoup supérieur malgré l'exiguité de son territoire, je comparerai la Belgique à l'Espagne, l'ancienne province à sa métropole. S'il était un pays en Europe où les machines n'aient point pénétré, l'Espagne pourrait certes revendiquer l'honneur de s'être conservée pure de tout contact avec ces inventions diaboliques, nulle part plus de précautions n'ont été prises pour s'opposer à leur adoption, nulle part l'industrie n'a été resserrée et étouffée dans des langes plus étroits, dans des réglements plus prohibitifs; rien en quelque sorte ne pouvait entrer dans le pays; rien non plus ne pouvait en sortir. La Belgique nous offre un spectacle tout-à-fait différent; là, l'industrie a établi ses machines, elle les a perfectionnées, elle a donné du travail à tous ceux qui en manquaient; là, au lieu de repousser les inventeurs, on les a protégés, on les a encouragés; quand un homme de talent sans fortune a conçu une idée, il a pu trouver les moyens de la mettre à exécution, car là, deux compagnies au capital de plus de 200 millions de francs ont réuni les petites épargnes pour les faire servir à entreprendre et à exécuter de grandes choses. Avec deux organisations si opposées, l'une qui proscrit l'industrie et les machines, l'autre qui n'existe que par les machines et l'industrie : quel a été le sort des deux pays, dans quel état est la fortune publique, quelle est la position des hommes qui vivent du travail de leurs bras? En Belgique : l'aisance, le bien-être, la tranquillité règnent; l'agriculture y est prospère, les impôts facilement perçus, le peuple, après les heures de travail, va chercher à accroître ses connaissances dans des cours publics. En Espagne : les impôts ne sont pas payés, le trésor obéré, les troupes sans solde et, comme les habitants, sans vêtements et sans chaussures, l'agriculture négligée; et pardessus tout l'ignorance et la paresse ajoutent encore à tous les maux en servant d'aliment à la guerre civile.

Avant de terminer, je veux répondre encore à un argument avec lequel M. de Sismondi combat les machines. Elles ont, dit-il, pour résultat éloigné de concentrer l'industrie entre les mains des plus riches. On fait avec de grands capitaux et peu de bras ce qui exigeait autrefois le concours d'un plus grand nombre d'ouvriers. Il y a économie pour l'entrepreneur à travailler en grand, mais il y a perte pour la société, parce que les petites manufactures disparaissent et qu'au lieu d'avoir beaucoup de petits fabricants aisés, vous n'avez que quelques grandes fortunes et beaucoup de malheureux; or il vaut mieux activer la production et la rendre avantageuse, le luxe même exagéré d'un grand manufacturier ne vaudra jamais la consommation de cent ménages.

Si les choses se passaient comme M. de Sismondi l'affirme, il est certain qu'on devrait s'empresser de mettre obstacle aux développements de cette aristocratie nouvelle qui serait due aux machines; mais il n'y a qu'un seul inconvénient à ce système, c'est qu'il est réfuté par les faits, c'est ue les pays où les machines sont les plus nombreuses et les plus perfectionnées sont ceux aussi qui ont le plus de population, et chez lesquels son accroissement est le plus rapide, ainsi qu'on le remarque en Angleterre et en France. Dans chacun de ces pays la population industrielle a plus rapidement augmenté que la population agricole; c'est ainsi que Glasgow, Liverpool, Manchester, Birmingham, ont vu doubler et tripler depuis 25 ans le nombre de leurs habitants (1). Il en a été de même en France dans toutes les villes d'industrie : à St. Quentin, Mulhouse, Reims, St.-Étienne, Rouen (2) etc. J'ajouterai encore : Les villes manufacturières sont mieux bâties, mieux pavées, mieux éclairées que celles qui n'ont pas d'industrie, les connaissances spéciales et l'instruction y sont plus généralement répandues que partout ailleurs.

Toutes les sciences, tous les arts ont participé

---

(1) « La seule paroisse de *Manchester* a vu s'élever sa population de 41,032 habitants en 1774, à 270,961 en 1831; *Liverpool* de 34,050 en 1770, à 165,175; *Glasgow* de 28,300 en 1765, à 202,426.

Au commencement du règne de George III, en 1760, toutes les manufactures de coton réunies de la Grande-Bretagne, n'occupaient pas plus de 40,000 personnes. Les machines sont inventées, elles donnent à un seul homme, le moyen de produire autant de coton filé que 250 ou 300 en eussent produit antérieurement, et au lieu de diminuer le nombre des ouvriers employés, elles l'élèvent à 1,500,000, c'est-à-dire 37 fois plus qu'avant leur création.»

(*Histoire des manufactures de coton dans la Grande-Bretagne, par* ED. BAINES.)

(2)

	Population en 1789,	1836.
de St-Quentin	9,018	10,570
St-Étienne	28,392	41,534
Rouen	64,922	92,083

Notes du R.—Ad. B. (des V.)

aux progrès des machines, et tous ont fourni à l'industrie leur contingent de découvertes.

On a étiré le plomb en cylindres de 2 pieds de long et plus, sur 6 pouces de diamètre; on a perfectionné le laminage du fer; on est parvenu à percer dans une feuille de fer-blanc 3000 trous par pouce carré; au moyen du *cliché* on a reproduit à l'infini les *formes* d'un ouvrage, et on a pu *distribuer* ensuite les caractères qui ont servi à en *composer* un autre; les boutons ont été *frappés* au *mouton;* au lieu de *ciseler* des bronzes, on les a *estampés*; les *pipes* elles-mêmes ont eté faites à la *mécanique*.

Les OMNIBUS sont des machines relativement aux CABRIOLETS, aux FIACRES qui avaient réclamé d'abord, ce qui ne les empêche pas de se multiplier aujourd'hui. Les BATEAUX A VAPEUR sont des machines comparés aux BATIMENTS A VOILES; les CHEMINS DE FER aux ROUTES ROYALES; l'éclairage au GAZ à l'éclairage à l'HUILE, les CARCELS aux QUINQUETS. Le procédé de BLANCHISSAGE AU CHLORE découvert par Berthollet, la SOUDE FACTICE due à Chaptal, l'ÉPURATION DES HUILES, l'extraction des ALCOOLS DE FÉCULE, le remplacement de l'INDIGO par le BLEU DE PRUSSE, l'emploi du coton dans la FABRICATION DU PAPIER, le COLLAGE A LA CUVE, les méthodes abrégées pour TANNER LES CUIRS, la distillation de l'ACIDE PYROLIGNEUX etc., etc., sont autant de découvertes et d'inventions qui équivalent à des machines, et qui rendent leur emploi obligatoire.

Après des preuves si multipliées de l'utilité des

machines, tout le monde, je l'espère, sera convaincu de la nécessité dans laquelle nous sommes non seulement de les conserver mais encore de les perfectionner. Ce point important bien arrêté, je m'empresserai de reconnaitre qu'elles ont eu un inconvénient grave, mais purement humain, c'est-à-dire qu'il est possible de le détruire; cet inconvénient est celui qui résulte de la dépendance presqu'absolue dans laquelle les ouvriers se trouvent placés par rapport à ceux qui les emploient. Heureusement que si les machines l'ont causé elles peuvent aussi le faire disparaitre. Si elles ont d'abord concentré les moyens de travail dans un petit nombre de mains, elles ont successivement accru ce nombre; de sorte que les coalitions entre les maitres, si faciles autrefois et que la loi réprimait si mollement, sont devenues presque impossibles; l'association des travailleurs telle qu'elle a été comprise en Angleterre a été un moyen d'arracher les ouvriers au joug du capitaliste, et l'un et l'autre se sont beaucoup mieux entendu depuis que la loi a reconnu l'égalité entre eux, qu'elle a cessé de protéger l'un pour l'autre; c'est-à-dire depuis que l'édit concernant les coalitions d'ouvriers a été rapporté et qu'ils sont devenus libres de stipuler eux-mêmes les conditions de leur concours au travail commun, qu'ils ont pu le refuser ou en augmenter le prix sans craindre la prison et l'amende; cette réforme légale a eu d'excellents résultats en Angleterre, car depuis qu'elle a été opérée on n'y a pas vu éclater une seule coalition d'ouvriers. Il serait important que cette justice fût enfin rendue aux travailleurs français.

Ad. B. (des V.)

---

(1) Note de la page 83.

Afin de faciliter les recherches, je crois devoir placer ici quelques renseignements sur la date des principales inventions dont M. Blanqui parle dans cette leçon.

MACHINE A VAPEUR.

Denis Papin, protestant, né à Blois, avait été forcé de s'expatrier à l'époque de la révocation de l'édit de Nantes, il se réfugia en Angleterre puis en Allemagne, où il remplit les fonctions de professeur. Dès 1690, il avait publié un mémoire dans lequel il avait consigné une description parfaitement claire de la machine à feu, dite *machine atmosphérique* telle qu'il l'avait inventée; car ce n'était plus l'*éolypile* d'*Héron*, l'*appareil à élever l'eau au-dessus de son niveau, de Salomon de Caus*, ni la machine semblable de *Worcester*. Dans la machine de Papin, la vapeur ne se formait plus dans des balles de cuivre, mais dans des cylindres munis de soupapes et de pistons. Après avoir fait le vide au moyen de la poudre, il l'opéra par le refroidissement, en éloignant le feu du cylindre, et il transforma le mouvement de *va* et *vient* du piston en un mouvement de rotation. La machine de *Newcomen* et *Cawley*, exécutée en grand en 1705, était, sauf quelques détails de construction, la même que celle proposée en 1690 et 95 par D. Papin, et qu'il avait essayée en petit.

Jusque vers la fin du XVIIIe siècle, on fit peu d'usage de la machine de Papin, perfectionnée par Newcomen et Cawley, parce que l'art de construire de grands corps de pompe parfaitement cylindriques, et d'ajuster hermétiquement des pistons intérieurs, était peu avancé. Ce fut en 1769 que Watt, dont le nom devait devenir si célèbre plus tard, construisit sa première machine améliorée, c'est-à-dire avec condenseur à part. En 1775, il s'associa avec Mathew-Boulton de Birmingham, et fonda avec lui l'établissement situé sur la colline de *Soho*, qu'il dirigea jusqu'en 1814, époque à laquelle il se retira des affaires (il avait alors 79 ans). Pendant cette longue carrière industrielle et scientifique, il ne cessa de travailler au perfectionnement des machines à feu; on lui doit la condensation de la vapeur dans un vase séparé et la pompe à air; inventions qui à elles seules ont diminué de plus d'un tiers la dépense de combustible nécessaire pour mettre en mouvement des machines atmosphériques; on lui doit également la machine à vapeur à *double effet*, la machine *détente*, l'enveloppe *du corps de pompe*, le *parallélogramme articulé*, le *régulateur à force centrifuge*, etc.

Voici dans quel ordre M. Arago, auquel j'ai emprunté les détails qui précèdent, range les différents inventeurs de la machine à vapeur.

1615 Salomon de Caus (*français*) songe à faire servir la force élastique de la vapeur aqueuse à la construction d'une machine hydraulique.

1690 Papin (*français*), conçoit la possibilité de faire une machine à vapeur et à piston, il combine le premier la force élastique de la vapeur d'eau, avec la propriété dont cette vapeur jouit de se précipiter par le froid. Le premier aussi il propose de faire servir une machine à vapeur pour faire tourner un arbre ou une roue, et donne un moyen pour atteindre ce but; c'est encore lui qui propose la première machine à feu et à double effet, mais à deux corps de pompe. Il peut également être considéré comme le véritable auteur des bateaux à vapeur dont il parle dans ses ouvrages.

Avant 1710, cet habile physicien avait imaginé la première machine à vapeur à haute pression, sans condensation; ce fut lui qui inventa la soupape de sûreté.

1705 Newcomen, Cawley et Savery (*anglais*), découvrent que la condensation de la vapeur devait s'opérer au moyen d'une injection d'eau froide sous forme de gouttelettes dans la masse même de la vapeur.

1718 Beighton (*anglais*), invente le *Plug-Frame* qui ouvre et ferme les soupapes.

1758 Fitz Gerald (*anglais*), se sert d'un volant pour régulariser le mouvement de rotation.

1769 Watt (*anglais*), opère la condensation dans un vase séparé, et signale le parti que l'on peut tirer de la détente de la vapeur; il invente la première machine à double effet et à un seul corps de pompe. En 1784, il imagine son parallélogramme articulé et appliqué à ses machines, le régulateur à force centrifuge connu avant lui.

1778 Washbrough (*anglais*), emploie la manivelle coudée pour transformer le mouvement rectiligne du piston en mouvement de rotation.

1801 Murray de Leeds (*anglais*), remplace le *plug-frame* par son tiroir mu par un excentrique.

1804 Trevithick et Vivian (*anglais*), construisent les premières machines à vapeur à haute pression.

BATEAUX A VAPEUR.

On trouve dans des auteurs fort anciens la preuve de la substitution des roues à palettes aux rames ordinaires pour diriger les bâtiments.

1695 Papin (*français*), parle des moyens de mettre les roues à palettes en mouvement, au moyen de la machine à feu qu'il avait inventée en 1690.

1699 Duquet (*français*), se livre à des expériences pour constater les avantages de ce mode d'impulsion.

1737 Jonathan Hull (*anglais*), publie la description d'une machine propre à faire marcher les navires dans les temps de calme, à les faire entrer et sortir des ports contre le vent et la marée; il présente cette machine comme inventée par lui, bien qu'elle fût déjà décrite par Papin, et il propose de la mettre en action avec la machine de Newcomen, qui s'était, ainsi qu'on l'a vu, borné à améliorer la machine de Papin.

1775 Perier (*français*), construit un bateau à vapeur, le premier qui ait été fait.

1778 Le Marquis de Jouffroy (*français*), fait à Beaume-les-Dames, des essais sur une grande échelle.

1781 Le Même, établit sur la Saône un bateau à vapeur de 46 mètres de long et de 4 m. 5 de large.

1791,93 Miller et lord Stanhope (*anglais*), font des essais sur l'emploi de la vapeur et des roues à palettes pour faire marcher les bateaux.

1801 Symington (*anglais*), fait de semblables essais dans un canal d'Écosse.

1805 Livingston et Fulton (*américains*) font à Paris des essais pour établir des bâtiments à vapeur.

1807 Fulton (*américain*), construit à New-York le premier bateau à vapeur faisant un service régulier entre cette ville et Albany.

1812 Le premier bateau à vapeur est mis en activité en Angleterre, sur la Clyde.

1813 Le second commence à faire la traversée de Yarmouth à Norwich.

MÉTIERS A FILER LE COTON.

1733 Dans un petit village de Litchfield, un ouvrier obscur, John Wyatt, obtient *par des moyens mécaniques*, le premier écheveau de coton,

1738 Paul Lewis, associé de Wyatt, fait une *ébauche de carde cylindrique*.

1768-75 Plus tard un perruquier, Richard Arkwright de Preston, améliore ces deux machines, et construit la *carde sans fin* et le *métier continu*; quelque temps après, il invente ses *têtes d'étirage*.

1777 James Hargreaves, tisserand, invente dans le même temps la *Spinning Jenny*, (Jeanne la fileuse.)

Après lui Samuel Crompton, aussi tisserand, combine les deux machines d'Arkwright et d'Hargreaves, et en fait une machine donnant du fil beaucoup plus fin; il appelle cette machine *Mull-Jenny*.

TISSAGE DU COTON.

1738 John Kay, invente la navette volante.

1784 Edmond Cartwright, docteur en théologie, conçoit l'idée de faire un métier à tisser mécanique, il le construit en 1785 et le complète en 1787.

BLANCHIMENT DES ÉTOFFES.

1785 Berthollet (*français*), découvre les moyens de blanchir les étoffes au chlore en quelques heures.

1786 Watt (*anglais*), importe ce procédé dans son pays.

IMPRESSION DES ÉTOFFES.

1785 Bell, invente le mode d'impression des étoffes au moyen de cylindres gravés, au lieu de planches plates. C'est ce procédé que M. E. Grimpé devait perfectionner en inventant une machine pour graver les cylindres.

Je bornerai là cette espèce de notice chronologique, l'espace ne m'a pas permis d'entrer dans de plus longs détails, mais ce que j'ai donné suffit pour démontrer ce que M. Blanqui avance dans le passage auquel se rattache cette note ; c'est que toutes les inventions et les découvertes importantes faites dans l'industrie, sont contemporaines du perfectionnement des machines à vapeur par Watt, qu'elles l'ont suivi même. Il en a été de la sorte pour le *métier à filer;* du moment où il a été généralement adopté, les tisserands n'ont pu convertir en étoffes tous les filés qu'on leur apportait en cannettes. Il y avait engorgement de coton filé, faute de bras pour le tisser ; mais, dit M. Simon, de Nantes, auquel j'emprunte ces paroles, le génie des inventions ne fit pas faute à ce nouveau besoin, qui était devenu le sujet de toutes les conversations ; ce fut dans une discussion sur ce sujet, discussion à laquelle assistait le docteur Cartwright qui, de toute sa vie, n'avait étudié un mot de mécanique, qu'il lui vint à l'idée de construire son métier à tisser, qui fut d'abord très imparfait, parce qu'il avait négligé de voir d'abord ce qui avait été fait avant lui, mais qu'il perfectionna ensuite, ainsi que je l'ai dit plus haut.

Pour compléter la notice qui précède, j'aurais dû donner aussi quelques détails sur les inventions qui concernent la laine, le chanvre et le lin, la soie, etc. ; mais alors, au lieu d'une notice, il m'aurait fallu faire plusieurs volumes, tout ce que je puis dire, c'est que presque toutes ces machines, celles du moins qui concernent la laine, ont eu pour principes les mécaniques de *Lewis Paul*, d'*Arkwright*, d'*Hargreaves* et de *Crompton*.

Note du R.—Ad. B. (des V.)

SIXIÈME LEÇON.

Paupérisme. — Population.

Sommaire. Les machines n'ont point fait le paupérisme, plaie de l'antiquité et du moyen-âge. — Le système économique de Charles-Quint contribue à augmenter le paupérisme dans les temps modernes.

L'apparition de Luther a été une autre cause de paupérisme. — Destruction des couvents et de l'aumône. — Résultat des réformes d'Henri VIII en Angleterre. — L'exportation des malfaiteurs n'est point un remède suffisant contre les mendians voleurs.

Pauvres honorables et pauvres vicieux; l'aumône multiplie ces derniers. — Effets de la taxe des pauvres en Angleterre.

Malthus, son principe. — Les économistes italiens Ortes et Ricci l'avaient dévancé. — Ce qu'a produit le système Malthusien.

Godwin adversaire de Malthus; ses théories. — Everett autre adversaire de Malthus. — Le système de Malthus réfuté par la statistique anglaise; par les banques de prévoyance et les efforts des socialistes modernes.

Nous avons vu dans nos leçons précédentes que ce n'était pas aux machines en elles-mêmes, mais à leur soudaine apparition dans une société demeurée agricole, qu'il fallait attribuer les perturbations qui ont déplacé quelques fortunes et compromis quelques existences. Le mal n'a été que transitoire et les machines qui l'avaient produit ont en même tems fourni les moyens de le supporter, puisqu'elles ont créé des consommateurs nouveaux pour les nouveaux produits qu'elles ont mis dans la circulation. Mais quoi qu'il en soit, la question des machines est jugée, aucun peuple aujourd'hui ne saurait les négliger sans s'appauvrir. La nécessité des machines est un fait accompli; il faut l'accepter et se soumettre de gré ou de force aux résultats qui en découlent, et qui heureusement ne sont point aussi désastreux qu'on a bien voulu le dire.

On a donné comme une conséquence des machines, le nombre toujours croissant des malheureux et des criminels qui encombrent aujourd'hui la place publique, les hospices et les prisons; mais ces maux qu'on leur attribue sont aussi vieux que le monde, et il ne sera pas sans intérêt pour vous de rapporter à d'autres causes ces faits affligeants dont personne d'ailleurs ne peut contester la vérité. Et d'abord, si nous avions le tems de nous livrer à des recherches historiques et de fouiller dans l'antiquité, ne verrions-nous pas que chez les Grecs et les Romains, les citoyens sans fortune étaient obligés de s'expatrier et de fonder dans l'intérieur des terres des colonies agricoles; ne verrions-nous pas le peuple romain, pour lequel d'ailleurs travaillaient de malheureux esclaves, quitter, pour une question de paupérisme, la ville en masse, et se réfugier sur le mont sacré. On n'entend point parler de pauvres pendant la féodalité, parce qu'à l'instar des Romains, les seigneurs étaient de nobles mendiants, vivant il est vrai du travail de leurs vassaux, mais partageant par intérêt, avec ceux qui ne pouvaient pas travailler, une faible partie des aumônes qu'ils demandaient l'épée à la main. Et qui donc nous aurait d'ailleurs appris la misère du peuple? Les écrivains d'alors? ils étaient aux gages des nobles. Le peuple lui-même, de quoi se serait-il plaint? N'était-il pas la *chose* du maître, *taillable et corvéable à merci et miséricorde*? Sa vie et sa fortune n'étaient-elles pas à la discrétion absolue du suzerain? La jacquerie et les émeutes populaires à Paris et dans les grandes villes sont les premiers indices de la misère publique que nous trouvions dans l'histoire; mais elles suffisent pour nous faire apprécier la pénible situation des classes inférieures.

- Ce n'est qu'à partir de Charles-Quint que les gouvernements commencent à faire des réglements spéciaux pour ou contre les pauvres. Ce monarque est un de ceux qui ont le plus contribué à répandre sur le monde moderne la hideuse plaie du paupérisme, en détruisant la liberté de l'industrie et du commerce, par l'établissement des monopoles et des manufactures royales, en faisant refluer vers les couvents une foule d'existences condamnées à la vie contemplative ou à la mendicité, et en accoutumant une partie de ses sujets à vivre aux dépens de l'autre par le système colonial. Au lieu de laisser l'industrie se développer à son aise, et de permettre que chacun eût sa part dans une richesse produite, le système des monopoles permit à quelques-uns seulement, quelquefois même à un seul, d'exercer une profession; c'est-à-dire que Charles-Quint au lieu de laisser les bénéfices du travail se répartir équitablement, les distribua aux privilégiés de son choix, et qu'au lieu d'avoir des serfs attachés à la glèbe, il eût des serfs attachés à l'atelier. Aussi l'accroissement des mendiants devint-il un embarras de son gouvernement, et c'est en vain qu'il crût arrêter le mal par son édit répressif de 1531. Le pacha d'Égypte en est aujourd'hui à l'économie politique de Charles-Quint, à cela près seulement qu'il s'est fait monopoleur lui-même au détriment de tous les producteurs de son empire.

A la même époque un événement social européen vint compliquer l'état de la civilisation, je veux parler de la réforme qui se déclara tout-à-coup l'ennemie de la monarchie universelle de Charles-Quint et de la puissance indéfinie des papes qui faisaient courber la tête à tous les monarques. La réforme protestante, Messieurs, a porté un coup terrible aux couvents vers lesquels ou autour desquels le despotisme de l'empereur avait refoulé une foule d'hommes qui ne pouvaient plus avoir recours au travail et à l'industrie qui avaient cessé d'être libres. Le premier résultat de la lutte qui s'établit entre les pouvoirs protestants et la cour de Rome fut la sécularisation des religieux et la vente des biens de toutes les communautés ou leur adjonction pure et simple au domaine public. Or ces biens étaient considérables.

Les couvents exerçaient donc une grande influence ; et cette influence était de deux sortes. D'abord ils recrutaient tout ce qu'il y avait de savant et de lettré parmi les hommes du tems ; et les efforts de la communauté se traduisaient souvent par une grande et belle idée, féconde pour les contemporains et surtout pour la postérité. Ensuite leurs richesses leur permettaient de faire exécuter beaucoup de travaux, d'entretenir un nombre considérable d'ouvriers et d'alimenter ces milliers d'hommes que le monopole avait brutalement déshérités. Ces largesses de tous les jours alimentées par les recettes qu'ils savaient faire chez les puissants et les riches, masquaient la plaie du paupérisme.

Joignez maintenant par la pensée, la création des monopoles et la suppression des couvents, et vous aurez une idée de l'effroyable perturbation que dut éprouver la société ; vous vous expliquerez, en outre, comment c'est à partir de cette époque seulement que le paupérisme devient une question gouvernementale.

Voici ce qui s'est passé en Angleterre, le pays classique du paupérisme, et celui où la question a été débattue avec le plus d'énergie. Henri VIII, dont vous connaissez les bizarreries religieuses, eut l'idée de confisquer les biens des couvents, et eut soin, pour faire passer cette mesure, de dire que cette spoliation avait pour but unique la diminution des impôts. Les couvents anglais étaient fort riches : les 1041 établissements répartis dans ce pays n'avaient pas moins de 25 millions (valeur actuelle) de revenus, sans compter les 80 ou 100 millions qu'ils perçevaient au moyen de la dîme. En un mot, le revenu du clergé anglais formait les sept dixièmes du revenu de la Grande-Bretagne. Mais aussitôt que Henri VIII eut en sa possession les biens des couvents, il n'en continua pas moins, malgré ses promesses, à lever les impôts comme par le passé; profitant ainsi de la dépouille des couvents, sans donner une compensation à tous ceux qui vivaient de leurs libéralités.

Une nouvelle masse de pauvres, composée de travailleurs de toute espèce, de moines recueillant les offrandes et faisant l'aumône, de mendiants la recevant de toute main et surtout des couvents, se trouva tout-à-coup sans gîte, sans pain et sans travail. Le nombre de ces malheureux devint menaçant, et l'on dut songer à faire des lois contre eux, et à leur opposer des troupes. Des bandes de ces *vagrants* (vagabonds) ou *Round'smen* (mendiants), se réfugiaient au fond des bois et n'en sortaient que pour désoler les habitations voisines. Vous vous ferez une idée exacte du nombre de ces pauvres diables et des terreurs qu'ils inspiraient, en apprenant qu'Henri VIII en fit pendre 72,000! — Le chiffre est officiel, vous le trouverez dans plusieurs ouvrages anglais qui se sont occupés de cette question. Élisabeth prit une voie plus douce; elle ordonna que tous ceux qui possédaient une ferme paieraient tous les ans une taxe qui serait ensuite répartie aux familles nécessiteuses. Ce moyen ne fit qu'agrandir la plaie du paupérisme, et l'on se vit obligé de reprendre d'une main en donnant de l'autre. Depuis lors, l'Angleterre n'a jamais pu se débarrasser de cette plaie hideuse, et en 1835, son parlement s'occupait encore d'une loi sur cette grave matière.

Ce pays a pourtant essayé tous les moyens, jusqu'à la création de colonies d'exportation, qui ne semblent pas encore avoir résolu le problème. Les juges anglais ne se font pas faute d'appliquer la peine de la déportation ; pour un clou dérobé, ils envoient à Botany-Bay, et pour 560 fr. le gouvernement s'en débarrasse et purge la société. Mais qu'est-il arrivé? Les colonies se peuplent tous les jours par l'argent des travailleurs, et le mal n'en persiste pas moins.

Les machines sont venues compliquer la solution du problème, en y apportant des éléments nouveaux. Les machines créent bien du travail ; mais leur presque introduction amène des crises et des déplacements ; c'est le propre de leur multiplication, sans qu'il y ait à côté un nouveau débouché, d'amener l'excès de production et les encombrements, qui ont des résultats presque aussi funestes que la famine et la disette qui désolent quelquefois les pays agricoles, parce qu'ils entraînent avec eux les faillites, les suspensions de travail et par conséquent un surcroît de misère et de paupérisme.

Mais, il faut le dire, il y a deux espèces de pauvres : les malheureux et les individus vicieux, et c'est dans la distinction qu'il y a à faire de ces espèces que se trouve l'écueil de la bienfaisance. Si l'aumône et la charité n'avaient jamais soulagé que des misères causées par les crises, il ne se fût trouvé personne pour les blâmer, et Malthus lui-même aurait probablement applaudi à ce sentiment de fraternité universelle. Mais si la charité est pour quelques-uns la rosée bienfaisante qui rafraichit et anime, pour les autres c'est un encouragement sûr à la paresse, et le moyen de vivre aux dépens de la fortune publique sans compensation aucune. C'est là une conclusion à laquelle les personnes charitables étaient loin de s'attendre, et ce qui explique, du moins en partie, comment, malgré tous nos progrès, le nombre des nécessiteux augmente; c'est parce que la taxe des pauvres, qui était de 8 millions sous Élisabeth, dépasse aujourd'hui 250 millions (presque autant que dépense notre armée, et plus que l'intérêt de la dette publique); que le nombre des pauvres inscrits est incroyable chez nos voisins. Car chez eux, Messieurs, il suffit qu'une femme se présente avec cinq ou six enfants, qui souvent ne sont pas les siens, pour qu'on accorde une prime à son immoralité. L'enquête du parlement signale plusieurs exemples de cette audace, et ils se sont reproduits, parce qu'il est fort difficile de distinguer les bons pauvres. Les choses sont allées si loin, que le gouvernement anglais a dû s'arrêter; en effet, le sort des travailleurs était souvent plus précaire que celui des pauvres dont ils payaient la taxe. Outre sa famille, l'ouvrier a eu à soutenir son contingent de *Vagrants*, véritable matière première des voleurs de profession. Les sacrifices ne se sont pas non plus bornés aux 250 millions de taxes, car il faut y ajouter toutes les dépenses de police, de prisons, d'hôpitaux, de justice, qu'entraîne la surveillance d'un si grand nombre d'oisifs, sans autre préoccupation que celle de mal faire, et en même temps il faut compter le montant des vols commis par tous ces industriels, qui ne prélèvent pas moins, selon M. Béranger, de 25 millions chaque année sur la seule ville de Londres. C'est là un budget effroyable!

On peut donc dire que tous les peuples ont eu la plaie du paupérisme; mais aucun n'a eu tant à souffrir que l'Angleterre, parce qu'aucun ne s'est fait une obligation d'alimenter aveuglément certaines classes oisives.

On en était là, lorsque plusieurs penseurs, frappés d'un état de choses si dégradant pour l'espèce humaine, se sont demandés s'il n'y aurait pas un moyen de mettre un terme à tant d'abus, et de séparer les pauvres malheureux de ceux qui se servaient de leur misère comme d'un manteau pour cacher leurs vices. Parmi ces hommes figure au premier rang un Anglais: Malthus. Il a formulé les doctrines qui ont fait le plus d'impression; il a posé comme dogme social et fondamental ce principe, que s'il y avait tant de nécessiteux, c'est que la population était trop abondante, et que les secours engendraient les pauvres (Je n'approuve ni ne désapprouve en ce moment cette opinion; il y a à prendre et à laisser). Aussi, s'écrie-t-il: plus de taxes, plus d'hospices, et par conséquent plus d'aumônes pour les gens. Partant de ce point, l'économiste anglais s'est livré, pour étayer sa thèse, à une foule de recherches remarquables. Avant lui, deux économistes italiens avaient bien observé et publié que les mendiants et les voleurs s'accroissaient en proportion des aumônes; mais leurs remarques s'étaient bornées là, et ils n'avaient proposé aucun remède. Ortès, de Venise, et Ricci, de Modène, écrivaient sur cette question entre 1780 et 1790. Le premier est verbeux, lourd et prolixe; mais on reconnaît en lui un homme éclairé et à vues élevées. Ricci, en examinant les résultats de ce qu'on appelait les *instituti pii*, s'avisa de reconnaître que les pauvres et les criminels étaient moins nombreux dans certains quartiers de Modène que dans d'autres, et il laissa échapper ces paroles: Plus on fait de distributions et plus on fait de malheureux.

Malthus alla plus loin. Il écrivait en 1798, c'est-à-dire après les essais gigantesques que la révolution française venait de tenter et après la disparution complète, en France, des couvents d'un côté, et des monopoles de l'autre, qui étaient tombés à l'ordre de la Constituante. Le pouvoir avait été entre les mains du peuple proprement dit; et un instant, le gouvernement avait donné des encouragements aux filles mères, et payé 40 sous par jour au sans-culotte garde national, le jour de son service. Malthus vit qu'après tant de victoires et tant de revers, le paupérisme était horrible; les grandes fortunes avaient disparu, les petites ne s'étaient point formées; d'un autre côté, on avait constaté qu'en Amérique la population avait doublé en 25 ans, et l'écrivain anglais crut pouvoir en conclure que partout la population devait s'accroître dans la même proportion en 30 ans ou 50 ans au plus. Partant de tous ces faits, il se dit: —

Puisqu'on a essayé de tout sans diminuer le nombre des mendiants et sans alléger les charges que les secours qu'on leur donne imposent aux autres, c'est qu'ils sont de trop dans la société ; — et partant des chiffres ci-dessus, dont il n'examina pas suffisamment les causes premières, il avança que les subsistances croissant arithmétiquement comme 1, 2, 3, 4, etc., tandis que la population, au contraire, suivait la progression géométrique 1, 2, 4, 16, etc. ; ce qui n'est nullement démontré. De cette différence contestable, Malthus fait découler tous les maux et tous les crimes dont souffre la société, en prévenant les populations qu'il arrivait toujours un moment où les subsistances devenant insuffisantes, elles devaient se résigner à se voir décimer par la famine, chargée par la nature d'établir le niveau entre la production des individus et des subsistances. C'était ainsi, selon lui, que les hôpitaux étaient devenus des cimetières, et que sur 12,685 enfants trouvés déposés à l'hospice de Dublin, 12,580 étaient morts ! — Il ne s'agit pas seulement de naître, disait-il, il faut encore vivre ? si vous n'êtes pas riche et que vous vous mariez, la mort viendra rétablir l'équilibre : et cela est, parce que cela doit être et que telle est la volonté divine. — Puis examinant les hôpitaux, les prisons, et toutes les institutions destinées à prévenir ou soulager les misères humaines, il les désignait comme les conséquences infaillibles du principe qu'il avait posé. Il disait aux ouvriers : — En vous mariant, vous créez cinq ou six pauvres enfants destinés à une prompte mort ; il y a dans votre conduite une cruauté que la nature punit en vous rendant témoin des souffrances et du péril imminent que courent les enfants auxquels vous avez donné le jour. — Si on lui objectait que le célibat n'empêchait pas les enfants de naître, il répondait : — Je m'adresse d'abord à vos sentiments, et si vous n'écoutez pas les conseils de la prudence et de la raison, je dirai alors au gouvernement que plus il ouvrira d'asiles pour les enfants trouvés et les malheureux, et plus il verra s'accroître les enfants trouvés et les malheureux ; et que s'il ne donnait pas une prime aux filles mères, il y aurait plus de continence. Les secours publics sont autant d'encouragements à la débauche et à la paresse ; ils affranchissent l'homme du souci de la prévoyance, en lui assurant une existence souvent supérieure à celle qu'il se procurait avec son travail. Quant à ceux qui se marient sans ressources, ils seront atteints par la misère, ils n'auront que des enfants rachitiques, et puisque les gouvernements ne font pas leur devoir, c'est à la nature à faire le sien.

Telle est, en général et d'une manière sommaire, la doctrine de Malthus. Elle a quelque chose de si impitoyable, qu'il est impossible de songer à l'appliquer. Qui pourrait, en effet, avoir la cruauté de punir des enfants pour les fautes de leurs pères ? Disons plutôt avec Godwin, adversaire de Malthus, que ce serait une coupable raillerie que de leur dire : Si vous mourrez, tant pis pour vous, on a prévenu vos pères.

La doctrine de Malthus ne pouvait donc pas être

accueillie en Europe; mais si elle n'est pas entièrement passée dans la loi, chacun y a gagné un peu de prudence; car, au fond, il y a dans le conseil exagéré de l'écrivain anglais, assez de vrai pour agir fortement sur l'esprit et inspirer une certaine terreur. C'est ainsi que Malthus a rendu un service qui doit suffire pour lui mériter l'estime et la reconnaissance de tous.

D'ailleurs, Malthus a rendu d'autres services; il a persuadé aux gouvernements qu'il fallait mettre plus de discernement dans la distribution des secours, pour ne pas multiplier les pauvres de mauvais aloi, et ceux-ci ont été forcés de recourir au travail, le refuge universel.

Lorsque le livre de Malthus parut, il produisit une vive sensation dans toute l'Europe; car l'auteur avait pris une allure mathématique pour étayer un dogme basé sur la fatalité, disant au malheur, pour toute consolation et pour tout secours : Tant pis pour vous; allez-vous en.

Je ne saurais mieux vous le faire connaître, après tout ce que je viens de vous dire de lui, qu'en vous lisant un passage textuel de son ouvrage.

« Si, après l'avertissement que j'ai proposé de donner au public, quelqu'un désirait encore se marier, sans avoir la perspective de pouvoir faire subsister une famille, il faut qu'il soit parfaitement libre de le faire. Quoique, dans ce cas, le mariage soit, à mon avis, un acte immoral, il n'est cependant pas du nombre de ceux que la société ait droit d'empêcher ou de punir. Il faut laisser *à la nature le soin de la punition.* »

— Et dans un autre passage, il s'exprime ainsi : « Un homme qui nait dans un monde déjà occupé, si sa famille n'a pas les moyens de le nourrir, ou si la société n'a pas besoin de son travail, cet homme, dis-je, n'a pas le moindre droit à réclamer une portion quelconque de nourriture, et il est réellement de trop sur la terre. Au *grand banquet de la nature*, il n'y a point de couvert mis pour lui. La *nature* lui commande de s'en aller, et elle ne tardera pas à mettre *elle-même* cet ordre à exécution. »

Ce passage est atroce, et pourtant Malthus est un honnête homme, pour le caractère duquel, dit un de ses adversaires, il est impossible de n'avoir pas autant d'estime, que d'horreur pour ses doctrines. Mais, vous le savez, Messieurs, tout homme a son aberration plus ou moins grande, et Malthus a eu la sienne. Plus tard, il avouait « qu'il avait trop tendu l'arc dans un sens; mais, disait-il, il n'y a pas grand mal; comme on a l'habitude de trop le tendre de l'autre, il s'établira une moyenne raisonnable. » Quoi qu'il en soit, il a rayé de son livre le passage désolant que je viens de vous lire. A cela près, les idées sont restées les mêmes, et sa doctrine, quoique formulée en termes différents et plus conformes à l'opinion publique, n'en est pas moins restée anti-humaine et sanguinaire. D'ailleurs, comme l'Essai sur la population était franc et net, il plut, comme je vous l'ai déjà dit, et il plut surtout aux gouvernements; car il leur disait : A quoi bon vous inquiéter de la misère de certaines classes; rien n'est plus naturel, et la meilleure chose que vous ayiez à faire, c'est de ne rien faire, c'est de ne pas y penser. Si des enfants se plaignent, renvoyez-les aux auteurs de leurs jours. Qu'ils s'en aillent et vous laissent tranquilles : il n'y a pas de couvert mis pour eux au banquet de la vie. — Rien de plus commode que cette morale pour l'homme d'état indifférent et pour le riche égoïste. Mais Malthus n'eut pas que des approbateurs, et tout d'abord on doit distinguer, dans le rang de ses adversaires, l'auteur de la *Justice politique*, Godwin, que j'ai déjà eu occasion de vous citer.

Godwin, qui d'ailleurs écrivait avant Malthus, loin d'accuser les hommes et la fatalité, avait proclamé que rien dans la nature n'avait été créé pour mourir immédiatement, que le mariage était une chose sainte, et que les maux que Malthus classait comme des nécessités sociales, étaient occasionnés par les gouvernements vicieux. Peut-être poussa-t-il trop loin cette doctrine, et, sans doute, il y avait là, comme en beaucoup de choses, un milieu raisonnable à prendre. Quoi qu'il en soit, Malthus crut devoir lui répondre par son *Essai sur la population*. Godwin ne fit pas long-temps attendre sa réplique, et il écrivit de son côté ses *Recherches sur la population*, dans lesquelles il combattit avec succès le système de la progression géométrique inventée par Malthus.

Les travaux de ces deux écrivains furent repris par les partis en Angleterre; Godwin se trouve naturellement l'économiste des whigs et des radicaux, tandis que Malthus vint en aide aux tories et aux conservateurs. La question sociale passa dans le domaine de la politique, et l'on ne vint jamais à bout de la résoudre. Elle vaut pourtant bien le peine d'être examinée, et il n'est pas inutile de savoir lequel de ces deux hommes a raison. L'un dit aux infortunés : Allez-vous en ; vous êtes de trop ici; il n'y a pas de couvert pour vous : et l'autre répond : S'il y a des pauvres, c'est qu'il y a des riches qui mangent pour deux (1). Une pareille étude est d'autant plus nécessaire, que les luttes ne sont pas exclusivement bornées à l'Angleterre. Après la réfutation de Malthus par Godwin, je vous recommande les écrits de l'américain Everett, qui a soutenu, comme Mirabeau (qui s'est, il est vrai, dédit plus tard), que la population est un des symptômes de la richesse, et que plus un pays est peuplé, plus il est prospère.

La question sortit alors tout-à-fait du domaine

---

(1) On ne lira pas sans intérêt l'extrait suivant de Godwin, pour l'opposer aux paroles de Malthus citées par le professeur.

Ce qui frapperait d'abord celui qui jetterait un coup d'œil sur « tous les royaumes de la terre, » et sur l'état de leur population, ce serait le très-petit nombre de leurs habitants et la multitude et l'étendue des terrains incultes et déserts. Si son cœur était plein d'une douce affection pour les hommes, il ne pourrait pas s'empêcher de comparer l'état présent du globe, avec son état possible; il ne pourrait envisager l'espèce humaine que comme un faible débris répandu sur une immense surface fertile et productive, et il s'affligerait en voyant combien peu on met à profit les qualités bienfaisantes de la terre, notre mère commune. Si au lieu d'être sensible et enthousiaste, il était d'un caractère posé et réfléchi, peut-être ne s'affligerait-il pas, mais je crois qu'il chercherait sérieusement à connaître comment on peut accroître la population des États, et par quels moyens les différentes régions du globe pourraient se remplir d'une nombreuse race d'habitants heureux. . . . .
Mais ce n'est point *la loi de la nature*, ce n'est que *la loi d'un état social très-factice*, qui entasse sur une poignée d'individus, une si énorme surabondance, qui leur prodigue les moyens de se livrer à toutes les folles dépenses, à toutes les jouissances de luxe, tandis que d'autres, qui souvent les valent bien, sont condamnés à languir dans le besoin. »

de la philosophie spéculative pour entrer dans celui des faits; car ce fut surtout par des faits que les adversaires de Malthus voulurent le combattre; et sous ce point de vue, je dois le dire, si l'auteur de l'Essai de la population s'est aussi appuyé sur des chiffres, les chiffres ont fourni de puissants arguments contre lui. En voici quelques-uns qu'il n'est jamais parvenu à réfuter. Ils sont pris dans son propre pays.

La population d'Angleterre était en 1700 de	5,000,000 hab.
et en 1831 de	14,000,000 »
La population de Londres était en 1700 de	140,000 »
et en 1831 de	1,400,000 »
Les pauvres étaient dans toute l'Angleterre en 1700 de	200,000 »
et en 1836 de	400,000 »

Ainsi, quand la population d'Angleterre a triplé et celle de la ville de Londres décuplé, le nombre des pauvres a à peine doublé. C'est là un rapport décroissant bien sensible qu'il faut attribuer à l'augmentation de la richesse publique par le travail des machines. La différence n'eût pas été aussi grande si j'avais pris pour base de mon appréciation les mendiants de la ville de Londres, dont la population plus errante, contient un quart en sus de celle de la Grande-Bretagne, en chevaliers d'industrie de toute espèce; et d'ailleurs on ne les connaît pas tous, car une bonne partie y est à l'état de mendiant, moitié voleur, moitié honteux.

Malthus n'a pas tenu compte des progrès que peut faire l'intelligence humaine, et il n'a pas prévu qu'il s'établirait entre les travailleurs les plus immédiatement menacés de la misère, des associations qui leur fourniraient les moyens de lutter avec le fléau. De son tems il n'existait pas plus d'une ou deux compagnies d'assurances sur la vie; tandis qu'aujourd'hui on en compte plus de 40. Les sociétés de prévoyance (friendly society) qui n'avaient que fort peu de développement à l'époque où il écrivait, puisqu'elles ne datent que de 1793, étaient en 1831 au nombre de 4117 et comptaient environ 1,500,000 membres.

En outre, tous les esprits sont aujourd'hui à la recherche d'un système d'association qui protège les travailleurs contre l'exploitation des capitalistes et le commerce des machines. Ce mouvement social a commencé en Angleterre et a produit le système de coopération d'Owen, essayé en grand à New-Lanarck en Écosse, et à New-Harmony en Amérique; plus tard il a pénétré en France, et nous avons vu les théories de Fourier, de St. Simon et de ses disciples, tous systèmes sur lesquels je reviendrai. En Allemagne le mouvement est moins apparent; mais il n'en est pas moins profond, puisque les études se poursuivent dans l'ordre intellectuel.

Jph. G.

SEPTIÈME LEÇON.

Séance du 19 décembre 1837.

HÔPITAUX.–HOSPICES.–BUREAUX DE BIENFAISANCE.–ENFANTS TROUVÉS.–PRISONS.

SOMMAIRE : La question du paupérisme est de tous les temps.—Paupérisme chez les Grecs.—Chez les Romains.—Sous le régime féodal.—Complications dues au christianisme, à Charles-Quint et à la réforme.—Édits pour encourager les mariages (en note).

Les premières tentatives de réformes datent du XVIIIe siècle : les philosophes français en prennent l'initiative.—La stérilité des essais qui ont été tentés, est due à l'esprit de système.—Il a nui aux réformes de Turgot, à celles de la Constituante, de la Convention et de l'Empire.—Une rigueur excessive, pas plus qu'une générosité aveugle, ne peuvent résoudre la question de paupérisme.

HÔPITAUX, HOSPICES, BUREAUX DE BIENFAISANCE.

Leur population, leurs revenus, en 1789 et en 1833.—Les hospices envahissent tout; nécessité de mettre un terme à leur multiplication.—Ceux qui les habitent ont moins de droits à la charité publique que les pauvres malades des hôpitaux.—Question des revenus des hospices et hôpitaux.—Immobilisation des revenus qu'ils possèdent; inconvénients qu'elle présente.—Leur gérance coûtent 22%.—Il ne rapportent que 2%.—Avantages de la conversion des biens fonds en rentes sur l'état.

ENFANTS TROUVÉS.

Histoire des enfants trouvés depuis 634 jusqu'en 1836; l'accroissement de leur nombre suit toujours les mesures prises pour assurer leur sort.—Réformes de 1833 : suppression des tours.—Éloignement des enfants.—Réduction des lits.—Secours accordés aux mères qui gardent leurs enfants.

PRISONS.

Population et dépenses des prisons.—Ce sont les économies faites sur l'instruction publique qui ont conduit les ignorants au vol.—Les 7/8 des condamnés ne savent pas lire.—Le dixième a moins de 20 ans, les 3/4 de ceux-ci sont des enfants trouvés.—Éducation donnée aux enfants trouvés en France, dans le royaume de Naples, en Espagne et en Russie (en note).

CONCLUSION.

Budget du paupérisme, il est le dixième du Budget général.—Son élévation a fait sentir la nécessité des réformes.—Pour rendre celles-ci complètes, il faut tout prendre par la base, par l'éducation.

La question du paupérisme est fort ancienne;

elle a occupé la sollicitude des magistrats de tous les pays et de tous les temps, qui, pour l'avoir mal comprise, ont aggravé le mal en voulant le guérir; et, chose remarquable, l'expérience n'a pas eu d'enseignement pour nos pères; car la question est venue depuis les Grecs et les Romains, dont nous allons dire quelques mots, jusqu'au 19e siècle, sans avancer d'un pas; et plus embrouillée même par les mille essais auxquels on s'est livré, qu'elle ne l'était auparavant.

A Athènes, le trésor public était une espèce de bourse commune, non-seulement pour les besoins collectifs de la population, mais encore pour les dépenses de chaque particulier. Tout citoyen était rentier de l'état, depuis l'institution du *théorique*, sous Périclès, véritable jeton de présence accordé à la fainéantise patriotique et bavarde, et qui dégénéra bientôt en une taxe des pauvres. Dès-lors, le peuple athénien voulut être nourri et amusé aux dépens du trésor public, et il fallut inventer chaque jour des expédients nouveaux pour suffire aux consommations de ces discoureurs exigeants, qui délibéraient éternellement sans jamais rien produire. Le principe généralement admis était qu'aucun citoyen ne devait être dans le besoin, et on accordait des secours à ceux que leurs infirmités corporelles rendaient incapables de pourvoir à leur subsistance. Le nombre des salariés était d'ailleurs fort considérable; les orateurs se faisaient payer pour parler, le peuple pour entendre, les juges pour prononcer; on accréditait deux, trois, et jusqu'à dix ambassadeurs auprès de chaque puissance. De là naquirent les menées perpétuelles des orateurs, qui avaient intérêt à flatter ce souverain aux vingt mille têtes qu'on appelait le peuple, et dont l'avidité ne pouvait être assouvie que par des impôts énormes (1); de là des tentatives heureuses de corruption (2) et l'avilissement du peuple.

Dans l'Empire, le mépris du travail et la concurrence que les ouvriers esclaves font aux ouvriers libres, conduisent rapidement au paupérisme. L'oisiveté engendre les goûts fastueux; il ne faut pas seulement au peuple du pain et des spectacles, *panem et circenses*; on lui distribue, outre de la viande, du pain et de l'huile, des bains, des parfums, de l'encens, de l'ambre et de la pourpre. C'est avec ce système qu'on fit des Romains un peuple de mendiants, qui mit le pouvoir à l'enchère et le livra au plus offrant (3). On cherchait alors dans le célibat un refuge contre la misère, et le mariage était devenu une corvée patriotique, ainsi que l'indique ce passage d'une harangue du préteur Métellus :

« S'il était possible de perpétuer l'espèce hu-
» maine sans avoir de femmes, nous nous déli-

(1) Ce passage est extrait de l'HISTOIRE DE L'ÉCONOMIE POLITIQUE, par M. BLANQUI *aîné*, tome Ier, chap. II.

(2) A la mort de Pertinax (193), les soldats mettent le trône à l'enchère: Flavius Sulpicianus, beau-père de Pertinax, se présente, il a pour concurrent Didius-Julianus, dont les immenses richesses assurent le succès; celui-ci est reconnu par le sénat qui l'abandonne ensuite, et le fait mettre à mort à l'approche de Septime Sévère, proclamé Auguste par l'armée d'Illyrie.

(3) « Suivant Théophraste, Périclès envoyait chaque année dix talents (plus de 58,000 fr. de notre monnaie) à Sparte, avec lesquels il gagnait et adoucissait ceux qui avaient la principale autorité; et par ce moyen il éloignait la guerre. » (PLUTARQUE. VIE DE PÉRICLÈS.)

» vrerions d'un si grand mal ; mais comme la na- » ture a établi qu'on ne pouvait guère vivre heu- » reux avec elles ni subsister sans elles, il est du » devoir de tout bon citoyen de sacrifier son repos » au bien de l'état. »

Toutes ces distributions n'étaient cependant pas de la bienfaisance ; car ceux-là seuls y avaient une part, qui étaient assez forts pour la saisir. Aussi, Voltaire a-t-il eu raison de dire : « Quand un pauvre diable tombait malade à Rome sans avoir les moyens de se faire soigner, que devenait-il ? Il mourait. »

Au partage de l'Empire, nous assistons, non-seulement à une révolution politique, mais encore à une révolution sociale et économique. « Peu » d'années s'écoulent après le règne de Constan- » tin, et déjà (par suite de l'établissement du » Christianisme), l'affranchissement des esclaves » est permis, sur la simple attestation d'un évêque ; » le concubinage est proscrit ; les biens des mi- » neurs sont exempts de la confiscation ; *les pri-* » *sons sont visitées ; les pauvres sont secourus,* » LA BIENFAISANCE EST DÉCOUVERTE. *Nous la raison-* » *nerons plus tard ; en attendant on l'exerce* (1). »

Le Christianisme ne se borna pas à *inventer* la bienfaisance, il l'exagéra ; mais peut-être était-ce nécessaire à une époque où il y avait si peu de phi-lantropie. Charles-Quint, ses guerres et ses mono-poles ; Henri VIII, Élisabeth, les princes d'Alle-

(1) BLANQUI *aîné* : HISTOIRE DE L'ÉCONOMIE POLITIQUE, tome 1er page 112.

magne et la Réforme, augmentèrent encore le nombre des pauvres, que le système féodal avait mis à la charge des seigneurs, le système religieux à celle des couvents, et que le protestantisme jeta dans les rues, sur les places, et dont il couvrit les routes et inonda les campagnes.

De ce moment, la question du paupérisme ne cessa d'acquérir chaque jour plus de gravité ; mais on ne trouva, pendant long-temps, d'autres moyens de la résoudre que les moyens de rigueur ; on persécuta les pauvres que l'on avait faits, et lorsqu'on vit que de cette manière leur nombre s'accroissait encore au lieu de diminuer, on prit le parti de leur faire un revenu avec celui de tous ; on les mit, comme en Angleterre, à la charge des paroisses ; ou, comme en France, à celle du budget (1). Ce ne fut qu'au 18e siècle que l'on s'oc-

---

(1) En France, on poussa l'oubli des lois économiques jusqu'à encourager les mariages et leur fécondité par des édits qui exemptaient des charges publiques ceux qui se mariaient avant 20 ans, et accordaient des pensions de 500, 1000, et 2000 fr. aux nobles et bourgeois non sujets à la taille, qui seraient pères de 10 ou 12 enfants, vivants ou morts au service de l'état.

On comprend facilement comment cet édit de 1666, qui faisait ainsi de la paternité une industrie exercée aux dépens de la femme, était contraire aux lois d'une saine économie politique, en encourageant une augmentation de population, qui ne correspondait pas à un accroissement égal de travail offert, et de revenus disponibles. Les préambules de cet édit semblent indiquer que la France était à cette époque dans une position semblable, quant au mariage, à celle qui motivait la harangue du préteur Métellus dont un passage est inséré dans le texte de cette leçon ; on trouve en effet dans ces considérants, les lignes suivantes : « Louis, etc. » Bien que les mariages soient les sources fécondes d'où dérivent la force » et la grandeur des états, et que les lois saintes et profanes ayent égale» ment concouru pour en honorer la fertilité, et la favoriser de leurs » grâces ; *néanmoins, nous avons trouvé que par la* LICENCE *des temps, ses* » *priviléges étaient anéantis*, ET LA DIGNITÉ DES MARIAGES DÉPRIMÉE. Dans

cupa de chercher à cette question une solution scientifique. Pour cette réforme, comme pour tant d'autres, ce furent les philosophes français qui donnèrent l'élan aux idées généreuses, que des écrivains d'aujourd'hui appelleraient *humanitaires*. Ils firent comprendre que la société devait être autre chose qu'un assemblage de quelques hommes heureux, sans autre occupation que celle de goûter à toutes les jouissances; et d'une masse énorme de travailleurs pauvres, les uns actifs, les autres dans l'oisiveté. Ils voulurent du travail pour tous, et pour tous aussi ils demandèrent du bien-être en échange de leur labeur.

Les conseils et les vœux des philosophes, formulés dogmatiquement par les économistes, furent écoutés et successivement mis en pratique par Turgot, la Constituante et la Convention : Malthus et Godwin, Everett et Mirabeau, Saint-Just et Robespierre étaient, quelques-uns sans le savoir, les disciples des philosophes et des économistes. Toutefois, la plupart des essais tentés par ces hommes remarquables, à des titres bien différents d'ailleurs, échouèrent complètement, parce qu'ils tenaient à des systèmes absolus, construits à l'avance, qui n'admettaient pas ou ne tenaient pas un compte suffisant, des difficultés et des obstacles qui naissaient de l'ancienneté même des abus qu'il s'agissait de détruire.

En effet, nous l'avons vu dans une leçon pré-

» le dessein que nous avons d'en relever les avantages, etc.
Note du R.-Ad. B. (des V.)

cédente, Turgot fut obligé d'abandonner les plus importantes de ses réformes, avant même qu'elles n'eussent reçu un commencement d'exécution; et bien, cependant, que le principe sur lequel elles reposaient fût excellent, plus tard, il en advint de même et pour les mêmes causes, aux assemblées révolutionnaires et à l'Empire. C'est encore ce qui explique comment les systèmes différents des Malthus, Godwin, Sismondi, Morel de Vindé, Smith, Owen, Fourier et St-Simon n'ont pu être appliqués ou se sont bornés à de stériles essais. Presque tous renferment d'excellentes idées, tous, peut-être, pourraient convenir à une nation entièrement exempte de vices et de passions, qui aurait un gouvernement parfait et composé d'hommes absolument désintéressés. Malheureusement il n'en est point ainsi; nous avons des intérêts, des vices, des passions, qui ne nous permettent ni d'appliquer le principe de la *contrainte morale* de Malthus, ni *d'interdire le mariage aux pauvres*, comme le propose M. de Sismondi. Nous ne pouvons, suivant le système de M. Morel de Vindé, diviser encore notre propriété foncière, arrivée déjà à un état *atomistique* (Il y a des cotes foncières de 50 centimes), sans la réduire en grains de sable, ni fonder, comme Robert Owen, Fourier ou Saint-Simon, de vastes associations, où le travail et les profits seraient mis en commun; parce que si nous avons parmi nos travailleurs des hommes laborieux, nous en avons aussi qui sont paresseux et qui dévoreraient la part des premiers.

Voyez les fautes que l'esprit exclusif de système

a fait commettre aux hommes les mieux intentionnés.

Lorsque l'assemblée constituante, frappée de l'inégalité de la répartition des charges publiques, voulut réformer l'assiette de l'impôt et dégrever les classes pauvres, elle prononça la suppression des taxes indirectes qui pesaient plus directement sur ces dernières; il en résulta immédiatement une insuffisance de ressources, que ne put faire disparaître ni la vente des biens confisqués sur les émigrés, ni ceux des communautés religieuses qui avaient été abolies, ni même le remède *héroïque* des assignats et de la banqueroute. L'abandon des impôts indirects laissa donc vides les coffres de l'état, en présence de l'Europe en armes levée contre la France; et si l'enthousiasme patriotique n'eût escompté la victoire en expectative, pour remplir de gloire les estomacs vides de pain, et couvrir avec des débris de drapeaux conquis les membres nus de nos soldats, la faiblesse de la faim eût laissé les armées étrangères s'établir en vainqueur jusque dans la capitale (1).

Malgré les décrets philantropiques de l'Assemblée, la misère exerçait ses ravages aussi bien dans le peuple que dans les rangs de l'armée; vainement avait-on levé la main-morte qui existait sur les propriétés et facilité leur morcellement; aboli les jurandes et les maîtrises qui gênaient le tra-

---

(1) On se rappelle que ce fut avec des promesses, que Bonaparte entraîna l'armée des Alpes qui n'avait ni vivres, ni habits, ni chaussures, à ouvrir la campagne dont la conquête de l'Italie fut le prix.

Note du B.-Ad. B. (des V.)

vail ; essayé de tout, même de la liberté commerciale ; vainement les sciences et l'industrie avaient-elles fait d'immenses progrès, la plaie du paupérisme était toujours vive et saignante.

La Convention vint à son tour avec la ferme volonté de la guérir ; elle ouvrit, par un décret du 22 floréal an II, une liste civile des pauvres au grand livre de la bienfaisance nationale ; comme Périclès à Athènes, elle fit payer un salaire (2 francs) aux citoyens qui suivaient ses séances et celles des sections ; elle ordonna la réunion au domaine public de tous les biens des hôpitaux, à la charge de secourir *tous* les nécessiteux.

En reconnaissant ainsi aux masses le droit d'exiger de la société une espèce de pension alimentaire, la Convention augmenta, dans une énorme proportion, le nombre des pauvres ; bientôt elle ne put plus suffire aux demandes chaque jour croissantes qui lui étaient faites. Aussi, fut-elle obligée de rendre aux hôpitaux les attributions et les revenus qu'elle leur avait enlevés. Le décret de l'an V, par lequel elle ordonnait cette restitution, portait ainsi l'aveu de son impuissance à résoudre la question du paupérisme ; elle y donnait sa démission de réformatrice.

Après elle, un homme qui valait bien à lui seul une assemblée, Napoléon, crut pouvoir faire par une loi ce que plusieurs siècles et des milliers d'édits, de décrets, d'ordonnances et de réglements n'avaient pu faire. Par son décret du 19 janvier 1811, il ouvrit, au nom des maisons d'enfants trouvés, un crédit de quatre millions au grand livre du trésor, et il autorisa les départements et les communes à s'imposer dans le même but. Il espérait ainsi soulager la misère : il ne fit qu'encourager la débauche. Par cela seul qu'il avait décrété une liste civile de quatre millions en faveur des enfants trouvés, leur nombre doubla en quelques années.

Quand nous voyons toutes ces mesures si diverses, les unes d'une sévérité draconienne, les autres d'une générosité abusive, donner d'aussi tristes résultats, bien que quelques-unes aient été soutenues par la hache et d'autres par l'épée ; nous sommes naturellement conduits à penser que l'enthousiasme, en matière de bienfaisance, doit être modéré par les enseignements de l'observation et soumis aux règles du raisonnement.

Mais, nous demandera-t-on, voulez-vous donc combattre avec Malthus contre la charité, et défendre aux hommes de mettre en pratique ce divin précepte que l'Évangile place dans la bouche du fils de Dieu : *Laissez venir à moi les petits enfants* ? Y a-t-il donc trop de générosité dans le cœur de l'homme, pour que vous en réprimiez ainsi les élans ? L'égoïsme n'a-t-il pas assez des sophismes que lui fournit un esprit froid et sec, pour que vous couvriez du manteau de la science les excuses qu'il se forge avec tant d'adresse ? Non, ces reproches ne sont pas fondés ; non, nous ne nous constituons pas les avocats de l'égoïsme et de l'indifférence, parce que nous cherchons à prémunir la société contre les abus qui résultent de sa générosité imprévoyante ; nous remplissons à son égard le rôle de conseil, et nous lui adressons les mêmes avertissements qu'à un homme qui dépenserait tout son bien en aumônes faites aux premiers venus, et se mettrait par là dans l'impossibilité de soulager des malheurs véritables, en se plaçant lui-même dans la misère. Au reste, Messieurs, vous allez juger, pièces en main, quelle est la plus utile et la plus louable, de la générosité qui calcule, ou de la bienfaisance aveugle.

HÔPITAUX, HOSPICES, BUREAUX DE BIENFAISANCE.

En 1789, il y avait en France, d'après M. de Necker (Administrat. des finances de la France), 800 hôpitaux, disposant d'un revenu de 18 à 20 millions de francs.

En 1833, le nombre des hôpitaux et hospices était de 1329; ils ont reçu 579,000 personnes et dépensé une somme de 53 millions de francs. Pendant la même année, des secours ont été distribués à 695,632 personnes, par 6,275 bureaux de bienfaisance, qui ont disposé d'une somme de 10 millions 315,746 francs!

Cette première question des hôpitaux et des hospices soulève d'assez grandes difficultés. Chaque année, le nombre des demandes d'admission dans les hospices augmente, et les dépenses de ces sortes d'établissements absorbent plus de la moitié (33 millions de francs) des ressources que la charité publique affecte au soulagement du malheur. Or, vous savez quelle est la différence qui existe entre les hôpitaux et les hospices : les premiers sont des lieux sacrés, où n'habite que la souffrance, où l'ouvrier laborieux, blessé dans ses travaux, où sa compagne épuisée par une tâche au-dessus de ses forces, vont chercher un adoucissement à des maux trop cuisants : l'hospice, au contraire, est le port où l'imprévoyance, l'inconduite vont chercher un refuge; c'est là où l'homme qui n'a jamais su s'imposer une privation pour s'assurer un morceau de pain, où la femme dont la vie s'est passée dans les plaisirs et l'insouciance, viennent recevoir une solde de retraite que des services plus consciencieux devraient seuls mériter. On a pénétré dans ces asiles, on y a porté les lumières de l'analyse; on a dressé, en quelque sorte, une biographie de chacun de leurs habitants et un historique des causes qui les y ont conduits, et on a trouvé que si un certain nombre d'entr'eux étaient dignes des secours que la société leur donnait, il s'en trouvait d'autres qui l'étaient beaucoup moins.

Frappés de cette différence entre les droits des pensionnaires des hospices et des hôtes passagers des hôpitaux, l'administration et les hommes qui s'occupent de ces matières se sont demandés s'il ne serait pas nécessaire, sinon de réduire le nombre des hospices ou des lits qu'ils renferment, de poser tout au moins des limites à leur multiplication et à leur envahissement. Certes, Messieurs, si, par des circonstances qu'il n'est donné à personne de prévoir, mais dont, du moins, on peut admettre un instant la possibilité, nous étions conduits à l'obligation de faire un choix entre les hôpitaux et les hospices, notre détermination, la mienne, du moins, serait bientôt prise, et je n'hésiterais pas un instant à me prononcer en faveur des premiers.

Telle est la première difficulté que soulève la question des hospices. Il est vrai que jusqu'ici on ne lui a prêté qu'une légère attention ; mais ce n'est qu'un sursis ; car on sera obligé d'y revenir. La seconde difficulté, bien qu'elle n'ait point encore été tranchée, a occupé plus longuement le conseil des hospices ; elle est relative à l'administration des biens-fonds appartenant à ces établissements, en vertu de legs, donations, etc., dûement approuvés par ordonnance du roi et avis approbatif du conseil-d'état.

Les revenus fixes, particuliers aux hospices, s'élèvent, ainsi que nous l'avons vu plus haut, à 33 millions de francs, somme égale à celle du revenu des immeubles productifs des communes.

De toutes les propriétés, celles qui devraient être les mieux gérées ce sont celles du pauvre, auquel on ne peut faire tort de quelques centimes, sans qu'il n'y ait quelque part des misères que cet obole eût pu soulager ; eh bien ! il faut le dire, les propriétés des hospices sont les plus mal administrées de toutes, elles rapportent 2 pour cent au plus, c'est-à-dire beaucoup moins que celles des particuliers. Leur conservation et leur gérance qui plus que toute autre devraient être économiques, j'ai presque dit gratuites, coûtent plus de 20 pour cent ; ce qui rend insuffisantes d'aussi énormes ressources, auxquelles on est obligé de suppléer par des subventions locales et départementales (*octrois et centimes*) qui montent à 18 millions de francs, sacrifice considérable à ajouter à des charges déjà si lourdes, et qui a l'inconvénient de perpétuer les erreurs d'un mauvais système en en réparant les suites.

Les donations aux hospices qui se sont montées à 51,672,929 francs pour le temps écoulé entre 1814 et 1825, et à 23,397,534 francs aux bureaux de bienfaisance pendant la même période, se composent en grande partie, d'immeubles. Supposons qu'il y en ait les deux tiers, et voyez quelle quantité de terres sont immobilisées et frappées de *main-morte*, combien de forces productives sont perdues par ce mauvais emploi d'un capital aussi considérable.

C'est en examinant cette question avec la logique des chiffres, qu'on a été conduit à désirer une autre organisation des ressources qui alimentent les dépenses des hospices; à proposer, par exemple, de vendre toutes leurs propriétés et d'en convertir le prix en rentes 4 pour cent, qui ne coûteraient aucun frais d'entretien et doubleraient les revenus. Cette proposition fort simple et très convenable lorsqu'on la considère avec un parfait désintéressement, devient très-délicate par suite des préjugés qu'elle froisse, des anciennes habitudes qu'elle prétend changer. Les représentants de ces idées vieillies, en vertu desquelles tant de capitaux sont refusés à l'industrie parce qu'ils restent enfouis dans la terre qu'ils ne fécondent même pas, se sont opposés à l'aliénation des biens des hospices et à leur conversion en rentes 4 pour cent, ils ont évoqué le souvenir d'une banqueroute d'État (qui ne serait plus possible aujourd'hui), pour soutenir qu'on ne pouvait enlever aux indigents et aux malheureux la sécurité de la propriété foncière, pour leur donner en échange l'incertitude et l'éventualité de la perte du fonds et des revenus. Cette question n'a pas été résolue encore; mais je pense qu'elle le sera bientôt; nous touchons maintenant à celle des enfants trouvés.

ENFANTS TROUVÉS.

Si l'on s'en rapporte à quelques légendes et aux capitulaires de Charlemagne, il paraitrait que dans le moyen âge, il existait en France des asiles pour les enfants trouvés. On cite, d'après la vie de Saint-Marbœuf, la maison qu'il aurait fait bâtir à cet effet à Angers en 654; ainsi que l'hôpital du Saint-Esprit fondé à Montpellier en 1180, d'autres disent en 1204, par le comte Guido qui le dota d'une partie de ses revenus. Mais ces hospices particuliers et peu nombreux d'ailleurs, ne présentaient ni l'ensemble ni la stabilité qu'un gouvernement seul peut donner à de semblables institutions (1).

Jusque vers la fin du 17e siècle, aucun établissement n'existait en France pour recevoir les femmes en couches et les enfants abandonnés. L'opinion même semblait repousser une pareille mesure; nous voyons en effet dans les recherches de M. Benoiston de Châteauneuf, que sous Char-

(1) BENOISTON DE CHATEAUNEUF : Considérations sur les enfants trouvés t. 4 et suivantes.

les VII en 1445, un procureur du roi au Chatelet de Paris ayant essayé de faire recevoir à l'hôpital du St.-Esprit les enfants au maillot, « trouvés « les uns par la ville, les autres apportés aux huis « du dit lieu, ou jetés nuitamment à val les rues, » il ne put y réussir; et on lit dans les lettres patentes que le roi donna quelque temps après, (4 août 1445) en faveur de cette maison, ce passage remarquable : « Si l'on obligeait, dit ce « prince, l'hôpital du Saint-Esprit à recevoir les « enfants trouvés, concurremment avec les orphe« lins, il y aurait bientôt une grande quantité des « premiers, parce que moult gens feraient moins « de difficultés de eux abandonner à pécher, quand « ils verraient que tels enfants bâtards seraient « nourris, et qu'ils n'en auraient point la charge « première ni sollicitude. »

Plus tard en 1536, François 1er fonda au marais sur l'emplacement occupé aujourd'hui par le marché et la rue des enfants rouges, un hospice dit des *Enfants rouges*, pour les enfants légitimes des pauvres morts à l'Hôtel-Dieu; comme dans l'hospice du Saint-Esprit, *les bâtards en étaient exclus*.

Chaque ville, chaque seigneur, se conduisait à l'égard des enfants trouvés d'après les inspirations de sa charité, ou la richesse de ses revenus; un ancien arrêt du parlement de Paris, de l'année 1667, ordonne aux seigneurs de nourrir les enfants déposés sur leur territoire; aujourd'hui même en Autriche les propriétaires sont tenus de payer douze florins à l'hôpital qui reçoit les enfants abandonnés dans l'étendue de leurs domaines.

A Paris on déposait les enfants dans une coquille de marbre placée pour cet usage à la porte des églises (1). Les marguilliers les recueillaient et s'occupaient ensuite du soin de trouver quelqu'un qui voulût les nourrir. Ces simples mesures suffisaient au petit nombre d'infortunés qu'elles concernaient, et qui ne s'élevait pas alors à plus de DEUX OU TROIS CENTS par an.

Cependant vers 1636, ils trouvèrent un asile et des soins particuliers dans une maison de la capitale, que la voix publique désignait sous le nom de *Maison de la couche*; mais des abus s'y étant introduits on fut obligé de la fermer. Quatre ans après, le sort des enfants abandonnés toucha de nouveau l'âme d'un ecclésiastique de la Provence, Vincent de Paule, que l'église a mis au rang des saints. Aidé de Mme Legras, nièce du garde des sceaux de Marillac, d'Élisabeth L'Huillier femme du chancelier d'Aligre, et de ce magistrat lui-même, il parvint à réunir des fonds suffisants pour couvrir les dépenses d'une maison qu'il ouvrit dans le faubourg St. Victor. En 1642, le roi Louis XIII ajouta quelques secours réguliers à ceux que Vincent de Paule avait obtenus de la charité particulière; Anne d'Autriche, régente du royaume après la mort de Louis XIII, les augmenta

(1) M. VICTOR HUGO, rapporte cette coutume dans l'un des premiers chapitres de son ouvrage, intitulé NOTRE-DAME DE PARIS.

Note du R.-Ad. B. (des V..)

encore. Jusqu'en 1670 l'établissement ouvert pour recevoir les enfants trouvés n'eut aucun caractère officiel, fondé par des particuliers il resta sous leur direction, et ce ne fut qu'au mois de Juin de cette année, que Louis XIV rendit sur la proposition de Colbert, des lettres patentes qui reconnurent aux maisons dites de la *marguerite* et du faubourg St. Antoine, le titre d'hôpitaux de Paris, et les autorisèrent à agir en cette qualité.

Un motif tout philantropique avait porté à la création des hôpitaux d'enfants trouvés; les vices, la débauche, l'égoïsme, en profitèrent pour se décharger sur elles du soin d'élever les enfants auxquels les premiers donnaient naissance, et que le dernier abandonnait.

« Lorsqu'on sut dans les provinces (dit le rap-
« port présenté à l'Académie des sciences par
« MM. Duméril et Coqueret Monbret, sur le mé-
« moire de M. de Châteauneuf dont nous venons
« de citer quelques fragments), qu'il y avait à
« Paris un hôpital où les enfants abandonnés
« étaient reçus sans aucune formalité, *on envoya*
« *de toutes parts à cette maison. Les seigneurs*
« *hauts-justiciers le faisaient eux-mêmes pour se*
« *décharger de l'obligation qui leur était imposée*
« *de prendre soin des enfants exposés dans leurs*
« *terres, et les hospices des villes de provinces*
« *pour être soulagés d'autant.* »

Sous l'empire de cette organisation, le nombre des enfants admis dans les maisons de la capitale et des villes de province s'accrut de la manière suivante :

En 1638 il était de		12,
en 1670	—	200 à 300,
en 1700	—	1,738,
en 1750	—	3,789,
en 1784	—	40,000.

Quels arguments pourraient avoir la force de ces chiffres? Voyez-vous la débauche et la séduction augmenter leurs produits, du moment où la charité publique leur offre un placement dans les hospices qu'elle fonde dans toutes les grandes villes de fabrique et de garnison; quelque grande que soit la générosité, elle se trouve dépassée encore par les progrès du mal.

En 1793 la Convention rendit un décret qui constitua l'état civil des enfants trouvés, et déclara que la patrie qui les adoptait leur donnait un état; voyons quels résultats cette loi, d'ailleurs si philantropique, produisit:

En 1784 le nombre des enfants trouvés était avons-nous dit de 40,000,

En 1798 il atteignit le chiffre de 51,000, et en 1809 celui de 69,000.

En 25 ans l'augmentation avait été de 29 sur 40, près des trois quarts!

Au lieu de s'arrêter dans un système si mauvais, Napoléon l'exagéra encore, en accordant aux enfants trouvés, par un décret de janvier 1811, une liste civile de quatre millions, qui s'augmentait encore des subventions locales et du produit des centimes spéciaux, que le même décret autorisait les communes et les départements à voter pour ce service. Sous l'empire de cette législation, le nombre des enfants s'accrut dans une proportion vraiment effrayante.

Nous l'avons vu, en	1809,	être	de 69,000.
Il fut, en	1815,	de	84,500.
en	1816,	de	87,700.
en	1817,	de	92,200.
en	1818,	de	96,000.
en	1819,	de	98,000.
en	1821,	de	105,700.
en	1822,	de	138,500.

Sous le régime de la Convention, il avait augmenté, en 25 ans, dans le rapport de 3 : 4; sous celui de l'Empire, il s'accrut, en 13 ans, dans celui de 7 : 14; c'est-à-dire du double!

Les choses restèrent dans cet état jusqu'à ce que les conseils généraux et les préfets, alarmés des progrès effrayants que cette institution faisait chaque jour, se dirent, comme M. de Château-Neuf dans son mémoire : « La charité qui recueille « les enfants abandonnés, sans exception, par « cela seul qu'ils vont périr si elle ne leur ouvre « son sein, a, sans doute, quelque chose de généreux, de touchant; celle qui se prescrit des « bornes qu'elle ne veut pas franchir, a quelque « chose de plus sévère, mais aussi de plus moral. »

La question, d'ailleurs, était devenue financière; car les quatre millions fixés par l'empereur en 1811 s'étaient successivement augmentés jusqu'au chiffre de 10,250,000 fr.; bien que la dépense de chaque enfant ne fût que de 80 fr. 30 centimes, en moyenne.

La réforme des abus vraiment scandaleux q s'étaient introduits dans les maisons d enfants trouvés, (on vit souvent des femmes mariées apporter leur enfant, la nuit, et se représenter ensuite le lendemain pour le reprendre comme nourrice, afin de recevoir l'indemnité de 8 francs par mois qui est allouée à celles-ci), ayant été abandonnée aux administrations locales, on fit différents essais, dont les résultats sont fort intéressants.

Les uns supprimèrent les tours et exigèrent des déclarations signées; d'autres éloignèrent les enfants à quelque distance; ils les envoyèrent même dans des départements voisins. Dans quelques-uns, on réduisit le plus grand nombre des lits, et on affecta l'économie que produisit cette réduction à des secours qui furent délivrés aux mères qui gardaient leurs enfants. Ces secours se composaient de linge, de bois, de vivres, de layettes et d'argent; ils duraient pendant les quatre premiers mois après l'accouchement.

Trente départements adoptèrent ces différents systèmes, dont les résultats, pendant quatre ans, furent une économie de 1,086,500 francs, la fermeture de 67 tours, le retrait par les parents de 16,000 enfants, et la réduction du chiffre total de ces derniers, de 33,000!

Dans les départements qui conservèrent l'ancienne organisation impériale, le nombre des infanticides fut plus considérable que dans les autres.

Ces faits me semblent concluants et prouvent que la raison est plus souvent d'accord avec la morale, que les sentiments les plus généreux lorsqu'ils se manifestent aveuglément. Sans doute, la réduction du nombre des enfants est due à l'augmentation du bien-être général, à l'amélioration morale des masses; mais elle est due aussi aux mesures judicieuses qui ont, pour ainsi dire, mis en demeure l'amour maternel et l'ont forcé de se produire. On a réveillé des sentiments à demi éteints, en menaçant de rompre par l'éloignement, et pour toujours, les liens qui unissaient encore les parents à leurs enfants, tant qu'ils n'étaient séparés que par de légères distances.

Je quitte la question des enfants trouvés, que je n'avais pas à examiner ici d'une manière complète, et dont je voulais seulement établir les rapports avec les charges publiques et les règles de la science, et je passe à une autre face de la question du paupérisme : celle des prisons.

PRISONS.

C'est une extrémité bien dure pour une société dont le but est toujours d'assurer aux hommes les avantages et les bénéfices de l'association, d'être obligé de suspendre les droits et la liberté d'une partie de ses membres, et d'augmenter les charges de ceux qui sont restés dans les limites tracées par la loi, parce qu'il s'en est trouvé qui les ont dépassées. Car, dans cette question, comme dans celles des hôpitaux, des hospices, des enfants trouvés, la question d'argent se trouve toujours à côté de la question de morale ou de philosophie.

En France, les prisons de toute espèce renferment 108,000 individus, et coûtent, année moyenne, 13,000,000 de francs. Supposez que depuis 10 ans, on ait pu trouver les moyens d'opérer une réforme morale qui eût diminué de moitié le nombre des détenus, et que, les dépenses se bornant à 8,000,000, on eût économisé 5,000,000 par an, soit 50,000,000 pendant 10 ans, voyez quelle masse de travaux utiles eût été entreprise, combien d'honnêtes gens qui sont restées sans ouvrage eussent pu être occupées? Cette question, envisagée ainsi, est de la plus haute importance, et son examen nous revenait de droit, car elle est toute économique. La parcimonieuse lésinerie qui a présidé long-temps et préside même encore aujourd'hui aux dépenses qui concernent l'instruction publique (800,000 francs sous la Restauration et 3 millions maintenant), est responsable des énormes sacrifices que nous imposent nos prisons. Les sept huitièmes des condamnés ne savent pas lire ou ne le savent qu'imparfaitement. Ils sont 108,000, et il y en a parmi eux 10,500 qui n'ont pas 20 ans; les trois quarts de ceux-ci sont des enfants trouvés ou abandonnés élevés par les hospices, et qui ont à peine reçu les éléments de l'instruction la plus commune (1).

---

(1) « Avant la révolution, » dit M. Benoiston de Chateauneuf, « ils (les » enfants trouvés) étaient ouvriers ou soldats; sous la terreur, ils devinrent » les enfants de la patrie, et l'on pense bien que tous ceux qui en avaient » l'âge furent aussitôt appelés à défendre leur mère. Plus tard, un décret » du gouvernement impérial les répartit dans les différents corps de la » garde, ou les envoya sur les vaisseaux : c'était abuser de leur malheur. » La restauration leur a rendu la liberté de choisir un état, mais du reste, » on ne va point au-delà : l'éducation la plus commune est donnée à tous

CONCLUSION.

La réunion des chiffres qui composent le budget du paupérisme est effrayante, puisque, sans parler des dépenses de justice et de police, des aumônes particulières, des fonds des salles d'asile et des écoles gratuites, etc., elle présente un total de près de 90 millions de francs, qui se subdivise ainsi :

Hopitaux et Hospices,	53,000,000
Bureaux de bienfaisance,	10,316,000
Enfants trouvés,	10,250,000
Prisons,	13,000,000
Ensemble.	86,566,000 fr.

Presque le dixième du budget de l'état !

» indistinctement.» Nous sommes, sous ce rapport, bien au-dessous de plusieurs pays tels que la Russie, le Royaume de Naples, l'Espagne, que nous sommes accoutumés à ne considérer presque qu'avec mépris. « A Moscou, dit encore M. Benoiston, chaque âge reçoit une éducation » convenable. L'enseignement embrasse tout ce qu'un citoyen doit savoir. » Pour celui que la nature a traité peu favorablement, les simples éléments » du *calcul et du dessin*, *l'apprentissage des arts mécaniques*, *celui du* » *jardinage*, le rendent propre à travailler dans une manufacture, une » fabrique, ou bien chez le particulier. Des connaissances plus élevées, les » *mathématiques*, la *géographie*, la *tenue des livres en partie double*, la » *science du commerce*, sont le partage de ceux dont les heureuses dispo» sitions méritent qu'on les envoie à l'université de Moscou ou à l'académie » des arts de Pétersbourg. Le reste est distribué dans les ateliers de » l'hospice, qui entretiennent près de cinq mille ouvriers, presque tous » enfants trouvés.

» A Madrid, les enfants abandonnés ne sont point privés d'éducation » libérale. Le plus grand nombre d'entr'eux se livrent aux études théolo» giques, et l'Espagne en compte quelques-uns parmi ses plus habiles » docteurs.

« Dans l'hospice de Naples, l'*Albergo dei Poveri*, on apprend aux jeunes » orphelins à lire, à écrire, ainsi que les principaux éléments du dessin et » de l'arithmétique. On y joint aussi l'étude de la musique.»

(Note du R.—Ad. B. des V.)

Si ces chiffres épouvantent, ils ont rendu du moins un grand service ; ce sont eux qui ont fait sentir la nécessité des réformes. Nous avons vu où ils avaient conduit quelques conseils généraux, dans la question des enfants trouvés ; ils produisent les mêmes effets dans celle des prisons. On ne s'occupe un peu sérieusement de celle-ci que depuis que les nécessités financières ont conduit à chercher des économies partout. On s'est aperçu seulement alors que les prisons étaient onéreuses, non-seulement parce qu'elles coûtaient directement, mais encore par la concurrence qu'elles élevaient contre certaines fabriques, par le travail qu'elles enlevaient aux ouvriers honnêtes, et par la dîme que leurs hôtes libérés, mais non corrigés, levaient sur les revenus privés.

Les beaux travaux de MM. Béranger, de Beaumont et de Tocqueville, Demetz et Blouet, ont eu pour objet l'étude d'un système pénitentiaire, qui améliorât le moral des détenus, mît la société à l'abri de leurs tentatives coupables, et les producteurs réguliers de leur concurrence ruineuse. C'est une question d'économie qui a commencé, nous l'avons vu, la réforme des hospices d'enfants trouvés ; c'en est une de même nature qui a porté à peser les droits respectifs des hôpitaux et des hospices aux secours de la bienfaisance publique, et à séparer les pauvres vicieux des pauvres légitimes.

Mais, dans toutes ces tentatives, tous ces essais de réforme, ce qu'il importe et ce que l'on oublie trop, c'est de tout reprendre par la base, par l'éducation et par l'enfance. Toutes les autres améliorations ne peuvent être que corollaires; leur succès dépend de l'adoption d'un système général bien conçu et bien coordonné. Tout est là, et le grand mérite de Robert Owen est d'avoir proclamé ce principe et d'avoir insisté sur son application. Nous consacrerons notre prochaine leçon à l'examen de ses travaux et de ceux de Fourier et Saint-Simon.

Ad : B (d. V.).

HUITIÈME LEÇON.

Séance du 22 décembre 1837.

PAUPÉRISME (Fin). — INÉGALITÉS DES CONDITIONS.

SOMMAIRE : Revue de la leçon précédente. Erreur à éviter. — Si tout le monde a le droit de vivre, personne ne peut exiger une aisance égale à celle de son voisin, pas plus qu'il ne peut vouloir être aussi beau, ou aussi intelligent. — Ce que le gouvernement doit à tous, ce n'est donc pas la richesse, mais les moyens de l'acquérir.

DE L'IMPÔT. Défense de l'impôt, il sert à exécuter certains travaux qui profitent à la communauté, et que personne n'eût pu faire seul. — Les pauvres retirent autant que les riches des améliorations obtenues avec l'argent de l'impôt et par les entreprises des riches.

DES RICHESSES ET DES ÉGALITÉS. La richesse ne produit rien quand elle est trop divisée. — L'intelligence doit recevoir un salaire supérieur à celui qui est réservé à la seule force physique. — Exemple du capitaine d'un navire et de son équipage. Comparaison avec un entrepreneur d'industrie.

OWEN, ST.-SIMONIENS, FOURIER. Essais tentés pour améliorer le sort des classes pauvres. — Causes qui les ont fait échouer. — *New Lenark*, *New-Harmony*. — *Ménilmontant*. — *Phalanges passionnées et séraphiques*, *Industrie attrayante*.

Indication de la route à suivre pour de nouvelles tentatives de réforme ; il faut reprendre par la base, par l'enfance.

REPRODUCTION DE LA PARABOLE DE ST.-SIMON.

MESSIEURS,

Nous avons vu, dans les leçons précédentes, quelles avaient été les causes du paupérisme chez tous les peuples qui ont été affligés de cette plaie ou qui en souffrent encore. Nous avons vu le pauvre à l'état d'esclave chez les anciens, à celui de serf sous la féodalité; à une autre époque, nous l'avons vu mendier à la porte des couvents, et, un peu plus tard, il allait frapper à celle des particuliers, pour obtenir doubles largesses; car il avait alors pour compagnons de misère les moines qui, jusque-là, avaient soulagé la sienne : à une époque plus récente encore, nous avons observé comment les machines, en agglomérant les ouvriers dans certaines localités, en les réunissant par masse dans de vastes ateliers, avaient donné une nouvelle face à la question du paupérisme.

Après avoir ainsi reconnu les sources du mal, nous avons recherché quels remèdes avaient été essayés pour le guérir; nous avons vu chaque peuple, chaque auteur de système, convaincu d'avoir trouvé une panacée universelle, les uns, en attaquant le mariage, et d'autres, en l'encourageant. La harangue de Métellus, l'édit de Louis XIV, formulaient une même pensée en termes différents; Malthus, Sismondi, ces apôtres de doctrines si opposées, concluaient ensemble contre le mariage; Louis XIV, le roi absolu; la Convention, qui détruisait les monarchies; Napoléon, qui les relevait : furent tous les adeptes d'un même système, qu'ils appliquèrent de même, et qui, pour tous, donna les mêmes résultats : la multiplication des enfants trouvés, dont ils auraient voulu diminuer le nombre.

Décrets, édits, systèmes, doctrines, tous échouèrent, parce qu'ils étaient trop absolus pour être applicables ; tous furent abandonnés, parce qu'ils allaient contre le but que l'on s'était proposé.

On ne saurait nier toutefois que toutes ces tentatives soient restées sans conséquences sérieuses ; quelques-unes même ont rendu des services : Malthus, par exemple, éveilla les idées de prévoyance qui dormaient chez beaucoup de gens, et Godwin fit sortir les gouvernements de leur indifférence, en leur rappelant que l'amélioration du sort des masses était une tâche, difficile sans doute, mais à laquelle c'était pour eux un *devoir* de travailler.

Toutes les expériences sont donc faites aujourd'hui, et la comparaison du budget du paupérisme actuel avec ce qu'il était autrefois, nous montre d'une manière irréfutable que l'aumône crée le mendiant, et que la TAXE DES PAUVRES a engendré les PAUVRES, aussi bien en France qu'en Angleterre, en Espagne et partout.

Que les TOURS ont multiplié les ENFANTS TROUVÉS. En réparant l'oubli et l'insouciance des pères pour leurs enfants, ils ont autorisé l'indifférence des enfants pour leurs pères ; les uns avaient abandonné leurs fils à la charité publique, d'autres laissèrent leurs parents manger le pain de l'hospice ;

Et enfin, que les PRISONS ont augmenté le nombre des PRISONNIERS, et que les économies sur l'instruction publique se sont traduites en millions ajoutés aux dépenses des maisons centrales, des bagnes, etc.

La société a ainsi payé les frais de sa négligence ;

elle a porté la responsabilité de ses fautes et de ses erreurs ; mais ce serait en commettre une bien grande de croire que si elle doit faire en sorte qu'il n'y ait pas de gens absolument sans travail et sans pain, elle doive donner à chacun une même mesure de bien-être et de richesse.

Tous, nous avons le droit de vivre, sans doute ; mais nous ne pouvons exiger la même aisance, parce que nos facultés, nos talents sont différents. Nous naissons avec de l'intelligence ou nous en sommes dépourvus, comme nous sommes beaux ou laids, noirs ou blonds ; les inégalités sont dans la nature, aussi bien pour l'esprit que pour le corps. Deux hommes partent du même point ; l'un devient un Girodet ou un Géricault, l'autre reste un obscur peintre d'enseignes ; ces hommes ne sont point égaux. Un fabricant de mélodrames est-il l'égal d'un Racine ? Un *frater* de village doit-il être payé autant qu'un Portal ou un Dupuytren ? La société ne doit donc pas aux hommes la renommée et la fortune, parce qu'elle ne peut leur donner le talent et le génie qui les procurent. Mais si elle ne peut faire disparaître les inégalités naturelles, elle peut et elle doit faire cesser toutes celles qui sont artificielles, c'est-à-dire qui tiennent aux lois et aux institutions. Il faut donc qu'en corrigeant les abus et réformant l'instruction publique, elle ouvre à tous la carrière que seuls ensuite ils doivent parcourir, et qu'elle lève tous les obstacles qui pourraient les arrêter dans leur marche.

Il faut que les hommes soient prévenus qu'ils

doivent s'occuper un peu de leur sort et que la société ne leur doit pas la fortune, mais seulement les éléments avec lesquels on peut l'acquérir; de bonnes lois qui n'entravent pas le travail, et de l'instruction, qui permettent de tirer parti de toutes les ressources pour arriver au but.

Nous sommes conduits ainsi à déterminer quels sont les devoirs des gouvernements vis-à-vis des peuples; nous voyons, par exemple, pour passer de la théorie à la pratique, que lorsqu'un aliment indispensable, comme la viande, vient à manquer ou à augmenter de prix dans une proportion considérable, par suite de l'exagération des droits de douanes, qui ne permettent pas de faire entrer les bestiaux étrangers, il faut, sinon supprimer entièrement, du moins réduire ces droits d'une manière notable, afin de donner aux pauvres, et au meilleur marché possible, leur nourriture la plus essentielle et la plus indispensable.

Une autre question, que je ne veux pas approfondir aujourd'hui, et sur laquelle je reviendrai, la question de l'impôt, nous offre l'occasion de tracer les limites des droits respectifs du pouvoir et des citoyens: ceux-ci votent la quotité de l'impôt, celui-là préside à son emploi.

Il s'est trouvé des personnes qui ont attaqué l'impôt, les unes pour nuire au pouvoir, les autres, parce qu'elles considèrent l'impôt comme mauvais dans tous les cas; on a demandé pourquoi on payait en France certains impôts qui n'existaient pas en Suisse, par exemple, et sans observer si les conditions des deux pays étaient semblables, on a conclu que l'impôt pouvait et devait être supprimé.

Je ne prétends pas me faire ici l'avocat de l'impôt, mais on m'accordera peut-être à moi qui l'ai attaqué tant de fois dans ses abus, le droit de le défendre dans ce qu'il a de bon; car, quoi qu'on en ait dit, l'impôt rend souvent de très-grands services; il est le seul revenu disponible pour faire face aux dépenses publiques, tous les autres sont appliqués sans contrôles aux dépenses personnelles. S'il n'y avait pas d'impôts, qui ferait des routes ; qui éclairerait les rues? qui construirait et entretiendrait des canaux, maintiendrait la sûreté des communications, etc.? Personne ; et cependant tout cela est indispensable, et si le gouvernement ne se chargeait de ce soin et ne pourvoyait à toutes ces dépenses, au moyen de l'impôt, il n'y aurait ni commerce ni industrie possible; et les citoyens, réduits à l'inaction, perdraient tous leurs revenus, pour n'avoir pas su en sacrifier une partie.

Loin donc que l'impôt soit toujours nuisible, on doit reconnaître, au contraire, qu'il contribue pour une bonne part au développement de la richesse publique, et que lésiner à ce sujet, c'est mal entendre les intérêts généraux. Voyez, depuis huit ans, quelle énorme masse d'améliorations ont été obtenues, grâce aux ressources que l'impôt a fournies; le système de pavage des rues a été changé; des trottoirs, des gouttières ont protégé les passants contre l'eau du ciel et la boue de la rue; l'éclairage est mieux entendu; et, d'ici à deux ans, lorsque le marché passé pour l'éclairage à l'huile sera expiré, toutes nos rues seront illuminées au gaz. Ces améliorations n'ont-elles pas profité aux pauvres qui vont à pied, autant et même plus qu'aux riches qui vont en voiture? Ces améliorations ne se sont d'ailleurs pas bornées à Paris; on en a pratiqué de semblables sur tous les points de la France; on a creusé des canaux et des bassins, établi des routes et construit des ports; on a créé des écoles dans les campagnes et dans les villes, et tout cela avec l'impôt.

La société toute entière a profité de ces améliorations, dont les particuliers n'auraient pu se charger, et que le gouvernement pouvait seul entreprendre et mener à bonne fin; le commerce, l'industrie recevant de nouvelles facilités dans leurs opérations, en ont exigé de plus grandes encore; les routes, les canaux, les bâtiments à voile n'ont plus suffi; il a fallu des chemins de fer et des bateaux à vapeur. Et, dans ce cas, comme dans celui des trottoirs et de l'éclairage, les pauvres ont gagné autant que les riches; ils ont profité de leurs créations; il y a place pour eux sur les chemins de fer comme dans les bateaux à vapeur, et s'ils ont moins de confortable, ils vont aussi vite et à bien meilleur marché.

» Dans la dernière session, on a voté pour plus de 150 millions de travaux publics : dans celle-ci, on décidera l'exécution d'entreprises de chemins de fer plus considérables encore, les unes abandonnées à l'industrie particulière, les autres réservées au gouvernement, qui les exécutera avec l'argent de l'impôt : dira-t-on, dans ce cas, que les charges imposées au pays aient été stériles ? Croit-on que si on eût laissé à chaque citoyen les quelques francs qu'il a dû payer pour couvrir les dépenses de ces immenses travaux, ceux-ci eussent été entrepris et exécutés ? Et alors, combien de milliers d'ouvriers eussent été sans occupation et leurs familles sans revenus, c'est-à-dire sans moyens de satisfaire à leurs besoins.

Je ne donnerai pas plus d'importance à cette discussion contre ceux qui veulent toujours faire la guerre aux impôts, quels qu'ils soient, et je terminerai en disant : qu'en général, l'impôt n'est point trop fort, mais trop mal réparti ; que si quelques-uns paient trop, d'autres ne paient pas assez ; que la part du pauvre est parfois plus forte que celle de certains riches, les rentiers, par exemple, mais que son emploi bien approprié répare bien des maux causés par sa mauvaise répartition. J'ajouterai enfin que si les économies mal entendues sont des pertes, les dépenses bien faites sont des placements.

Toutes ces attaques et celles que l'on dirige contre la richesse, sont d'autant plus déplorables qu'elles nuisent aux masses au nom desquelles on les lance. On accuse l'impôt et la richesse de créer le paupérisme ; nous venons de voir combien ce grief était mal fondé par rapport au premier ; il ne me sera pas difficile de justifier la seconde. La richesse, en effet, est comme un grand foyer de chaleur, qui se répand d'autant plus loin que sa masse est plus considérable. Quand elle est trop divisée, il faut savoir la réunir, la grouper, de manière à donner plus de force à son action pro : ductrice. Je vous ai montré comment tout le monde ne pouvait être également riche, parce qu'il y avait des inégalités dans les facultés intellectuelles comme dans les forces matérielles ; je veux vous convaincre de l'exactitude de mon argumentation, et pour cela je vous citerai quelques exemples.

Quand, à bord d'un navire, vous observez, d'une part, le capitaine assis paisiblement à son banc de quart, donner des ordres qu'un peuple de matelots exécute; et, de l'autre, les hommes de l'équipage, le visage et les membres couverts de sueur, s'épuiser à la manœuvre des voiles et des cordages, vous surprenez-vous à comparer l'inégalité du traitement des matelots et du capitaine? Non, parce que vous savez que l'intelligence de celui-ci gouverne tout, et que si la direction du navire venait à être confiée à un homme de l'équipage, au premier grain tout serait perdu, corps et biens. Pourquoi donc alors se récrier contre l'énormité des profits de l'entrepreneur d'industrie, et s'en prendre à lui de l'insuffisance du salaire des ouvriers ? N'est-il pas dans son usine comme le capitaine dans son navire ? N'est-ce pas lui qui, de son cabinet, où il n'a d'autre fatigue que celle de recevoir des lettres et d'y répondre, dirige toutes les affaires, fait arriver d'Amérique des cotons en laine, dont la conversion en filés occupe quelques centaines d'ouvriers? N'est-ce pas lui ensuite qui en opère la vente et renouvelle, avec le produit qu'il en retire, ses matières premières, ses machines, et paie ses ouvriers ? Que la mort l'enlève au milieu de ses opérations commencées, seront-ce les cardeurs, les fileurs, les contre-maîtres même qui feront marcher l'établissement? Faute d'un ouvrier, de dix ouvriers, la filature n'arrêtait pas; la mort de son chef immobilise les métiers, arrête le piston de la machine. Puisque les résultats sont différents, il y a donc inégalité de capacité entre le chef d'industrie et ses ouvriers; l'un est donc plus utile que l'autre. Et si cela est, souffrez donc que, comme le capitaine du navire, son traitement soit plus élevé que celui de tous les autres.

Il est vrai que parfois l'entrepreneur abuse de sa position, pour élever son traitement aux dépens du salaire des travailleurs; mais cet abus n'est pas une conséquence inévitable de la richesse, mais la faute des hommes, faute qu'il est possible d'éviter. Adam Smith l'a dit: le salut est dans le travail, chacun est le fils de ses œuvres.

Frappé de cette idée, émise par Godwin, son compatriote, que, dans l'organisation actuelle de l'industrie, les chefs se récompensaient trop, Robert Owen, économiste et philantrope anglais (1), voulut employer au soulagement de la classe ouvrière, dont il était sorti, une fortune considérable qu'il avait acquise par son travail. Il conçut l'idée d'une vaste association industrielle, dans laquelle personne ne serait exploité, et où chacun, commandant à son tour, recevrait une part *égale* dans les profits du travail commun. Prodigue, pour faire le bien, d'une fortune labo-

(1) Ce fut lui qui fonda les premières salles d'asile pour les enfants.

rieusement acquise, Owen exécuta le plan qu'il avait imaginé, et fonda à New-Lanark, en Ecosse, un établissement semblable à une petite ville, et où 5,000 personnes trouvèrent place. Chacun étant convenablement logé, les ateliers des différents corps d'état étant munis des machines nécessaires, les magasins étant munis des matières premières propres à toutes les industries, on se mit au travail, on produisit beaucoup, la vente donna des bénéfices et on arriva au jour de la répartition : c'est là que commencèrent les difficultés. Il s'était trouvé, dans la société coopérative de New-Lanark, comme partout, des ouvriers travailleurs et d'autres paresseux, qui voulurent avoir une part de bénéfices aussi forte que les premiers, qui ne consentirent pas à ce partage soi-disant légal, mais réellement inique; enfin, quoique rien n'eût été négligé pour assurer le succès de l'entreprise, que l'établissement fût muni d'infirmeries pour les malades, d'écoles pour les enfants, etc., la société fut dissoute, et son fondateur lui-même fut obligé de l'abandonner. Il ne renonça pas pourtant à son système, et croyant que sa non-réussite était due à certaines circonstances locales, à des habitudes prises et qui n'avaient pu disparaître tout-à-coup, il se rendit en Amérique, dans un pays neuf, chez un peuple admirablement disposé pour le travail et l'association, et il fonda une nouvelle société à New-Harmony. Eh bien, malgré tous ses efforts, malgré les ressources et les appuis de toute nature qu'il trouva dans la nature du sol et dans l'esprit des habitants, son entreprise échoua encore une fois.

Ceci, je me hâte de le dire, n'est que le résultat d'une mauvaise application du principe d'association, que je considère comme la véritable panacée qui peut seule guérir la société et soulager les travailleurs. Il en arriva à Owen comme aux St-Simoniens et à Fourier, dont je vais vous dire quelques mots, parce que, comme eux, il méconnut l'influence d'un des éléments de la production : CAPITAL, TRAVAIL et INTELLIGENCE.

L'égalité de partage avait perdu le système d'Owen; la négation du capital fut la cause de l'insuccès des disciples de St-Simon. Ce célèbre philosophe novateur n'avait qu'une pensée, celle de réhabiliter le travail industriel et de lui rendre dans la société le rang qu'il aurait dû toujours occuper. Vous connaissez sa fameuse parabole, où il établit la supériorité des savants, artistes et artisans, sur les propriétaires, les gouvernants, les nobles, les princes et les rois (Voir, à la fin de cette leçon, la reproduction de ce morceau remarquable, devenu fort rare aujourd'hui). Les élèves de St-Simon, presque tous hommes de beaucoup de mérite et de talens, après avoir long-temps prêché au milieu de Paris comme dans le désert, se retirèrent sur la montagne pour y donner l'exemple de l'humilité et opérer la réhabilitation des travaux manuels les plus humbles. On vit alors, spectacle étrange, presque aussi touchant qu'il pouvait paraître ridicule, des ingénieurs se réduire aux fonctions de garçons de cuisine, des mathématiciens à celles de garçons de salle et de portiers. Et, en cela, ils outrepassaient les doctrines du maître, qui honorait le travail manuel, mais plaçait au-dessus la coopération de l'intelligence. Qu'arriva-t-il de tous ces essais, qui n'eussent pas été tentés de cette manière si St-Simon eût vécu? c'est qu'après une retraite de quelques mois à la maison de Ménilmontant, les membres se séparèrent, pour rentrer la plupart dans la vie réelle qu'ils n'auraient pas dû quitter; les uns reprirent la direction des travaux publics, d'autres allèrent étudier les progrès des autres peuples et nous rapportèrent les résultats de leurs observations.

En même temps que les St-Simoniens, et même avant eux, M. Fourier est venu, et s'est dit que les choses ne devaient pas rester comme elles étaient; que les travailleurs ne devaient pas épuiser leurs forces et détruire leur intelligence par un travail de quinze heures par jour, dont le produit suffisait à peine pour leur fournir des aliments nécessaires à leur conservation. Absorbé dans une immense utopie, il chercha à enlever au travail ce qu'il avait de pénible, en en faisant cesser la continuité et en le rendant attrayant. Il conçut alors le plan d'une organisation sociale dans laquelle les habitants d'un pays, divisés en phalanges de 300 à 400 familles, dont les logements, groupés autour d'une usine commune, prise pour centre, communiquent tous entr'eux par des galeries couvertes; des tuyaux distribuent la chaleur et l'eau chaude dans chaque ménage; une cuisine commune apprête des mets appropriés au goût et à la bourse de chacun et remplace le pot-au-feu individuel ; la femme et les enfants sont occupés, suivant leurs forces ; aux travaux de l'usine s'unissent ceux des champs et du jardinage, pour détruire la monotonie des uns et des autres. Dans cette organisation, les travailleurs sont classés en séries passionnées, séraphiques, etc. ; les néologismes les plus bizarres servent à désigner les différentes parties d'un système inapplicable, d'après lequel le travail journalier d'un seul homme ne pourrait être exécuté que par douze hommes. Après avoir consacré une longue carrière à des recherches dont je viens de vous exposer les résultats, Fourier est mort comme il avait vécu, ignoré, et sans que ses doctrines aient été comprises du plus grand nombre.

De l'inutilité des tentatives d'Owen, de St-Simon et de Fourier, il ne faudrait pas conclure qu'il faille abandonner des recherches dans cette voie ; loin de là : au contraire, il faut s'y livrer de nouveau, en ayant soin de respecter les règles de la science et l'organisation sociale, telle qu'elle existe. On n'obtiendra jamais rien tant qu'on méconnaîtra la division du travail, les capitaux, l'inégalité des intelligences, etc. Il faut surtout adopter l'avis d'Owen, qui conseille de prendre les réformes par la base, c'est-à-dire par l'enfance ; car si la société ne doit à personne les repas somptueux et toutes les jouissances du luxe, elle doit à tous une éducation théorique et pratique suffisante pour trouver partout des moyens d'existence.

Dans une autre leçon, je me propose de vous

démontrer combien peu considérables seraient les dépenses à faire pour apprendre à tous les enfants des ouvriers des villes et des campagnes, à lire dans des livres qui leur enseigneraient à devenir de bons travailleurs et à rester honnêtes hommes.

Ad : B (des V).

PARABOLE DE SAINT-SIMON.

Nous supposons que la France perde subitement ses cinquante premiers physiciens, ses cinquante premiers chimistes, ses cinquante premiers physiologistes, ses cinquante premiers mathématiciens, ses cinquante premiers peintres, ses cinquante premiers sculpteurs, ses cinquante premiers musiciens, ses cinquante premiers littérateurs ;

Ses cinquante premiers mécaniciens, ses cinquante premiers ingénieurs civils et militaires, ses cinquante premiers artilleurs, ses cinquante premiers architectes, ses cinquante premiers médecins, ses cinquante premiers chirurgiens, ses cinquante premiers pharmaciens, ses cinquante premiers marins, ses cinquante premiers horlogers ;

Ses cinquante premiers banquiers, ses deux cents premiers négociants, ses six cents premiers cultivateurs, ses cinquante premiers maîtres de forges, ses cinquante premiers fabricants d'armes, ses cinquante premiers tanneurs, ses cinquante premiers teinturiers, ses cinquante premiers mineurs, ses cinquante premiers fabricants de drap, ses cinquante premiers fabricants de coton, ses cinquante premiers fabricants de soieries, ses cinquante premiers fabricants de toiles, ses cinquante premiers fabricants de quincaillerie, ses cinquante premiers fabricants de faïence et de porcelaine, ses cinquante premiers fabricants de cristaux et de verrerie, ses cinquante premiers armateurs, ses cinquante premières maisons de roulage, ses cinquante premiers imprimeurs, ses cinquante premiers graveurs, ses cinquante premiers orfèvres et autres travailleurs en métaux;

Ses cinquante premiers maçons, ses cinquante premiers charpentiers, ses cinquante premiers menuisiers, ses cinquante premiers maréchaux, ses cinquante premiers serruriers, ses cinquante premiers couteliers, ses cinquante premiers fondeurs, et les cent autres personnes de divers états non désignés les plus capables dans les sciences, dans les beaux-arts et dans les arts et métiers, faisant en tous les trois mille premiers savants, artistes et artisans de France (1).

Comme ces hommes sont les Français les plus essentiellement producteurs, ceux qui donnent les produits les plus importants, ceux qui dirigent les travaux les plus utiles à la nation, et qui la rendent productive dans les sciences, dans les beaux-arts et dans les arts et métiers, ils sont réellement la fleur de la société française; ils sont de

---

(1) On ne désigne ordinairement par artisan que les simples ouvriers. Pour éviter les circonlocutions, nous entendons par cette expression tous ceux qui s'occupent de produits matériels, savoir : les cultivateurs, les fabricants, les banquiers, et tous les commis et ouvriers qu'ils emploient.

tous les Français les plus utiles à leur pays, ceux qui lui procurent le plus de gloire, qui hâtent le plus sa civilisation ainsi que sa prospérité : la nation deviendrait un corps sans âme à l'instant où elle les perdrait ; elle tomberait immédiatement dans un état d'infériorité vis-à-vis des nations dont elle est aujourd'hui la rivale, et elle continuerait à rester subalterne à leur égard tant qu'elle n'aurait pas réparé cette perte, tant qu'il ne lui aurait pas repoussé une tête. Il faudrait à la France au moins une génération entière pour réparer ce malheur ; car les hommes qui se distinguent dans les travaux d'une utilité positive sont de véritables anomalies, et la nature n'est pas prodigue d'anomalies, surtout de cette espèce.

Passons à une autre supposition. Admettons que la France conserve tous les hommes de génie qu'elle possède dans les sciences, dans les beaux-arts et dans les arts et métiers ; mais qu'elle ait le malheur de perdre le même jour, Monsieur le frère du Roi, Monseigneur le duc d'Angoulême, Monseigneur le duc de Berry, Monseigneur le duc d'Orléans, Monseigneur le duc de Bourbon, Madame la duchesse d'Angoulême, Madame la duchesse de Berry, Madame la duchesse d'Orléans, Madame la duchesse de Bourbon et Mademoiselle de Condé ;

Qu'elle perde en même temps tous les grands-officiers de la couronne, tous les ministres d'État avec ou sans département, tous les conseillers d'État, tous les maîtres des requêtes, tous ses maréchaux, tous ses cardinaux, archevêques, évêques, grands-vicaires et chanoines, tous les préfets et sous-préfets, tous les employés dans les ministères, tous les juges, et, en sus de cela, les dix mille propriétaires les plus riches parmi ceux qui vivent noblement.

Cet accident affligerait certainement les Français, parce qu'ils sont bons, parce qu'ils ne sauraient voir avec indifférence la disparition subite d'un aussi grand nombre de leurs compatriotes. Mais cette perte des trente mille individus réputés les plus importants de l'État ne leur causerait de chagrin que sous un rapport purement sentimental; car il n'en résulterait aucun mal politique pour l'État.

D'abord, par la raison qu'il serait très-facile de remplir les places qui seraient devenues vacantes; il existe un grand nombre de Français en état d'exercer les fonctions de frère du Roi aussi bien que Monsieur; beaucoup sont capables d'occuper les places de princes tout aussi convenablement que Monseigneur le duc d'Angoulême, que Monseigneur le duc d'Orléans, que Monseigneur le duc de Bourbon; beaucoup de Françaises seraient aussi bonnes princesses que Madame la duchesse d'Angoulême, que Madame la duchesse de Berry, que Mesdames d'Orléans, de Bourbon, et de Condé.

Les antichambres du château sont pleines de courtisans prêts à occuper les places de grands-officiers de la couronne; l'armée possède une grande quantité de militaires aussi bons capitaines que nos maréchaux actuels. Que de commis valent nos ministres d'état! Que d'administrateurs plus en état de bien gérer les affaires des départements que les préfets et sous-préfets présentement en activité ! Que d'avocats aussi bons jurisconsultes que nos juges ! Que de curés aussi capables que nos cardinaux, que nos archevêques, que nos évêques, que nos grands-vicaires et que nos chanoines ! Quant aux dix mille propriétaires vivant noblement, leurs héritiers n'auraient besoin d'aucun apprentissage pour faire les honneurs de leurs salons aussi bien qu'eux.

La prospérité de la France ne peut avoir lieu que par l'effet et le résultat des progrès des sciences, des beaux-arts et des arts et métiers. Or, les princes, les grands-officiers de la couronne, les évêques, les maréchaux de France, les préfets et les propriétaires oisifs ne travaillent point directement aux progrès des sciences, des beaux-arts et des arts et métiers ; loin d'y contribuer, ils ne peuvent qu'y nuire, puisqu'ils s'efforcent de prolonger la prépondérance exercée jusqu'à ce jour par les théories conjecturales sur les connaissances positives ; ils nuisent nécessairement à la prospérité de la nation, en privant, comme ils le font, les savants, les artistes et les artisans du premier degré de considération qui leur appartient légitimement ; ils y nuisent, puisqu'ils emploient leurs moyens pécuniaires d'une manière qui n'est pas directement utile aux sciences, aux beaux-arts et aux arts et métiers ; ils y nuisent, puisqu'ils prélèvent annuellement, sur les impôts payés par la nation, une somme de trois à quatre cents millions, sous le titre d'appointements, de pensions de gratifications, d'indemnités, etc., pour le paiement de leurs travaux, qui lui sont inutiles.

Ces suppositions mettent en évidence le fait le plus important de la politique actuelle; elles placent à un point de vue d'où l'on découvre ce fait dans toute son étendue et d'un seul coup-d'œil. Elles prouvent clairement, quoique d'une manière indirecte, que l'organisation sociale est peu perfectionnée; que les hommes se laissent encore exploiter par la violence et par la ruse, et que l'espèce humaine, politiquement parlant, est encore plongée dans l'immoralité;

Puisque les savants, les artistes et les artisans, qui sont les seuls hommes dont les travaux soient d'une utilité positive à la société, et qui ne lui coûtent presque rien, sont subalternisés par les princes et par les autres gouvernants, qui ne sont que des routiniers plus ou moins incapables;

Puisque les dispensateurs de la considération et des autres récompenses nationales ne doivent, en général, la prépondérance dont ils jouissent qu'au hasard de la naissance, qu'à la flatterie, qu'à l'intrigue ou à d'autres actions peu estimables;

Puisque ceux qui sont chargés d'administrer les affaires publiques se partagent entr'eux, tous les ans, la moitié de l'impôt, et qu'ils n'emploient pas un tiers des contributions, dont ils ne s'emparent pas personnellement, d'une manière qui soit utile aux administrés;

Ces suppositions font voir que la société actuelle est véritablement le monde renversé;

Puisque la nation a admis pour principe fondamental que les pauvres devaient être généreux à l'égard des riches, et, qu'en conséquence, les moins aisés se privent journellement d'une partie de leur nécessaire, pour augmenter le superflu des gros propriétaires;

Puisque les plus grands coupables, les voleurs généraux, ceux qui pressurent la totalité des citoyens et qui leur enlèvent trois à quatre cents millions par an, se trouvent chargés de faire punir les petits délits contre la société;

Puisque l'ignorance, la superstition, la paresse et le goût des plaisirs dispendieux forment l'apanage des chefs de la société, et que les gens capables, économes et laborieux ne sont employés qu'en subalternes et comme instruments;

Puisque, en un mot, dans tous les genres d'occupation, ce sont des hommes incapables qui se trouvent chargés du soin de diriger les gens capables; que ce sont, sous le rapport de la moralité, les hommes immoraux qui sont appelés à former les citoyens à la vertu, et que, sous le rapport de la justice distributive, les grands coupables sont préposés pour punir les fautes des petits délinquants.

Nota. Nous n'avons pas besoin d'ajouter que nous n'avons reproduit ici cette pièce, qui n'a point été lue à la leçon publique, que comme un objet de curiosité, pour faire mieux ressortir l'utilité des professions utiles et donner en même temps une idée de la manière de penser et d'écrire, d'un homme bien peu connu quoiqu'on en ait beaucoup parlé.

NEUVIÈME LEÇON.

Séance du 26 décembre 1837.

DE LA MONNAIE.

SOMMAIRE : Définition du NUMÉRAIRE et de la MONNAIE ; Fonctions qu'ils remplissent.—Des MÉTAUX PRÉCIEUX; ils ne servent pas seulement d'intermédiaires dans les échanges, et sont aussi des marchandises dont le prix se forme en raison de la quantité offerte, et des besoins.—Les altérations des monnaies les déprécient parcequ'elles diminuent la quantité de métal précieux ; on a été conduit à les commettre par l'idée que l'or et l'argent n'étaient point des marchandises; c'est par la même raison qu'on a défendu à certaines époques l'exportation du numéraire. — Rapport de l'or à l'argent en différents pays.

Des MONNAIES. Avantages des pièces revêtues d'une empreinte qui en constate le titre et le poids, sur les lingots.— Effets désastreux des falsifications des monnaies en France. — Abus du papier-monnaie converti en monnaie de papier en France et en Angleterre. — Du BILLON au Brésil, en France et en Sardaigne ; facilités qu'il offre aux contrefacteurs.

De la FABRICATION DE MONNAIES en Angleterre, en France et en Russie. — Détails sur le système monétaire de la France.

DE L'ALTÉRATION DES MONNAIES D'OR EN BELGIQUE.—Résultats qu'elle doit produire.

MESSIEURS,

Nous avons examiné jusqu'ici les causes morales de la misère des nations, il nous reste à en étudier les causes matérielles. Parmi celles-ci on place le défaut d'argent, le manque de capitaux, la disette de métaux précieux, de monnaie : nous avons vu ce qui avait rapport aux capitaux; il nous reste à étudier ce qui a rapport à la monnaie.

Le numéraire ne servant ni à la nourriture de l'homme, ni à son entretien, ni à rien de ce qu'il consomme pour son usage, il faut chercher ailleurs la raison de l'importance qu'on lui accorde et de l'intérêt qu'on attache à en posséder la plus grande quantité possible. Nous trouvons bien, dans l'histoire, que quelques peuples ont vécu heureux, et ont atteint un certain degré de puissance sans lui; mais ces exemples, sont excessivement rares, tandis que le nombre des pays où l'on remarque l'emploi des monnaies est incalculable; on en retrouve des traces partout et à toutes les époques. Ceux mêmes qui, comme les Lacédemoniens, proscrivent les métaux précieux et les accusent de corruption, reconnaissent cependant l'utilité, la nécessité de la monnaie, seulement ils en bornent l'emploi aux petites transactions, aux usages journaliers; et ils l'établissent en lingots de fer d'un grand poids, afin que leur incommodité prévienne le désir de l'accumulation.

La monnaie est cette marchandise intermédiaire qui facilite la production et la circulation de toutes les autres; c'est là son caractère spécial, celui qu'elle possède seule et qui la distingue des autres marchandises. S'il pouvait exister un pays civilisé et industriel d'une certaine étendue, et comptant une population nombreuse, où il n'y eût pas de monnaie, il arriverait fréquemment, dans ce pays, où, par suite de la division du travail, chaque citoyen ne ferait qu'une seule chose, n'exercerait qu'une seule des professions, dont les produits sont nécessaires à l'homme; il arriverait, dis-je, que le bottier, par exemple, qui aurait passé tout son temps à confectionner des chaussures, ne pourrait fournir sa maison de pain et de viande si le boucher et le boulanger n'avaient pas besoin de bottes ou de souliers juste au moment où il a, lui, besoin de pain.

Cette position serait la même pour tous les producteurs; que ferait un cultivateur, par exemple, avec dix sacs de grains? Comme il ne pourra les vendre au marchand de draps, au marchand de toile, sera-t-il obligé de se passer d'habits et de chemises? ou devra-t-il fractionner son grain en autant de portions représentant la valeur des différents objets dont il a un besoin journalier ou occasionel? Cela ne se peut pour mille raisons, que vous sentez trop bien pour qu'il soit nécessaire que j'en fasse l'énumération.

Le propre de la monnaie est justement d'intervenir dans toutes ces opérations, de faciliter tous les échanges. Quand le fermier veut vendre sa récolte, il s'adresse à un farinier, à un négociant, qui la lui achètent et la paient, non pas en farine, ou en drap, ou en fer, ou en tout autre produit spécial; mais en une marchandise, l'argent, à laquelle tout le monde est convenu de reconnaître une valeur dont nous allons voir le fondement tout à l'heure, et que tout le monde accepte en échange du produit de son travil. Armé de cette monnaie, qui se divise à l'infini, le fermier peut acheter, à son tour, tout ce dont il a besoin, habillements, livres, instruments, outils, vivres, car souvent il n'en récolte pas de toutes sortes. Il en est de même pour le tailleur, le bottier, le boucher, le boulanger, etc.

On a été conduit à choisir les métaux précieux, l'or et l'argent, pour fabriquer les monnaies, par plusieurs raisons. Ils ont la propriété d'être inoxidables, de ne pas s'user par le *Frai* (ou frottement), ou du moins de ne s'user que fort peu, d'être divisibles à l'infini (1); enfin, à fort peu d'exception près, ils ne servent pas à d'autre usage; les ornements d'église qui en employaient autrefois d'énormes quantités, n'en consomment plus que fort peu aujourd'hui. Quant à leur qualité de marchandises, qu'un grand nombre d'écrivains, et à leur suite, des peuples et des gouvernements ont prétendu leur dénier, personne aujourd'hui n'oserait plus la leur refuser.

L'or et l'argent sont des marchandises aussi bien que le fer, le cuivre, la houille, qui, comme eux, sont tirés du sein de la terre. La valeur qu'on leur reconnait représente celles qui ont été dépensées,

---

(1) Suivant M. Pelouze fils, essayeur à la monnaie de Paris, l'argent est susceptible d'être réduit en feuilles si minces, que 3000 de celles-ci, superposées les unes aux autres, ne composent pas ensemble plus d'une ligne d'épaisseur : les fils qu'on peut en étirer offrent une telle ténuité qu'il suffirait d'environ 16 kilog. de ce métal pour se procurer un fil continu, capable d'entourer le globe terrestre. Un fil d'argent d'un millimètre de diamètre peut supporter sans se rompre un poids de plus de 25 kilog.

Note du R. — Ad : B. (des V.)

c'est-à-dire, consommées, détruites, pour les obtenir; n'a-t-il pas fallu, en effet, avancer des capitaux presque toujours considérables pour faire exécuter les fouilles? employer et payer de nombreux ouvriers, recourir à l'emploi de machines dispendieuses pour les épuisements, les extractions? N'a-t-il pas fallu encore classer le minerai, le laver, le griller, etc.? Combien de manœuvres, d'ingénieurs, de chimistes, de mécaniciens, de voituriers, ont concouru, pour leur part, aux nombreux et difficiles travaux de l'exploitation des mines? Ce sont tous ces services, employés et détruits, toutes ces avances qu'il a fallu faire, qui constituent le prix des métaux précieux, soumis, au reste, comme toutes les autres marchandises, aux fluctuations qui résultent de l'abondance ou de la rareté.

L'or et l'argent étaient chers, c'est-à-dire qu'avec une petite quantité de ces métaux on obtenait beaucoup de choses, lorsque l'exploitation des mines, encore mal dirigée, n'en faisait venir que de faibles parties dans la circulation; ils renchérissaient encore lorsque des lois, comme celles relatives aux Juifs et aux Lombards, attachaient quelques périls à leur propriété. Ces martyrs du négoce et de la banque étaient à la fois persécutés pour avoir des métaux précieux, et persécutés encore pour n'en pas avoir. Ceux-ci diminuèrent considérablement lors de la découverte du nouveau monde, qui jeta sur le marché européen le produit considérable des mines du Pérou. Ils diminuèrent encore, et ceci est une nouvelle preuve qu'ils sont réellement des marchandises et non pas seulement des signes, comme on l'a prétendu, chaque fois que, par une erreur déplorable et trop de fois renouvelée, on en altéra le titre. Lorsqu'au lieu de 9 parties d'argent fin et une partie d'alliage sur 10, on mit 2, 3, 4 ou 5 parties d'alliage, et 8, 7, 6 ou 5 parties d'argent, on eut beau appeler les monnaies, ainsi altérées, du même nom que lorsqu'elles étaient à neuf dixièmes de fin, le public ne voulut plus les recevoir que pour ce qu'elles contenaient réellement d'argent, et chacun exigea un plus grand nombre de pièces qu'auparavant en échange des mêmes objets. Malgré cette diminution réelle, les gouvernements ne convinrent pas de leur faute, et la répétèrent constamment; ils en commirent encore une autre, ce fut de considérer l'or et l'argent comme la richesse même, tandis que ces métaux ne sont que des intermédiaires, des instruments de commerce, et qu'ils n'ont pas même une utilité matérielle aussi grande que d'autres métaux, le fer, par exemple, avec lequel on peut faire des outils, tandis qu'ils sont impropres à cet usage. Partant de cette idée fausse, on défendit long-temps l'exportation de l'or et de l'argent hors du royaume, sous des peines d'une sévérité draconienne, celle de LA MORT entre autres; et on ne vit pas qu'en leur qualité de marchandise, qualité qu'on leur déniait à la vérité, ils pouvaient être expédiés hors du royaume, en paiement d'achats faits à l'étranger, avec plus d'avantage pour l'exporteur comme pour le destinataire, que toute autre marchandise : cas qui se présenta toutes les fois que le change fut avantageux, ou que les produits du pays qui exportait son or, étaient inférieurs, soit par la qualité, soit par le prix, à ceux du pays dans lequel on l'envoyait.

L'utilité réelle des métaux précieux consiste, ainsi que je l'ai démontré plus haut, à servir et à faciliter les échanges du commerce auxquels ils sont presqu'aussi nécessaires que les routes, et c'est même chose remarquable que d'observer comme ces deux grands agents du négoce se sont, à toutes les époques, perfectionnés simultanément. Lorsqu'il n'y a pas de monnaie et que les échanges ont lieu en nature, produits contre produits, il n'y a pas non plus de routes ni de chemin, les transports se font à dos de mulets ou de chameaux; avec les progrès de la civilisation, lorsque les hommes se groupent en société et forment des villes, ils établissent des routes afin de communiquer entre eux, et ils adoptent une monnaie pour faciliter leurs échanges. Le commerce, une fois organisé, a recherché tous les moyens de faciliter ses opérations, et il en est arrivé à ce point, aujourd'hui, de trouver les routes ordinaires trop lentes, même lorsqu'il les parcourt au galop des chevaux, et la monnaie, embarassante pour solder ses achats ou recevoir le montant de ses ventes et c'est pour gagner du temps, ce précieux capital, comme disent les Anglais : *Time's is monney*, qu'ont éte inventés les billets de banque d'une part et les chemins de fer de l'autre. Nous nous occuperons plus tard de ces perfectionnements de la monnaie, des banques et du crédit; continuons, ce soir, nos recherches sur le numéraire métallique, et terminons d'abord, par quelques chiffres, ce qui a rapport aux métaux proprement dits. Je vous citerai, comme confirmant ce que je vous disais tout à l'heure, relativement au caractère de *marchandise* qu'on ne peut dénier à l'or et à l'argent, la variation des rapports entre ces deux métaux par suite de l'abondance ou de la rareté de l'un d'eux. L'argent étant pris comme étalon, nous voyons :

Qu'en Europe le rapport est, tantôt		::	14	:	1
	et tantôt	::	14,5	:	1
qu'à la Chine	d° il est	::	13,5	:	1
au Japon	d°	::	9	:	1

Un savant étranger, M. de Humboldt, nous fournit encore d'autres renseignements. Suivant lui, l'or serait 45 fois plus rare que l'argent ; ce chiffre infirmerait ceux que je viens de vous citer, si je ne plaçais, à côté de cette énorme différence, 9 et 14 à 45, une explication fort simple et très catégorique. Réellement 45 fois plus abondant que l'or, l'argent a cependant une valeur triple de celle que ce rapport semble lui assigner, parce que son utilité industrielle, beaucoup plus grande que celle de l'or, le fait rechercher pour une foule d'emplois ; or la demande est, vous le savez, l'un des éléments qui concourent à former le prix et à assigner une valeur aux choses. M. Jacob a estimé (*On precious metal*) la quantité d'argent absorbée par l'argenterie en Angleterre à 150 millions de francs.

Si, des métaux qui forment la matière première

des monnaies, nous passons aux monnaies elles-mêmes, nous verrons, en premier lieu, que celles dont on fait usage depuis un temps déjà reculé, sont tout simplement une certaine quantité, un certain poids d'or ou d'argent, convenablement mélangé, et dans des proportions déterminée d'une manière rigoureuse avec un autre métal, le cuivre. Cet alliage est divisé par coupures, qui reçoivent, au moyen d'un balancier, une empreinte qui en indique la valeur et l'origine. Sans cette précaution les monnaies n'eussent pas rendu les services que l'on attendait d'elles : on comprend, en effet, quelle incertitude, quels embarras seraient nés de l'absence de garantie et de l'ignorance du poids des coupures. Qui voudrait commercer avec des lingots dont chacun serait libre de diminuer le poids et d'altérer le titre, c'est-à-dire d'augmenter la proportion de métal inférieur? Que de temps perdu pour les vérifications de poids, et que de difficultés, d'impossibilités même pour celle du titre. L'empreinte indique donc l'origine, c'est-à-dire le pays où les monnaies ont été frappées, et c'est pour plus de sécurité qu'on a confié le monopole de cette opération aux gouvernements, afin qu'il y eût plus d'unité, et qu'il n'y eût qu'une seule espèce de monnaie et et d'empreinte dans un pays.

L'histoire nous apprend combien de fois cette sécurité a été troublée par les fraudes que l'autorité ne s'est pas fait faute de commettre, chaque fois qu'elle a cru y trouver son intérêt du moment. Les monnaies françaises, si pures aujourd'hui, et dans lesquelles la quantité de cuivre forme si exactement la 10e partie du poids de l'or ou de l'argent, étaient autrefois, et même sous Louis XIV et Louis XV, dans un état de falsification constante; la collection des capitulaires, lois, édits et ordonnances du royaume ne contiennent pas moins de 760 pièces relatives à des altérations de monnaies. C'est surtout après la découverte du nouveau monde et l'exploitation de ses mines que ce genre de méfaits se multiplia en Europe. « Ceux qui n'avaient pas de mines s'imaginèrent qu'ils en trouveraient l'équivalent dans la réduction du poids et du titre de leurs écus, et la fausse monnaie devint, pour les gouvernements, une arme à deux tranchants, dont ils se blessaient eux-mêmes en essayant de s'en servir contre leurs ennemis.

Ainsi firent les Hollandais, dans leur révolution contre l'Espagne, et les Français, au XVIIe siècle, dans leur guerre contre les Espagnols. Venise et Florence même, ces républiques opulentes, ne se refusèrent pas ce supplément ignoble de revenu (1). » Le mal avait jeté partout de profondes racines, et l'Europe n'était pas seulement inondée de mauvaises monnaies, mais encore d'un nombre considérable de livres sur la monnaie; les uns écrits au nom du public pour signaler les inconvénients des altérations, les autres par le gouvernement ou ses amis, pour défendre les refontes. Les plus grandes erreurs et les vérités les plus incontestables sont accumulées dans ces livres, qui n'ont

(1) Histoire de l'Économie politique I, p. 383.

plus, aujourd'hui que tout le monde est à-peu-près convaincu des avantages de la probité, en fait de monnaies, qu'un intérêt de curiosité. Jamais, à aucune époque, les altérations ne furent plus scandaleuses qu'en France, sous le règne de Philippe de Valois, que l'on pourrait, avec raison, appeler le roi faux monnayeur. Tous les contrats, les marchés furent en quelque sorte anéantis; quiconque avait vendu, au temps de la *bonne monnaie*, était payé avec la faible, parce que les ordonnances voulaient que les paiements eussent lieu dans la *monnaie courante*. Ces fraudes officielles, répétées, comme à l'envie, par presque tous nos rois, et qui firent descendre à 50 francs la valeur de la livre d'argent, qui était à 80, sous Charlemagne, eurent les conséquences les plus graves; on vit, après chaque ordonnance, des magasins se fermer, et les commerçants quitter le royaume et aller, avec les principaux artisans, porter leurs capitaux et leurs talents dans des pays où la propriété était mieux respectée.

Rendus presque toujours pour venir au secours des finances obérées, les édits de falsification allaient directement contre le but que leurs auteurs s'étaient proposé; les monnaies réduites étaient bientôt dépréciées, et le prix des choses que le gouvernement avait besoin d'acheter pour l'entretien des troupes augmentait, ainsi que toutes les dépenses dont il était chargé, en proportion des altérations commises. D'un autre côté encore, les impôts étant payés en monnaie affaiblie, les ressources étaient rendues insuffisantes, et on était obligé d'augmenter encore les taxes, déjà trop lourdes.

On ne peut, aujourd'hui, se faire une idée exacte de tous les désastres dont ce détestable système fut la cause, de toutes les catastrophes qu'il traîna à sa suite; système aussi funeste au pays qu'une guerre malheureuse, et qui donna naissance à toutes les fausses assertions que nos pères s'étaient faites sur le véritable rôle que les métaux précieux jouent dans la circulation : c'est lui qui a donné naissance à ces lois, non moins ridicules que funestes, sur l'exportation de l'or, dont l'interdiction, *sous peine de mort*, privait le pays des bénéfices qu'il eût retirés de tous les échanges avec l'étranger, échanges qui n'avaient pas lieu parce qu'ils ne pouvaient se solder avec la seule marchandise disponible.

Quoiqu'à toutes les époques où les monnaies furent altérées on eût immédiatement observé un renchérissement équivalent dans le prix des marchandises et des denrées, jamais on ne fut arrêté par la crainte de déterminer une pareille crise; c'est surtout dans la question des monnaies qu'il est vrai de dire que le passé n'a pas eu d'enseignement pour les générations suivantes. L'excès des émissions d'assignats sur la valeur des propriétés nationales, fut une véritable altération de monnaies commise par la révolution : le papier remplissait alors toutes les fonctions de la monnaie; il fut déprécié par sa trop grande abondance, qui divisait en parcelles microscopiques les propriétés, qui formaient le gage que représentait le papier; comme sous Louis XIV et les rois ses prédécesseurs, il fallut décréter que la monnaie, de métal à une époque et de papier à l'autre, aurait un cours obligatoire et forcé. Dans le même temps, l'Angleterre se vit réduite à la même extrémité; elle aussi abusa de la propriété que les billets de crédit ont de pouvoir servir aux échanges comme les métaux précieux, et elle dépassa les limites d'une sage émission, en faisant servir les billets de la banque de Londres à solder des troupes et des employés, au lieu de ne les employer qu'à des opérations de commerce. Ces billets, à peine sortis des presses de la Banque, vinrent se représenter en masse au remboursement, ce qui rendit la réserve du tiers en espèces insuffisante; et comme le gouvernement, auquel ces avances étaient faites pour susciter et soutenir la guerre contre nous, abusait de sa position pour forcer les émissions, la Banque se vit bientôt dans l'impossibilité de rembourser tous ses billets. Le ministre Pitt, qui avait entraîné le directeur de la Banque dans cette fausse opération, promit alors et obtint du parlement un bill qui autorisait la Banque d'Angleterre à suspendre les paiements en espèce. Il en résulta immédiatement une dépréciation du papier, qui toutefois n'alla pas trop loin, parce que l'on se hâta d'arrêter les émissions; mais il en arriva toujours que le prix de toutes les choses augmenta, que les propriétaires, qui payaient tout plus cher, exigèrent de leurs fermiers des baux plus élevés parce qu'ils vendaient leurs denrées à un prix nominalement plus fort. De leur côté, tous les salariés du gouvernement, les employés, les magistrats, la marine, l'armée, les grands seigneurs pensionnés, demandèrent une augmentation de leurs traitements, soldes et pensions, proportionnelle à l'accroissement de leurs dépenses personnelles occasionnées par la dépréciation des billets qui circulaient presque seuls dans le public. Après un certain temps de malaise causé par ce désordre financier, les choses reprirent leur cours accoutumé; les rapports se rétablirent comme par le passé, chacun stipuiant une élévation du prix de ses produits correspondant à la baisse du papier; il en fut ainsi jusqu'en 1818, lorsque la paix, dont nous payâmes si cher le retour, leva la plus forte partie des charges que la guerre avait fait peser si long-temps sur l'Angleterre; ce pays voulut alors rentrer dans les conditions d'une circulation libre et d'un système monétaire complet et régulier, et sur la proposition qui en fut faite par sir R. Peel, le cours des billets de banque cessa d'être forcé, et la Banque reprit les paiements en espèce. La révolution causée par ce retour au droit commun, fit en quelque sorte plus de mal que la mesure qui en avait fait sortir. Les employés, les soldats, les marins, les juges, les lords et les propriétaires, y gagnèrent de conserver leur augmentation de revenus; le trésor et les fermiers y perdirent toute la différence entre le papier et les métaux. Tous les baux consentis, les marchés passés, à l'époque de la dépréciation, restèrent au même taux lors du rétablissement de l'équilibre; ceux qui devaient les payer supportèrent seuls la perte.

Si, quittant l'Europe, nous voulions continuer nos recherches historiques sur les principales révolutions monétaires du monde, nous verrions le pays de l'or, le Brésil, épuisé lui-même par l'avidité de ses dominateurs, manquer à son tour de ce précieux métal, et, contraint de le suppléer non, comme en France et en Angleterre, par les effets de crédit, mais par de la monnaie de convention, du billon, qui altéra son crédit comme une falsification de monnaie, puisque l'alliage dont se compose le billon n'est guère à l'argent que : : 1 : 80, et fait baisser considérablement les changes pour ce pays, parce qu'au lieu d'y être payé en bonne monnaie, on est exposé à ne recevoir, en billon, qu'une partie de la valeur réelle des traites dont on est porteur. La France aussi avait, à l'époque de sa révolution, recourru à cette ressource extrême du billon, et avait inondé la circulation de cette déplorable monnaie, si facile à contrefaire ; ce dont les faux-monnayeurs anglais ne se firent pas faute, semblables en cela, à ceux qui, quelques années auparavant, avaient triplé la masse de billon, émise par un r. de Sardaigne, fraude dont on s'aperçut lorsqu'un prince de ce pays, voulant, en 1787, faire disparaitre cette monnaie, il se présenta au remboursement trois fois plus de billon qu'il n'en avait été frappé par le gouvernement.

Nous trouvant ainsi ramenés à la question de fabrication des monnaies, je vous en dirai quelques mots, et terminerai par l'examen du projet que le gouvernement belge a formé de bouleverser son système monétaire, projet dont je vous ai précédemment entretenu.

Dans certains pays, comme en Angleterre et en Russie, le public ne paie pas les frais de fabrication des monnaies, qui retombent à la charge du Trésor. Ceux qui déposent leurs lingots ont seulement à supporter une perte d'intérêt pour tout le temps que dure ce dépôt.

En France, les frais de fabrication des monnaies sont payés par les propriétaires de lingots qui veulent les transformer en pièces ayant cours ; ils s'élèvent aux 0750 dix millièmes des sommes versées, c'est-à-dire qu'une pièce de 5 francs pesant 22,500 millig. ne vaut que 4 francs 9250 dix millièmes, que le cuivre pour alliage pesant 2,500 millig. est compté pour rien, et que les frais représentent les 0750 dix millièmes restant.

Les inconvénients et les embarras qui ont constamment accompagné les altérations ont, depuis un certain tems déjà, fait sentir les avantages de la loyauté dans cette partie des affaires comme dans toutes les autres. C'est à l'observation constante de cette règle, que certains états ont dû de voir leurs monnaies préférées par le commerce et recherchées sur toutes les places. Les ducats de Hollande, les sequins de Venise, et les piastres d'Espagne d'une certaine création, dûrent cet avantage à leur grande pureté. Tout le monde aujourd'hui devrait être convaincu qu'il n'y a pas de réputation et de sécurité commerciale hors de cette voie, aussi sommes-nous étonnés de voir un gouvernement aussi éclairé que celui de la Belgique, retomber au 19e siècle dans les erreurs et les fautes du moyen âge et de la renaissance.

Frappés de ce fait, que l'or au lieu de rester dans la circulation et d'y remplir concurremment avec l'argent les fonctions de monnaie, était demeuré, malgré l'empreinte dont il était frappé, une marchandise qui se trouvait seulement dans la boutique des changeurs, qui le vendaient, en raison de la faveur dont ils jouissaient auprès d'une certaine classe de consommateurs tels que les voyageurs, les militaires, etc, 10, 12 et même 15 francs de plus que sa valeur officielle; les ministres belges ont pensé que cette prime, à laquelle le commerce a donné le nom d'*agio*, faisait partie de la valeur intrinsèque de l'or, et qu'il n'y avait aucun inconvénient à fabriquer de nouvelles pièces qui ne contiendraient réellement qu'une quantité d'or équivalente à ce que le public consentait à donner d'argent en échange, c'est-à-dire diminuées dans le fait de 10, 12 ou 15 francs par mille. Quelques chiffres feront mieux comprendre le projet en question.

En Belgique comme en France on taille dans un kilogramme d'or, 155 pièces de 20 francs pesant chacune . . . . 6 gr. 452 m.
en y ajoutant un quart pour former la pièce de 25 francs qu'on veut frapper en Belgique on aura. . . . . . . 1 gr. 613 m.
soit, pour la pièce de 25 francs. . . 8 gr. 065 m.
Mais aux termes de la nouvelle loi les pièces ne péseraient que. . . . . . 7 gr. 960 m.
c'est-à-dire seraient réduites de. . 0 gr. 105 m.
qui = 0 fr. 325 m. par pièce, ou 1 fr. 30 par 100, ou 13 fr. par 1,000.

Dans l'état actuel l'or en lingot valant 3,485 fr. 72 cent. le kilog., et le kilog. d'or monnayé étant mis dans la circulation belge au prix inférieur de 3,444 fr., 44 cent., il résulte une perte de 41 fr. 28 cent. par kilog. d'or. C'est pour couvrir cette perte que l'on propose la diminution de poids dont nous venons de parler, et qui, ainsi que nous l'avons vu est = à 1 fr. 30 cent. par 100, ou 44 fr. 777 m. pour un k. au prix légal de 3,444 f. 44 c. le kilog.

Sans insister sur l'inconvénient qui résulte de briser le système décimal français qui était adopté en Belgique. (1) par la fabrication des pièces de 10, 25, 50 et 100 francs, dont les unes, les dernières, seront soustraites de la circulation pour être enfouies par les thésauriseurs, et les autres

---

(1) Voici quelques détails curieux sur l'unité monétaire française et ses rapports avec le système métrique dont il dérive.

Dénomination des pièces.	Poids.	Titre.	Diamètre.	
5 francs.	25,000 Gr.	900 m.	37 millim.	ou 16,401 lig.
2 —	10,000	900 —	27 —	11,968 —
1 —	5,000	900 —	23 —	10,196 —
1/2 —	2,500	900 —	18 —	7,979 —
1/4 —	1,250	900 —	15 —	6,649 —
10 centimes.	2,000	200 —	19 —	8,423 —

Il faut 40 pièces de 5 francs pour faire un kilog.

100 —	2 —	—	dº —
200 —	1 —	—	dº —
400 —	1/2 —	—	dº —
800 —	1/4 —	—	dº —
800 —	10 cent.	—	dº —

Il suffit donc d'avoir une pièce de 5 francs pour pouvoir établir, non seulement le *kilog.*, mais encore le *litre* et le mètre, puisque cette pièce pèse 25 grammes et que 40 font 1000 grammes ou 1 kilog., ce qui est juste le poids d'un litre d'eau distillée. Cette même pièce ayant 37 millim. de diamètre, il en faudrait 27 ajoutées limbe contre limbe, pour donner 999 millim. ou un *mètre* à un millimètre près.

(Pelouze fils, *Dictre du commerce*). Note du Réd.

ne pourront faire la moitié des paiements qui se présentent à chaque instant, tels que ceux de sommes de 20, 30, 40, 70, 80, 90 francs, etc.; je ne puis que déplorer l'erreur du gouvernement belge qui va par son projet, mettre des entraves aux relations de commerce de ce pays avec tous les autres peuples. Qu'un négociant belge vienne en Bourgogne acheter une partie de vins, et après le prix convenu, le propriétaire français stipulera une augmentation de 13 p. cent en cas de paiement en or affaibli; il en sera de même partout ailleurs; la défiance, l'incertitude du mode de paiement rendront les transactions plus difficiles et feront élever les prix.

De toutes les manières, ce projet est mauvais, il nuit au commerce et ne peut, malgré ses auteurs, empêcher l'or d'être recherché avec une faveur, c'est-à-dire un *agio* variable, suivant certaines circonstances; de telle sorte que le rapport rétabli aujourd'hui par une nouvelle fabrication de pièces d'or serait rompu demain et toujours ainsi. Cette seule considération devrait suffire pour faire rejeter cette malencontreuse proposition.

Ad. B (des V).

DIXIÈME LEÇON.

6 janvier 1838.

MONNAIE.—CRÉDIT.—BANQUES.

SOMMAIRE : Lettre de M. Ch. de Brouckère directeur de la monnaie en Belgique à M. le professeur Blanqui.
Système de Sismondi sur la monnaie opposé à celui de Ricardo. — Milie à garder.
La circulation du papier à fait augmenter les salaires et le prix de toutes choses. — Les rentiers et les employés publics sont devenus plus pauvres.—Facilité apportée dans les transactions commerciales.—*Clearing-house* à Londres.
Organisation d'une banque de circulation. — Proportion dans laquelle doit se trouver son capital et l'émission de ses billets. — Banque de France, services qu'une banque peut rendre. — Comment la banque de France ne les rend pas. — Inconvéniens d'une émission trop forte ; de petits billets. — Folie des banques américaines. — Résumé.

MESSIEURS,

Avant d'aborder le sujet qui doit nous occuper ce soir, je dirai à la personne qui m'a fait l'honneur de m'écrire depuis la dernière séance, que je ne pourrais vraiment pas la satisfaire sur la demande qu'elle m'a faite, à propos de la prostitution. C'est là une diabolique question; et tout le mal que je pourrais me donner ne suffirait pas pour vous présenter, en termes convenables, des détails graveleux. D'ailleurs, cette question n'a été agitée par moi qu'en passant, et je ferais aujourd'hui un véritable hors-d'œuvre, si je la traitais devant vous. Elle se représentera cependant; mais j'avoue humblement que je ne me sens pas le talent de l'approfondir convenablement en public.

Nous nous sommes séparés après avoir parlé de la monnaie; mais avant de reprendre mon sujet, je dois vous entretenir d'un incident qui s'y rattache. Vous vous rappelez que dans ma dernière leçon, du 25 décembre dernier, en vous expliquant les bases d'un nouveau système monétaire en Belgique, je vous ai dit que le gouvernement de ce pays, oubliant les principes de la science, se croyait libre d'altérer le titre des monnaies et de changer la valeur des pièces d'or. Les quelques mots de généralité que j'ai prononcés devant vous ont attiré l'attention du gouvernement belge et de quelques organes de l'opinion. J'ai reçu des lettres et des articles de journaux, qui m'ont mis au courant de la discussion que j'ai soulevée et dont je vous entretiendrai au moins pour tout ce qui aura rapport à la science. J'ai dit que le gouvernement belge voulait altérer le titre des monnaies et profiter de l'agio qu'il y a aujourd'hui entre la valeur de l'or et celle de l'argent. Le *Commerce belge* a signalé cette opinion, qu'il a trouvée dans *l'Europe industrielle*, qui reproduit mon cours avec toute l'exactitude désirable; et, sur ce, M. Ch. de Brouckère, directeur de la banque et de la monnaie, écrivit au *Commerce belge* la lettre que je vais vous lire, qui avait reproduit textuellement le passage du journal français, et qui, après quelques phrases bienveillantes pour moi, ajoutait qu'il partageait entièrement mon opinion et concluait contre le projet de fabrication des nouvelles pièces d'or. Voici la lettre de M. de Brouckère, en réponse à l'article du *Commerce belge*, du 30 décembre 1837.

« Votre journal du 30 décembre dernier rapporte un fragment de leçon de M. Blanqui aîné, relatif au projet de loi présenté aux chambres par le ministre des finances, pour la fabrication de la monnaie d'or; ce fragment, vous le faites précéder de considérations qui ne tendent à rien moins qu'à imposer l'opinion du professeur du Conservatoire des Arts-et-Métiers sans examen, à lui donner force d'un arrêt souverain.

« Étranger depuis long-temps aux débats de la presse et de la tribune, je ne me serais pas ému à la lecture de votre article sur la fabrication de la monnaie d'or, si je n'avais pas été membre de la commission consultée par le ministre, ou si M. Blanqui n'avait pas fait parler le directeur de la monnaie de Bruxelles.

« Cette double circonstance impose au professeur, dont les paroles ne sortent pas habituellement de l'Université de Bruxelles, l'obligation de déclarer d'abord, que le directeur n'a jamais fait aucune représentation au gouvernement, et surtout d'établir que l'opinion qu'il a émise dans la commission est conforme aux doctrines de l'économie politique.

« Veuillez, Monsieur, insérer ma lettre et la réfutation qui la suit dans un prochain numéro de votre journal.

« Je vous demande pardon de devoir être long pour réfuter une condamnation si brièvement exprimée, et vous prie de recevoir, etc.

« CH. DE BROUCKÈRE. »

Après avoir reproduit cette lettre, le *Commerce belge* ajoute :

« L'abondance des matières nous met dans la nécessité d'ajourner la publication de la réfutation de M. de Brouckère ; nous donnons sa lettre aujourd'hui pour faire prendre date à l'intéressante polémique qui ne peut manquer de s'engager entre le professeur d'Économie industrielle de Paris et le professeur d'Économie politique de l'Université libre de Bruxelles, sur une des questions les plus importantes de la richesse des nations. »

Comme M. de Brouckère est un administrateur haut placé, je répondrai, mais une seule fois ; car je vous déclare que je n'ai pas l'intention d'entamer une discussion à vos dépens, pour une question incidente, que je considérais comme un simple argument ajouté à plusieurs autres, pour confirmer les principes que j'avais posés en matière de fabrication de monnaie. Je répondrai lorsque le journal belge aura inséré la réfutation de M. de Brouckère. Les renseignements sur lesquels j'ai dû asseoir mon opinion sont authentiques, et j'ai dû croire, comme je crois encore, à leur exactitude. Toutefois, si les arguments présentés par un homme aussi honorable et aussi distingué que M. de Brouckère me paraissent meilleurs que ceux dont je me suis servi pour l'attaquer, j'en conviendrai avec franchise.

Je reviens à mon sujet.

La monnaie est comme toutes les autres marchandises, avons-nous dit, chère, quand elle est rare; à bon marché, quand elle est abondante; elle n'en diffère qu'en ce qu'elle ne s'use pas. Quand 20 francs sont dépensés, le dissipateur ne les a plus, il est vrai; mais la pièce n'en existe pas moins; elle n'a fait que changer de mains : cette pièce n'a point été consommée; comme une poignée de poudre, par exemple, qui s'en va en fumée sans laisser aucune trace. C'est ce caractère singulier qui a frappé les gouvernements et qui les a portés à en prohiber l'exportation par tous les moyens possibles. De là, ces lois prohibitives, ces traites de commerce, dont j'ai souvent déploré avec vous la triste influence. Comme cela arrive presque toujours pour les questions d'une solution compliquée, des systèmes différents et presque tous absolus ont voulu prouver, les uns l'indispensabilité d'un numéraire abondant, les autres son inutilité complète, et des hommes du plus grand mérite se sont trouvés aux points extrêmes. Les uns, comme M. de Sismondi, se sont écriés : Hors des métaux précieux point de salut; les autres ont dit, avec l'économiste anglais Ricardo : Sans crédit et sans monnaie de papiers, pas de commerce, pas d'industrie, et partant, pas de richesse et aussi pas de salut. M. de Sismondi a partagé, autant qu'un homme comme lui pouvait le faire, les opinions et les erreurs de l'école de Charles-Quint; il a déclaré une guerre à mort au crédit, s'efforçant à montrer les partisans de ce système entrainés sur un plan incliné, au bout duquel se trouve un précipice sans fond. C'est dans cet esprit qu'il a publié ses deux derniers volumes d'études. Ricardo, de son côté, a voulu prouver que la monnaie n'est bonne à rien, et que la seule et véritable monnaie, la monnaie perfectionnée, c'est le papier.

Entre ces deux systèmes si opposés et tous deux si absolus, il y a sans doute place pour une opinion raisonnable. Des deux côtés, il y a beaucoup de vrai; des deux côtés, il y a beaucoup de faux. Un pays sans crédit, sans banque, sans papier, c'est l'Espagne, dont la pauvreté est devenue proverbiale; un autre pays, où le crédit est assis sur les plus larges bases, où les banqueroutes sont en très-grand nombre, où les plus petits achats se soldent avec de la monnaie de papier, c'est l'Amérique du Nord, qui s'est trouvée à deux doigts de sa perte; car ses énormes richesses n'ont pu prévenir la crise, parce qu'elles étaient presque entièrement fictives.

Les opinions extrêmes, vous le savez, ont leur côté séduisant. Malthus formulait son opinion en une véritable équation algébrique, et ses disciples croyaient, en l'imitant, avoir de l'esprit et de la profondeur. Le même attrait a séduit les partisans de Ricardo et de M. de Sismondi. Toutefois, le problème qu'ils ont voulu résoudre est grave, et il se présente aujourd'hui comme une complication de plus pour l'organisation de notre société. Jusqu'à présent, l'expérience a montré que la prospérité, pour être moins progressive, était plus durable et plus stable dans les pays où l'on avait adopté deux espèces de monnaies dans de justes proportions, variables selon les circonstances. C'est ce que nous avons fait jusqu'à un certain point en France; aussi, vous avez vu que dans la dernière crise, nous avons bien moins souffert que l'Amérique et l'Angleterre, qui avaient suivi une marche moins prudente que la nôtre. Il n'en eût point été ainsi et nous eussions été éprouvés aussi fortement que ces deux pays, si, conformément aux théories de Ricardo, nous avions jeté par les fenêtres nos métaux précieux, pour les remplacer par de la monnaie de papier.

Le numéraire doit à sa qualité de marchandise que nous lui avons reconnue, de se déprécier par l'abondance et de s'élever par la rareté. Aussi, remarque-t-on que dans tous les pays qui ont multiplié leurs capitaux par le crédit et les banques, le prix des choses a haussé, c'est-à-dire qu'il a fallu une plus grande quantité de numéraire que par le passé, pour obtenir les mêmes denrées, les mêmes marchandises; il en est resulté que ceux, par exemple, qui étaient à leur aise, il y a trente ans, avec un revenu de 3,000 francs, le sont moins aujourd'hui. Il y a eu hausse dans les salaires des domestiques et dans la plupart des services rendus dans les objets de consommation, et plusieurs classes ont vu leur position devenir de plus en plus moins confortable. Ajoutez que ce qui était jadis regardé comme luxe, est devenu nécessaire, et vous aurez une idée du changement qui s'est opéré dans la partie matérielle de notre société. Ce changement n'est dû qu'à l'augmentation du papier monétaire par le développement du crédit public. En Angleterre, par exemple, il y a en ce moment 1200 millions en monnaie métallique et peut-être 5 ou 6 milliards en papiers de toute espèce, qui font concurrence à l'argent comptant. Parmi les classes qui ont le plus souffert de cette révolution, il faut mettre en premier lieu les rentiers et les employés du gouvernement, dont les salaires sont plus souvent diminués qu'augmentés, à moins qu'on ne parle des hauts fonctionnaires, qui ont des moyens de se faire ménager; car depuis quinze ans, la Chambre des Députés vise constamment à diminuer le budget. Un procureur du roi gagne aujourd'hui de 1,500 à 2,400 francs. Il n'y a pas de commis qui n'ait un pareil revenu, et cependant sa position sociale n'exige pas les mêmes dépenses. Y a-t-il aussi un poste plus mal rétribué que celui d'officier dans l'armée ? C'est à peine si, avec 1,200 fr. il peut se nourrir et s'habiller. Ces professions ne sont plus abordables aujourd'hui. Pour ce qui regarde les rentiers, je crois qu'il y a un bon côté à cette diminution constante de la fortune. Cela les force à exercer une industrie quelconque et à augmenter leur revenu par le travail. Je vous l'ai dit souvent; chez nous on se retire avant l'âge fixé par la nature. C'est à 40 ans que l'on entre dans la vie oisive et qu'on pense à se sauver du champ de bataille avant les derniers coups de fusil. Aussi, quand la question de la rente se présentera, je compte vous montrer la question dans son jour véritable.

Nous venons de voir quelques-uns des effets de la révolution causée par la multiplication des capitaux au moyen du crédit, des banques et de la circulation du papier-monnaie. Voici quelques autres résultats de cette institution, qui, quoique fort ancienne, n'a été généralement adoptée que depuis le commencement de ce siècle.

Autrefois, les opérations de commerce, c'est-à-dire les échanges, ne pouvaient se consommer qu'avec de l'argent; les fortes maisons seules pouvaient faire usage du crédit, c'est-à-dire payer avec des lettres de change; tout le petit commerce et les particuliers traitaient au comptant, et les affaires se trouvaient ainsi limitées par le capital de chaque individu. Le crédit mieux compris a fait cesser cet état de choses. Aujourd'hui, lorsqu'on achète, on n'a pas besoin d'argent; on prend livraison et on s'acquitte avec un billet à échéance plus ou moins éloignée, et avant que celle-ci n'arrive, le négociant a souvent contracté des obligations semblables qui dépassent souvent plusieurs fois son avoir; mais les ventes s'opérant dans l'intervalle de l'achat à l'échéance, il se trouve en mesure de faire face à ses affaires.

Comme il arrive souvent que celui qui doit payer a plus de valeurs en portefeuille que d'argent dans sa caisse, il cherche à négocier ces valeurs. Lorsqu'il n'y a pas de banques, ou que les conditions de celles-ci sont trop rigoureuses, ce sont les banquiers qui escomptent les valeurs de portefeuille, moyennant un intérêt fixe pour le temps à courir, et une commission qui varie de 1/3 à 1 et 2 p. 0/0, par mois suivant le degré de solvabilité. Dans les pays où les banques sont multipliées, comme en Angleterre et en Amérique, ce sont elles qui escomptent presque tout; en France, au contraire, où elles sont très-peu nombreuses, et où elles apportent beaucoup de sévérité dans le choix de leurs opérations, les banquiers font la plus forte partie du papier et le reportent ensuite à la banque avec la garantie de leur siguature.

Au moyen de cette création successive et chaque fois renouvelée des billets de banque et des lettres de change, ceux qui les ont émis sont parvenus à tripler et à quadrupler leurs affaires; et dans quelques localités même, ils les ont décuplées.

En Angleterre, où le numéraire est deux fois moindre qu'en France, on y fait des affaires deux fois plus considérables, avec le secours des billets particuliers, qui circulent comme monnaie de papier et qui sont escomptés par les banques. A Londres même, on a remplacé presque complétement le numéraire, et, jusqu'à un certain point, la monnaie de papier, dont nous allons nous occuper tout-à-l'heure. Il existe, en effet, dans cette ville une maison qui a reçu le nom de *Clearing house*, et dans laquelle les 70 maisons de banque ont un bureau où les commis viennent à une heure convenue régler les comptes de leurs patrons par de simples échanges de créances, dont la balance seule est soldée en bank-notes ou en espèces pour les appoints (1). C'est en étudiant le mécanisme de cet établissement, dont les fonctions sont si simples et si régulières, que Ricardo a été conduit à son système exclusif.

Un effet de commerce peut bien circuler d'homme à homme, mais comme on ne l'accepte qu'avec confiance, il peut arriver que le dernier à qui on l'offre ne veuille pas le prendre. Alors on s'adresse à une banque qui l'escompte, (c'est-à-dire qui donne moyennant une certaine retenue, la somme que cet effet représente) et attend l'échéance pour être remboursée. Avec cette manière d'agir, les affaires d'une banque ne seraient jamais fort brillantes. Mais on a été conduit à un moyen, dont on a plus tard abusé, qui dispense en partie la Banque de donner du numéraire; et c'est là ce qui distingue notre civilisation de toutes celles qui l'ont précédée.

Aujourd'hui une banque avec une très petite quantité de numéraire, rend les mêmes services que si elle avait beaucoup d'argent et c'est ce qu'il me sera facile de vous expliquer. Supposez que nous établissions une banque, la Banque de France par exemple, car elle a plusieurs points de contact avec celle d'Angleterre, et avec toutes les

---

(1) Babbage estime dans *sa science économique des manufactures* que la moyenne des sommes qui se liquident chaque jour à *Clearing house* est de 2,500,000 livres sterling ou 63,000,000 de francs, qui exigent pour les balances 200,000 livres ou 5,050,000 en *bank-notes*, *et* 20 livres ou 505 francs en espèces. (Note du R.)

banques du monde ; supposez que nous sommes 100 actionnaires à 1 million. Cette banque prendra le papier de ceux qui s'adresseront à elle s'il a 3 mois et 3 signatures, et elle leur donnera en échange un billet d'une forme particulière et qui sera pour elle un engagement de payer 1000 fr. si vous voulez, au porteur et à vue. Mais me dira-t-on, pourquoi donnez-vous un billet en échange d'un effet de commerce que vous avez escompté. Si la personne qui s'est adressée à vous a besoin d'argent, elle viendra se le faire rembourser tout de suite. Pas du tout, Messieurs ; cette personne ne recevra point un billet dans un bureau pour aller en toucher le montant dans le bureau voisin, parce que le billet de 1000 fr. est commode, facile à transporter et à cacher, et qu'on est toujours sûr de l'échanger pour 1000 fr. à cause de la confiance que tout le monde a dans la solvabilité de la Banque. Aussi ne cherche-t-on à échanger un billet que lorsqu'on a besoin de fractionner la somme pour de petits paiements. Encore dans ce cas la Banque peut-elle donner des coupons de 500 fr. et même de 250 fr. en province ; ce sont ces petits billets qu'on échange de préférence.

Dans quelle proportion la Banque peut-elle émettre des billets relativement au numéraire qu'elle possède ? En se basant sur des observations de plusieurs années, et en comptant le nombre des remboursements qui se sont faits terme moyen dans les tems ordinaires, bien que les dépenses puissent varier d'après une foule de circonstances, on a vu qu'on pouvait émettre des billets pour une somme quatre fois plus forte que la provision en espèces et qu'une banque au capital de 100 millions pouvait avoir une circulation de 400 millions. Mais dira-t-on, si un beau jour on venait à demander à cette banque l'échange en argent de 200 millions? — Il n'y a pas d'exemple d'un événement semblable, je dirai même d'un pareil malheur. J'admets pour un instant que la Banque de France à qui d'ailleurs on ne reproche pas sa hardiesse, soit dit en passant, ait à payer 200 millions, (et un pareil événement ne pourrait survenir qu'à la suite d'une panique comme celle dont nous avons été témoins pour les caisses d'épargne), la Banque, dis-je, aurait toujours dans ses caves son capital de 100 millions, plus, avec un peu de tems, le montant des effets à diverses échéances qu'on lui aurait donnés en échange de ses 300 millions de billets. Ces effets ne sont qu'à 3 mois, 2 mois, 1 mois et il y en a plus à 1 mois qu'à 2, plus à 2 mois qu'à 3. Il faudrait donc, pour que la Banque ne pût pas payer tous ses billets, que les 3 signatures de chaque effet qu'elle a reçu en échange fussent insolvables. Or vous savez combien la Banque est méticuleuse ; sur 3 ou 400 millions d'affaires, elle n'a eu, d'après son compte rendu il y a quelques mois, que 200 fr. en souffrance, et encore avait-elle l'espoir de ne pas les perdre. C'est un fait de cette nature qui faisait dire à M. Say que la Banque de France ressemblait à une compagnie d'assurance qui n'assurerait que ce qui ne risque rien.

Les profits de la Banque sont bien simples. Si

avec 100 millions elle escompte pour 400 millions à 4 pour cent, en donnant en échange des effets qu'elle admet à l'escompte, des chiffons qui ne lui coûtent que 4 fr. 50 et qui lui servent pendant 6 ans, elle bénéficie 4 pour cent sur son capital de 100 millions et sur les 300 millions fictifs, profits dont il faut déduire le loyer de son hôtel et ses frais de bureaux.

Si la Banque se trouvait toujours dans le cas où nous venons de la supposer, tout le monde comprend qu'elle ferait de grands bénéfices tout en rendant d'immenses services.

Les avantages de la banque seraient :

1° Pour le public, de faciliter les paiements en faisant disparaître l'inconvénient du transport des sommes en espèces, lourdes, encombrantes, etc ;

2° Pour le commerce, de multiplier les affaires, en faisant servir à une opération nouvelle les fonds engagés dans une opération non encore consommée ;

3° Pour le pays, en augmentant sa force productive, par l'accroissement de son capital circulant ;

4° Pour les actionnaires, en prélevant des commissions sur toutes les négociations à l'escompte, qui ont été soldées avec des billets coûtant 4 fr. 50 de fabrication, et représentant 1,000 de capital.

Mais la Banque de France s'est bien rarement mise dans toutes les circonstances nécessaires pour opérer ces résultats. Il y a eu des époques où elle laissait chômer dans ses caves jusqu'à 200 millions. Cela lui est arrivé quand elle a eu peur;

et il faut que vous sachiez que la Banque a souvent peur. En Angleterre quand il y a eu une terreur passagère, la Banque de Londres a cherché à la prévenir et dans ce cas, vous le savez, sa hardiesse même a été de la prudence.

Comme je vous le disais tout à l'heure, l'émission des billets doit avoir une certaine limite. Supposez, comme cela est arrivé quelquefois en Angleterre, et comme cela vient d'arriver en Amérique, qu'une banque émette avec un capital de 100 millions, pour 1200 millions de billets; qu'arrivera-t-il? — Il arrivera toujours et l'expérience est là pour le prouver, que les remboursements se présenteront en foule, et que la banque qui aura accordé trop largement sa confiance, se trouvera en déficit après avoir écoulé ses capitaux disponibles, et sera obligée de suspendre ses paiements. C'est en pareil cas que M. de Sismondi a raison. Mais désormais de pareilles fautes ne peuvent plus être commises, car on peut aujourd'hui prévoir dans une circonstance donnée ce qui arrivera, tout comme les médecins peuvent se rendre compte d'une maladie dont ils ont bien déterminé les symptômes.

On a vu en Amérique, à une époque qui n'est point encore éloignée, des hommes entreprendre de construire non pas une maison, mais une ville toute entière; ils achetaient les terrains à crédit, les bois, les pierres à crédit, ils payaient leurs ouvriers avec du papier; sans examiner les chances de l'entreprise, la banque voisine ouvrait un compte courant et fournissait à tout..... avec du papier. Quand la ville était construite, il est arrivé souvent que les habitants n'étant pas venus, les magasins sont restés vides, l'école et l'église déserte, le journal sans lecteurs, etc.; parce qu'il n'y avait nulle part une population exhubérante qui voulût émigrer pour peupler la cité nouvelle; il en est arrivé de même pour certains travaux publics tels que routes, chemins de fer, canaux, qui n'ont eu ni voyageurs ni marchandises à transporter. Toutes ces folles opérations ont donné lieu à des résultats que nous admirons de loin, mais qui ont été achetés au prix de bien d'existences détruites, de fortunes renversées; les banques qui avaient tout payé... avec du papier, je le répète, n'ont pas été remboursées par les entrepreneurs téméraires et imprévoyants, et elles ont été forcées de suspendre elles-mêmes leur paiements; de faire banqueroute en un mot. Leurs billets, qu'elles avaient émis par masses énormes, ont dès lors perdu toute leur valeur; et, comme elles les avaient divisés en *coupures* d'une valeur trop minime (il y en a eu de 50 centimes), celles-ci se trouvèrent dans la poche de tous les ouvriers, de tous les marchands en détail, qui n'achetaient et ne vendaient qu'avec elles, et qui ont ainsi perdu tout leur avoir. Le morceau de pain de l'ouvrier, sa nourriture du lendemain, celle de sa famille, se sont évanouies, et il n'est resté à la place qu'un morceau de papier froissé et sali.

Cet inconvénient de la trop grande division de la monnaie de papier est fort grave; on commence du reste à s'en apercevoir, et des actes reçus du parlement anglais ont défendu l'émission dans le Royaume-Uni de billets au dessous de 5 livres (125 francs); une mesure semblable sera prise en Amérique lors de la reconstitution des banques, qui ont été violemment ébranlées par la dernière crise, à laquelle leur imprévoyance a donné naissance. Nous n'avons pas à craindre en France de semblables abus, les billets n'y sont pas trop petits; ils n'y sont pas non plus trop nombreux; peut-être même avons-nous trop resserré les bases du crédit que les Américains avaient trop élargies; car on peut dire qu'une banque qui, sur une masse d'escomptes de 800 millions de francs, n'a qu'un effet de 200 francs en souffrance, et dont encore le recouvrement n'est pas désespéré, ne prête guère qu'à ceux qui n'ont pas besoin, en un mot, ne remplit pas sa mission, et ne rend pas au commerce, à l'industrie et à l'agriculture tous les services qu'ils seraient en droit de lui demander. Depuis quelque temps du reste, une concurrence, puissante parce qu'elle joint l'intelligence à la force, et la volonté de faire le bien à la faculté de l'accomplir, a déterminé dans la banque de France quelques réformes qui ne s'arrêteront pas là.

Je bornerai là les considérations sommaires que je voulais vous soumettre sur les effets que le crédit et les banques ont eus sur notre société moderne; elles suffiront pour vous expliquer certains phénomènes dont vous ne vous étiez peut-être pas rendu un compte bien exact. Vous avez vu en effet qu'en multipliant les capitaux, le crédit avait fait augmenter le prix des choses et diminué les revenus, ainsi que l'intérêt de l'argent, et vous avez pu comprendre comment certaines fonctions autrefois recherchées étaient devenues une charge plutôt qu'un avantage, ce qui avait rejeté un plus grand nombre de bras dans le travail. C'est encore par la même cause que les propriétés ont passé des mains des anciens seigneurs, qui ne faisaient plus rien pour augmenter une fortune patrimoniale que la force des choses diminuait chaque jour, entre celles de marchands et d'industriels enrichis par le travail. Il y a là l'explication de toute une révolution sociale accomplie de nos jours, et à laquelle on ne peut assigner d'autre cause.

ONZIÈME LEÇON.

9 janvier 1838.

DE LA MONNAIE (suite.)

SOMMAIRE : FABRICATION DES PIÈCES D'OR EN BELGIQUE (suite). — La discussion repose sur erreur.

REPRISE DE LA QUESTION DES MONNAIES. — Résumé des leçons précédentes. — Opinion de sir T. Tooke contre les banques. — Il la fonde sur ce qui est arrivé à la banque d'Angleterre. — Historique de la crise de 1797. — Sur quoi Ricardo fait reposer ses arguments en faveur des banques. — Proposition émise par lui de créer des billets payables en lingots. — Avantages et inconvénients de cette mesure : elle n'a pas été adoptée.

Exagérations de la plupart des économistes qui ont traité la question du CRÉDIT : le crédit n'est utile que lorsqu'il facilite les échanges ; il doit toujours reposer sur des bases réelles ; lorsqu'on le fait servir à des opérations fictives il ne double pas les capitaux. Il ne convient pas non plus aux entreprises dont les revenus sont incertains ou éloignés, tels que les routes, les canaux, les travaux publics, les constructions, etc. — Emploi du crédit en Angleterre, aux affaires de commerce, ex : des *warrants* délivrés par les entrepôts.

DU PAPIER MONNAIE : distinction avec la MONNAIE DE PAPIER. — Comment celle-ci peut devenir celui-là. — Histoire du système de Law. — Des assignats de la révolution française. — Comment et pourquoi l'Angleterre a évité la banqueroute. — Résultats de la suspension et de la reprise des paiements en espèce.

Je vous ai déjà entretenu de l'incident qu'ont soulevé les quelques paroles relatives au projet d'altération des monnaies d'or par la Belgique et qui ont terminé l'une de nos dernières leçons. En attendant la réfutation que M. de Brouckère, intéressé au débat comme directeur de la Monnaie et de la Banque, et comme membre de la commission qui a examiné et approuvé le projet en question, a annoncé vouloir faire de l'opinion que j'ai émise, un journal de Bruxelles publie un article auquel je pourrais me dispenser de répondre, parce que la forme en est inconvenante, et que le fond repose sur une erreur.

J'avais dit que l'altération qu'on proposait de faire subir aux pièces d'or belges était égale à 13 fr. pour mille, et que, dès-lors, il faudrait ajouter, dans tous les cas de vente faite par un négociant français à un négociant belge, 1 pour cent, au prix de facture, pour différence dans la valeur réelle des monnaies, en France et en Belgique; le journal qui rend compte de nos séances, et dont l'article a été reproduit et commenté en Belgique, a imprimé, par une faute de typographie dont on ne peut faire porter la responsabilité sur le rédacteur; que cette différence à ajouter au prix de facture, serait de 10 pour cent; l'erreur était tellement palpable qu'il était même inutile de la corriger par un errata, le bon sens du lecteur devait suffire pour rétablir le chiffre tel qu'il devait être. Le journal belge n'a pas voulu qu'il en fût ainsi, et, mettant sur le compte de mon ignorance l'erreur matérielle commise par l'imprimeur, il a épuisé toutes les formules de raisonnement, et est allé jusqu'à la grossièreté, pour me prouver que 13 pour mille n'était pas = à 10 pour cent, mais à 1, 3 pour cent. Je laisserai là, pour aujourd'hui, cette discussion, sur laquelle je me réserve de revenir lorsque M. de Brouckère aura publié la réfutation qu'il a annoncée.

Je rentre dans l'étude de la question des monnaies.

Dans les leçons qui ont précédé celle-ci, je vous ai montré comment deux économistes également distingués, MM. Sismondi et Ricardo, avaient émis et soutenu des propositions tout-à-fait contraires sur la monnaie et le papier. D'après ce que je vous ai dit de ces deux systèmes, dont l'un est exclusif pour les métaux précieux et l'autre pour les billets et le crédit, vous avez pu voir, en rapprochant ces doctrines des règles que nous avons déjà posées, qu'il ne s'agissait pas ici de prendre parti pour l'un des deux champions. Vous devez vous souvenir, en effet, que j'ai dit que la monnaie métallique était la monnaie par excellence, parce qu'elle était à l'abri des fraudes et que sa quantité ne pouvant jamais être augmentée ou réduite subitement dans de fortes proportions, les variations insensibles auxquelles elle était soumise, n'étaient pas susceptibles d'apporter des troubles dans les relations commerciales : j'ai ajouté ensuite que l'emploi exclusif des métaux précieux, comme intermédiaires des échanges, présentait l'inconvénient de limiter les affaires au chiffre du capital en numéraire possédée par chaque nation. Quant aux billets de crédit, j'ai reconnu l'avantage qu'ils offraient de donner du stimulant aux affaires, de faciliter les rapports commerciaux; mais j'ai dû appeler toute votre attention sur la facilité avec laquelle on pouvait, en abusant du droit d'émission, bouleverser et détruire en quelques mois le crédit public et les fortunes privées.

Un auteur anglais, sir Thomas Tooke, a écrit sur cette matière une brochure contenant plus de bonnes choses que bien des gros livres, et ayant pour titre : CONSIDERATIONS ON THE STATE OF THE CURRENCY. Après y avoir examiné avec soin les fluctuations de prix et les bouleversements de fortune survenus en Angleterre sous l'influence des banques ; il déclare que, suivant lui, les avantages n'en compensent pas les inconvénients. Il s'appuie surtout sur ce qui s'est passé à Londres et dans tout le Royaume Uni, par suite de la suspension et de la reprise des paiements en espèces par la banque.

Il montre, ainsi que je vous l'ai déjà fait voir, ce grand établissement contraint par le gouvernement, pour lequel il remplit les fonctions de collecteur d'impôts, de lui faire des avances considérables sur les revenus publics. Les billets sortis par cette voie des mains de la banque pour passer dans celle de l'administration, servirent à celle-ci, non pas à entreprendre des travaux publics, mais à solder des employés, des marins, des soldats; c'est-à-dire des citoyens qui ne gardent pas les billets, mais les changent de suite pour solder des achats moindres que leur quotité. Les billets ne servant plus à l'escompte des valeurs industrielles et ne circulant pas, furent présentés au remboursement dans une proportion beaucoup plus forte qu'autrefois ; de telle sorte que la réserve ordinaire, c'est-à-dire du tiers, devint insuffisante, et qu'il fallut que la banque, pour faire face à toutes les demandes d'espèces qui lui étaient adressées chaque jour, maintînt toujours autant d'or dans ses coffres qu'elle avait de billets en émission.

Tant qu'elle resta dans ces limites, elle continua de fonctionner, non plus, il est vrai, comme banque de circulation, mais du moins comme banque de prêt à très courte échéance. La position devint plus grave, et la Banque fut sur le point de suspendre entièrement ses opérations, lorsque les besoins du gouvernement ayant forcé celui-ci à lui demander de nouvelles anticipations sur les revenus publics, elle ne put les effectuer qu'en billets de nouvelle création qui n'étaient représentés par aucune augmentation de son capital en numéraire. De toutes parts il arrivait des demandes d'espèces auxquelles on ne pouvait satisfaire, et les choses en vinrent à ce point que le samedi 25 février 1797, dernier jour du paiement en espèces, il n'y avait en caisse que 1,272,000 livres, et tout annonçait que des demandes bien plus considérables pleuvraient sur la banque le lundi suivant. Les directeurs étaient aux abois, et le gouvernement (qui avait poussé la banque à cette extrémité) ne savait quel parti prendre. Il se décida néanmoins, et dans la journée du 26, il fit publier un ordre du conseil qui défendait aux directeurs de payer leurs billets en numéraire, jusqu'à ce qu'on eût pris l'avis du parlement (1). Quand les chambres furent réunies,

(1) Dans une position à peu près semblable, « en 1745, lorsque l'armée

et après qu'on eut longuement discuté la mesure prise par les ministres (Pitt était alors président du conseil), il fut décidé de maintenir cette restriction pendant tout le temps de la guerre, et de ne la lever que six mois après la signature d'un traité de paix définitif.

Les banquiers, négociants et marchands de Londres firent preuve dans cette circonstance d'autant de patriotisme qu'en avaient montré ces mêmes classes 52 ans auparavant. Une décision semblable à celle de 1745 (voir la note page 215) fut adoptée et contribua puissamment à calmer les appréhensions qu'avait causées la restriction imposée à la banque (1).

La confiance étant rétablie, le gouvernement et la banque surent la conserver en apportant des limites à la faute qu'ils avaient commise ; s'ils ne remboursèrent pas les billets en circulation, du moins n'en émirent-ils pas de nouveaux, ainsi qu'on l'avait fait faire à Law, comme nous le verrons tout-à-l'heure ; et le papier se maintint, sinon tout-à-fait au pair de l'or, du moins fort peu

---

du prétendant était à Derby, tout le monde courut à la banque échanger les billets contre de l'or. Les directeurs pour se donner le temps de concerter des mesures pour parer au danger qui les menaçait, s'avisèrent d'un expédient singulier, celui de payer les sommes qu'on leur demandait en pièce d'un schilling et d'un demi-schilling. Mais ce qui contribua plus puissamment au salut de la banque fut d'abord la fuite des rebelles et ensuite la décision adoptée dans une réunion des principaux négociants et marchands de la cité, de recevoir les billets de la banque en paiement de toutes les sommes qui leur étaient dues, et de n'employer autant que possible, que ces mêmes billets pour leurs propres paiements. »

(Dre DU COMMERCE ET DES MARCHANDISES. — Art : BANQUE.)

(1) Extrait de l'article BANQUE, du DICTIONNAIRE DU COMMERCE ET DES MARCHANDISES de MAC CULLOCH.

au dessous : il faisait à lui seul presque tout le service de la monnaie, et il continua jusqu'au 1er mai 1821, époque à laquelle l'*act-Peel* rendu en 1819 pour la reprise des paiements en espèces, reçut son exécution.

Ricardo s'autorisa de ce fait pour soutenir dans ses ouvrages et notamment dans celui qu'il publia sous le titre de : PROPOSALS FOR AN ECONOMICAL AND SECURE CURRENCY, que le numéraire n'était point indispensable, puisqu'on avait pu le suppléer sans inconvénients trop graves, justement pendant une époque fort difficile, celle de la guerre soutenue contre l'ennemi commun, la France, et à laquelle on avait pris une double part, tant par un concours actif que par des subsides accordés aux autres puissances belligérantes. Il partit de là pour proposer de créer des billets jouissant du droit de remboursement, mais qui fussent en réalité à l'abri de l'exercice de ce droit. Il avait imaginé pour obtenir ce résultat, de faire rembourser les billets dont il s'agissait, non pas en espèces monnayées, mais en lingots ; de telle sorte que tant qu'ils n'excédaient pas les besoins de la circulation, les porteurs n'avaient aucun intérêt à demander le remboursement puisqu'il eût été incommode ; et comme en effet, ils eussent pu ne le faire que dans cette hypothèse, il y avait dans cette organisation une double garantie : celle de la banque contre des exigeances sans fondements de la part des porteurs de billets, et celle du public contre les trop fortes émissions ; les uns étant punis de leurs caprices, en cas qu'ils en eussent, par un paiement en matières d'une valeur réelle mais incommodes et ne pouvant servir qu'à des opérations de banque ; et l'autre étant sans cesse menacée d'un prompt châtiment, c'est-à-dire d'une forte demande de remboursement, en cas de trop fortes émissions. La monnaie métallique se trouvait ainsi complétement bannie des affaires, elle n'existait plus que pour solder les consommations du jour et seulement entre les mains des particuliers et des marchands de détail.

Ce projet assez bien conçu, ne fut pas adopté et demeura dans le domaine de la théorie. Peut-être fut-on arrêté par une crainte très fondée. On a pu se dire en effet que l'*act* du Parlement qui ordonnerait le paiement en lingots, pourrait être remplacé dans un moment de crise par un *act* semblable à celui de 97 (voir plus haut page 215), qui supprimerait ce remboursement et convertirait, comme à cette époque désastreuse, la *monnaie de papier* en *papier-monnaie*.

Quelques autres parties du projet de Ricardo étaient encore susceptibles d'être critiquées; M. de Sismondi l'a fait avec beaucoup de talent. Peut-être, comme dans toutes les polémiques auxquelles il a pris part, est-il allé un peu trop loin dans celle-ci; quoi qu'il en soit, on doit lui savoir gré de ce qu'il a écrit sur ces questions, car il les a parfaitement éclaircies; et s'il n'en a pas découvert la solution, s'il a commis quelques erreurs, du moins a-t-il préparé les éléments d'une meilleure organisation en indiquant les écueils dont il fallait se garantir en matière de banque et de billets de circulation.

Chose remarquable, presque tous les écrivains qui ont publié des ouvrages sur le crédit n'ont pu rester dans le vrai et ont exagéré, les uns ses avantages, les autres ses inconvénients. Je vous ai déjà signalé les erreurs de Sismondi et de Ricardo, je vous parlerai encore d'un économiste italien, M. J. de Welz de Milan, auteur du livre curieux ayant pour titre LA MAGIA DEL CREDITO SVELATA (*la magie du crédit dévoilée*), dans lequel il cherche à établir que le crédit multiplie toujours les capitaux. Je crois qu'il y a là une exagération des effets du crédit, qui semble bien en effet produire un doublement de valeurs, mais qui en réalité n'a pas ce résultat; car il n'y a que la valeur empruntée qui soit réelle.

Ainsi un homme prête 20 mille francs à un autre : il n'y a de positif que les 20,000 francs prêtés, quoique le prêteur puisse faire des paiements avec les billets à ordre de l'emprunteur, par voie de cession avec endos.

Ce billet circule en vingt mains et peut faire vingt paiements; mais il faut toujours qu'il y ait une valeur réelle, un enjeu, dans ce mouvement de circulation; soit les marchandises qui ont été vendues à terme contre les billets en question ; soit l'argent qui a pu être avancé contre ces dits billets. Dans ces deux cas les effets du crédit se comprennent fort bien et n'ont rien de magique.

Quelques personnes ont proposé de faire servir le crédit à la construction des canaux, des routes, des chemins de fer, etc.; je ne crois pas qu'on puisse l'essayer avec succès. Il suffit pour s'en convaincre de se bien pénétrer du caractère essentiel des billets; ceux émis par les banques aussi bien que ceux souscrits par les simples particuliers, doivent toujours être exigibles à un très court délai près. Quand un établissement public ou un particulier faisant fonctions de banque avancent de l'argent, la valeur de ceux-ci doit être représentée en caisse par des effets à échéance très rapprochés; ils ne peuvent donc verser leurs fonds dans une entreprise d'où ils ne pourraient le retirer promptement : les travaux publics, les constructions de maisons, ne peuvent ainsi être commandités par eux. Qu'un propriétaire, par exemple, emprunte 100,000 fr. à une banque ou à un capitaliste contre ses billets; et qu'il les emploie à bâtir une maison, à payer ses ouvriers, ses entrepreneurs. Si, ce qui arrive fréquemment, sa maison n'est pas habitable avant l'échéance des billets, ou que, terminée, elle ne soit pas encore louée, le propriétaire ne pourra remplir ses engagements; et la banque se trouvera avoir en main des non-valeurs. Elle sera obligée, pour se faire rembourser, de recourir à l'expropriation; c'est-à-dire de se soumettre à toutes les lenteurs et les formalités qu'entraîne notre régime hypothécaire; et après une attente de 15 ou 18 mois elle vendra la maison au dessous de ce qu'elle aura coûté, elle sera en perte sur ses avances et le propriétaire sera ruiné. Le même raisonnement est applicable aux travaux d'usine, aux creusements de canaux, constructions de routes; l'époque de leur mise en activité est fort éloignée, leurs revenus sont incertains;

ils engagent d'ailleurs des capitaux considérables, et le propre du crédit est, nous l'avons vu, de ne servir que pour les affaires commerciales, et de ne représenter que les capitaux circulants : il n'a en réalité d'autre service à remplir, que d'escompter les profits des entreprises ; il ne peut reposer que sur des effets représentant des opérations profitables.

Les anglais ont parfaitement compris ce caractère du crédit ; et sans essayer de l'appliquer à des entreprises auxquelles il ne convenait pas, ils en on tiré tout le parti possible en le faisant servir aux opérations pour lesquelles il est propre. Le plus curieux exemple que l'on en puisse citer est celui des *warrants* qui servent à mobiliser les marchandises en entrepôt.

Lorsqu'un navire venant de l'étranger arrive en Angleterre, à Londres, par exemple, il se range dans les docks ou bassins des entrepôts. Sa cargaison est déchargée au moyen de grues et placée, suivant sa nature, dans les différents étages de l'édifice. Toutes ces munipulations ont lieu par les soins de la compagnie concessionnaire du Dock, et sans l'entremise du propriétaire qui se borne à recevoir des mains des entrepositaires un certificat de garantie, nommé *warrant*, constatant l'espèce et la quantité des marchandises composant le chargement du vaisseau. Avec cette pièce, il vend ou cède, engage ou emprunte à des tiers ; le tout par simple voie de délégation et d'endos. La marchandise reste en entrepôt, et change souvent plusieurs fois de maitres avant de sortir pour être livrée à la consommation ou même réexportée. Le warrant remplit ici les fonctions d'une lettre de change payable à vue; comme elle, il engage livraison à présentation, sa transmission s'opère de la même manière; en cas de prêt ou avance non remboursée, il donne au créancier le droit de vendre à la criée jusqu'à concurrence de la somme engagée.

Les warrants jouissent sur la place d'une confiance supérieure peut-être aux lettres de change et billets à ordre, parce qu'on est toujours certain qu'ils représentent une valeur réelle; tandis qu'il arrive parfois que des billets, contrairement au principe qui les régit, sont souscrits de complaisance, c'est-à-dire par des hommes qui n'ont rien et ne doivent rien, au profit de créanciers imaginaires qui n'ont rien avancé. Ces valeurs circulent quelque temps et servent d'ordinaire à des fripons pour tromper d'honnêtes négociants, qui les reçoivent en paiement de marchandises très-réelles, vendues ensuite à vil prix par les escrocs qui se les sont procurées de cette manière, et qui se gardent bien d'acquitter leurs engagements à l'échéance.

C'est alors le marchand qui a livré, qui est encore obligé de rembourser si, comme cela arrive fréquemment, il a passé la fausse valeur à un confrère ou à son banquier. Le crédit le plus solide se trouve ainsi ébranlé, et par une erreur qu'il faut déplorer, on a vu quelquefois des négociants ainsi compromis par des voleurs, recourir à des moyens semblables pour se tirer d'embarras; tirer sur des étrangers, sur leurs commis par exemple, des traites avec lesquelles ils font de l'argent, mais que, si les affaires ne sont pas heureuses, ils ne peuvent pas toujours rembourser à l'échéance. Les premiers ont commencé par être fripons, ceux qu'ils ont trompé finissent quelquefois par le devenir; les uns et les autres ont abusé du crédit, et méconnu les règles qu'on doit suivre dans son emploi.

Quand au lieu des particuliers, ce sont des gouvernements qui commettent cette faute, et créent des valeurs fictives, c'est-à-dire qui ne représentent pas des objets réels et ne sont pas garantis par eux; ils vont également à la banqueroute. Seulement avant d'y arriver, ils cherchent à abuser de la force qu'ils ont entre les mains, pour imposer au public comme bonnes les valeurs qu'ils ont émises, non pas toujours sans motifs, mais du moins sans garantie : leur *monnaie* de *papier* devient ainsi du *papier-monnaie*; le premier était remboursable, le second ne l'est plus.

L'histoire financière de la France et de l'Angleterre nous offre plusieurs exemples de circonstances semblables. L'*act-Pitt*, en 1797 fit des billets de la banque de Londres du papier-monnaie, en prononçant leur non-remboursement; mais ce pays n'alla pas jusqu'à la banqueroute, parce que, ainsi que nous l'avons vu, il n'augmenta pas outre mesure ses émissions, et que, s'il n'avait pas d'argent en caisse, il avait en portefeuille des valeurs de beaucoup supérieures (plus de 15 millions st. 375 millions de francs) au total de ses billets en circulation. Deux fois, en France, le même cas s'est présenté, et comme chaque fois on a manqué de prudence et de réserve, on a été fatalement conduit à la banqueroute.

La première fois, c'était pendant la minorité de Louis XV et la régence du duc d'Orléans. Les dissipations et les prodigalités d'un long règne, dont la fin avait été si constamment malheureuse, avaient épuisé les coffres de l'épargne, et tari, par les anticipations, les sources des revenus à venir, comme la guerre avait dévoré les soldats et dépeuplé les campagnes. Plus d'argent au trésor pour payer les armées et soutenir le luxe de la cour; plus d'argent et plus de bras dans le pays, pour redonner au commerce et à l'industrie l'activité laborieuse sur laquelle se fonde la prospérité publique, et qui, seule, permet de payer les impôts. Tous les moyens, même les plus rigoureux, avaient été employés pour faire de l'argent; ils étaient demeurés sans résultats, car s'ils avaient diminué les dettes de quelques millions, ils n'avaient pas fait rentrer un sou dans les caisses du trésor; ils avaient même éloigné les capitalistes; la foi mentie avait détruit la confiance. Ce fut alors qu'un étranger, un Écossais, Jean Law, fils d'un riche orfèvre-banquier d'Édimbourg, qui était allé étudier la banque en qualité de simple commis, chez le résidant anglais à Amsterdam, tenta, un moment avec succès, de réédifier le crédit français ébranlé et détruit, de l'inventer même en quelque sorte, car il le faisait reposer sur des bases inconnues jusqu'à lui.

« Par la comparaison de ce qu'il avait observé dans les différents pays d'Europe (dit M. A. Thiers, dans sa notice sur Law, insérée dans l'Encyclopédie progressive), ses idées s'étaient singulièrement agrandies, et il avait conçu le plus vaste système de crédit qu'on ait jamais imaginé. Il avait vu que les banques existaient dans les capitales de quelques états, comme Londres et Amsterdam, mais que les provinces de ces états ne prenaient aucune part aux avantages du crédit : il pensa donc qu'en établissant une banque générale, qui aurait des bureaux correspondants dans les villes d'une importance secondaire, on pourrait étendre à tout un empire les avantages du papier, et le faire pénétrer même jusque dans les bourgs et les campagnes. Si une banque pouvait dans une ville, avec 100 millions d'espèces, émettre 200 millions de billets, la banque générale qu'il imaginait pouvait, dans un pays qui aurait un milliard de numéraire, émettre deux milliards de billets, et tripler ainsi le moyen des échanges. De cette manière, les billets suffisant à la grande circulation, le numéraire tout entier devenait réserve métallique de la banque, pour le service des moindres échanges.

« Law voulait qu'une banque aussi vaste fût un établissement public, et que les hôtels des monnaies devinssent ses bureaux correspondants. Cela posé, il en tirait des conséquences immenses. D'abord, tous les états affermaient la perception de leurs revenus à des compagnies de traitants, qui faisaient des profits considérables, et exerçaient d'affreuses vexations sur les contribuables. On pouvait donner à la banque générale la perception des revenus, et réserver à l'état les profits de cette perception. On pouvait aussi donner à cette même banque le soin de solder les dépenses; au moyen de la correspondance de ses bureaux; elle obtenait ainsi l'administration de tous les deniers publics. Ces traitants auxquels on affermait les impôts, faisaient payer à l'état un intérêt énorme, quand il avait besoin d'avances. Elle pouvait escompter l'impôt comme elle escomptait les lettres de change, et le faire à un taux d'autant plus modique, qu'en augmentant la masse du numéraire elle aurait fait baisser l'intérêt. On pouvait encore la charger du soin des emprunts, et se sauver ainsi des usuriers. Ce n'est pas tout: le système des monopoles étant généralement admis en Europe, et tous les commerces se faisant par compagnies privilégiées, auxquelles les gouvernements abandonnaient, moyennant une légère somme, ce droit d'exclusion; la même banque générale pouvait bien avoir le privilége des différents commerces, et joindre à ses immenses attributions celles du négoce. Réunissant ainsi les profits de l'escompte comme banque, ceux de l'administration comme fermière des revenus publics, ceux enfin du commerce comme compagnie privilégiée, elle pouvait diviser son énorme capital en actions, et leur répartir ses profits. De cette manière, elle aurait offert son papier à ceux qui voulaient une monnaie circulante, et ses actions à ceux qui voulaient un placement.

« Tel est le système conçu par Law; système qui ramenait à un seul et unique crédit, le crédit privé et public; qui changeait toutes les liquidations lentes, pénibles et compliquées, soit des particuliers, soit de l'état, en une seule; laquelle devait se faire en monnaie pour les sommes minimes, et en papier pour les sommes fortes; système enfin qui semblait multiplier les capitaux en simplifiant seulement la circulation, qui devait faire baisser l'intérêt, et joindre à la création d'une monnaie, celle de placements sûrs et avantageux. Aujourd'hui encore nous ne retrancherions de ce système que les fermes, qui ne sont plus admises dans la perception des revenus, et les monopoles qui étaient alors nécessaires, car il fallait de puissantes compagnies pour traverser le monde encore inconnu et peu fréquenté. Ce système, du reste, est réalisé en partie en Angleterre, et il n'a qu'une objection à craindre, celle qu'on pourra éternellement adresser à un crédit bien organisé, c'est la faculté d'abuser de la richesse qu'il procure aux gouvernements; à quoi on pourra faire une réponse: les fils de familles et les états dissipateurs qui n'ont pas de crédit, trouvent des usuriers qui les ruinent; seulement ils les paient plus cher. Louis XIV sans crédit, avait pu dépenser autant que l'Angleterre et la Hollande, mais il avait payé l'argent 10, 20, et jusqu'à 50 pour cent.»

Deux fois, en 1700 et en 1705, Law présenta son plan au gouvernement de son pays et deux fois il fut repoussé; il éprouva le même échec en France, sous le ministère de M. Chamillart; à Turin, auprès de Victor Amédée. Revenu en France après la mort de Louis XIV, et témoin des embarras causés par l'état déplorable des finances, que le ministre Desmarest, signalait le 20 septembre 1715, et dont voici le résumé :

DÉPENSE : 148 millions.

RECETTE : Absorbée à 3 millions près.

DETTE : 710 millions d'effets royaux exigibles dans le courant de l'année, et perdant de 70 à 80 pour cent.

ÉTAT DU PAYS : Les campagnes dépeuplées, un commerce ruiné, des troupes non soldées et prêtes à se révolter.

Law, témoin de l'inutilité des mesures prises pour améliorer cet état de choses; visa et réduction des dettes, recherche des agioteurs, refonte des monnaies et augmentation nominale de leur valeur, etc. Law, repoussé sous le vieux roi, proposa de nouveau son système au Régent qui, malgré l'opposition du parlement et du conseil des finances, finit par l'adopter, non pas entièrement, mais du moins comme banque privée.

L'autorisation fut accordée le 2 mai 1716; la banque devait avoir un fonds de 6 millions divisés en 1,200 actions de 5,000 livres chacune; elle *escomptait les lettres de change*, se chargeait des comptes de négociants au moyen des *virements de partie*, et pouvait *émettre des billets payables au porteur* EN ÉCUS DU POIDS ET DU TITRE DU JOUR.

« Tout à cette époque, dit M. Thiers, rendait en France une banque nécessaire, soit le haut prix de l'escompte, soit l'incertitude des monnaies. Ceux qui étaient porteurs des billets ayant trouvé une grande facilité à les réaliser à la banque, acquirent de la confiance et la communiquèrent. On commença à se fier à ce papier si facilement réalisable en argent, et on aima à s'en servir à cause de la promptitude qu'il introduisait dans les paiements. Il avait surtout un avantage extrêmement senti, c'était d'être payable en monnaie fixe, la continuelle variation des monnaies était cause qu'on ne savait jamais d'après quelle valeur on traitait. En stipulant en billets, on savait que c'était en écus *du poids et du titre du* 2 *mai* 1716. Ce fut une raison puissante pour tout le monde de stipuler ainsi, et de venir même à la banque déposer de l'argent pour avoir des billets. Les étrangers qui n'osaient plus traiter avec Paris, à cause de cette incertitude des valeurs, stipulèrent aussi en billets et recommencèrent leurs affaires avec la France. La circulation commença à se rétablir ; le taux modéré de l'escompte eut aussi la plus heureuse influence. On vit l'usure diminuer et le crédit se rétablir. Enfin, en moins d'un an, tous les effets prédits par Law furent réalisés.»

Un édit d'avril 1817, étendit les relations de la banque au dehors de Paris, et fit pénétrer les billets dans les provinces, en ordonnant aux fermiers de les recevoir en paiement des impôts, et aux dépositaires de fonds publics de les payer en espèces à présentation. Il devint dès lors inutile de faire voyager les espèces ; les remises de Paris sur la province et réciproquement se firent au moyen de billets, et une masse considérable de numéraire vint augmenter la réserve métallique de la banque.

Le succès de cet établissement fut aussi grand

que les services qu'il rendait étaient réels; malheureusement il fut compromis par la non-réussite des opérations de la compagnie des Indes, que Law avait fondée, et qui était le complément de son système: l'un et l'autre périrent dans le même naufrage. Pour soutenir les actions de la compagnie, Law accrut successivement ses émissions de 50 et 60 millions, ce qui était déjà beaucoup, au chiffre énorme de 2,696,400,000 livres auquel on arriva en 1720.

Pour retarder la crise qui menaçait son système, Law eut recours à différents moyens extrêmes qui ne lui réussirent pas. Revêtu des fonctions de contrôleur des finances, il s'en servit pour rendre des édits qui donnaient cours forcé à ses billets, et changeaient le rapport de l'or et de l'argent; le premier étant élevé de 900 à 1800 livres le marc, le second de 60 à 120 livres. Tout fut inutile, la banqueroute était imminente, elle eut lieu.

Conduite par une nécessité que nous n'avons pas à apprécier ici, la Convention arriva plus tard au même résultat en suivant la même voie. L'abolition des charges et le remboursement des finances qui avaient été constituées pour les obtenir, la liquidation des dettes de l'ancienne royauté, les besoins journaliers d'armées nombreuses manquant de tout, avaient augmenté en France et dans une énorme proportion, l'emploi du numéraire: et, pour faire face à tant de besoins, les coffres étaient vides, la guerre tarissait les impôts encore mal établis, le crédit était ébranlé, détruit. Il n'était plus entre les mains du gouvernement qu'une seule ressource : les biens nationaux confisqués sur les émigrés ou appartenant aux communautés et aux couvents ; mais leur vente était difficile, et naturellement fort lente ; l'incertitude des événements arrêtait d'ailleurs les acquéreurs. Peu importe, il fallait de l'argent à tout prix et de suite, les besoins étaient pressants ; on se décida à délivrer alors en paiement des dettes ou des fournitures publiques, des *assignats* ou assignations sur les produits de la vente des biens confisqués. Plus les besoins augmentaient et plus on émettait de ces billets, bientôt ils dépassèrent la valeur des biens qu'ils représentaient et qui leur servaient de garantie, la nécessité commandait chaque jour plus impérieusement, on ne savait ou on ne pouvait lui résister. Les émissions alors ne connurent plus de bornes, ce qui amena la dépréciation des billets ou assignats, dans une proportion d'autant plus forte qu'on avait fait plus d'efforts pour l'empêcher. Les prix de toutes choses augmenta : des bottes, des chapeaux se vendaient jusqu'à 15 et 20,000 francs en papier. Bientôt, malgré la loi qui lui donnait un cours forcé, *sous peine de mort*, personne ne voulut plus en recevoir, il ne servait qu'à solder les impôts et les achats de propriétés nationales, qui semblaient se vendre fort cher, quand en réalité, on les obtenait pour rien. Le trésor seul recevait encore des assignats, quand depuis long-temps le public les refusait.

Cet état de choses dura jusqu'à la reprise des paiements en espèces, sous le consulat.

L'Angleterre n'avait échappé à une ruine semblable à celle qui nous avait frappés deux fois, qu'en apportant, ainsi que nous l'avons vu, une sage réserve dans ses émissions. Elle se trouva dans la gêne et fut obligée de suspendre ses paiements en espèces, parce que ses billets au lieu de servir au commerce seulement, passèrent dans les mains des consommateurs par l'intermédiaire du Trésor, ce qui les faisait revenir de suite au remboursement, au lieu de les laisser circuler, et rendait insuffisante la réserve ordinaire du tiers. Ses billets avaient d'ailleurs deux garanties : celle du gouvernement, auquel la banque avait prêté par anticipation sur le produit des taxes, c'était la moins solide, sans pour cela être tout à fait mauvaise; quant à la seconde elle était sûre, elle reposait sur les lettres de change des négociants et des banquiers escomptées par la banque, et qui venaient chaque jour à échéance. C'est là ce qui explique comment les négociants de la cité se décidèrent si facilement à recevoir comme argent, les billets de la banque qui représentaient les leurs propres; et ce qui maintint les premiers à peu près au pair de la monnaie en numéraire.

Il y eut même là, la source d'un grand bien pour l'Angleterre. Presque tout son commerce intérieur se fit avec du papier, et ses métaux précieux, devenus inutiles dans le pays, lui servirent à trafiquer à l'étranger et principalement dans l'Inde; elle doubla ses affaires, en doublant son capital.

Il en arriva seulement que le prix des choses ayant augmenté par suite de cette plus grande abondance de numéraire, qui ne reposait pas sur une plus forte production et une augmentation de revenus; les fermiers contractèrent des baux à des prix plus élevés qu'autrefois, et qu'ils purent atteindre tant que le papier demeura la seule monnaie du pays, mais qui furent trop élevés du moment où la banque reprit ses paiements en espèce. Ce fut pour venir à leur secours que le parlement, dont les membres avaient individuellement profité de l'augmentation des baux en leur qualité de propriétaires, rendit les fameux Bills sur les céréales; qui, en interdisant l'entrée des blés étrangers en Angleterre, élevèrent le prix de cette denrée de premiere nécessité, au triple de ce qu'il est dans d'autres pays, en France même. Prenant ainsi dans la poche des consommateurs, c'est-à-dire du peuple, l'indemnité qu'ils accordaient aux fermiers, et l'augmentation de revenus dont ils gratifiaient les détenteurs du sol.

Ad : B (des V).

DOUZIÈME LEÇON.

Séance du 12 janvier 1838.

Comparaison des banques de dépôt avec celles d'escompte ou de circulation. — Caisse générale du commerce et de l'industrie.

Sommaire : Banques de dépôts. Ancienneté des banques de dépôts ; — (Note sur le crédit en Chine et en Turquie.) — Leur création est provoquée par la diversité des monnaies. — Comment cette création a eu lieu. — Services rendus par ces banques. — Profits qu'elles font. — Confiance inspirée par la banque d'Amsterdam. — Comment elle l'a perdit. — Note sur les Banques de Venise, de Gènes, d'Amsterdam et de Hambourg.

Comparaison des banques de dépôt avec celles de circulation. — Les Banques de dépôt deviennent insuffisantes ; elles sont remplacées par celles de circulation. — Garanties de ces banques. — Elles sont plus exposées aux sinistres. — Le crédit ne se soutient qu'avec des capitaux circulants. — Il ne faut pas non plus que les banques de circulation poussent trop loin la prudence. — C'est ce que fait la banque de France.

Caisse générale du commerce et de l'industrie. — Ses succès en quelques mois. — Chiffres officiels du 31 décembre 1837. — Elle n'a éprouvé aucune perte sur 11500 effets. — Petits billets de crédit. — Appréciations diverses.

Conclusion.

Messieurs,

Nous examinerons ce soir avec quelques détails les banques de dépôt, et nous verrons en quoi elles diffèrent des banques de circulation. Je profiterai de cette circonstance pour ajouter quelques détails sur la caisse générale du commerce et de l'industrie qui tend à occuper parmi les instruments du crédit public, une place assez important, pour exciter tout votre intérêt.

BANQUES DE DÉPÔT.

Les banques du dépôt sont les plus anciennes et avant d'arriver au mécanisme des banques d'escompte ou de circulation on a fait plus d'un essai Indiquons d'abord leur position topographique car elles n'étaient ni possibles, ni nécessaires par tout, et aussi n'est-ce que dans les grands centre d'affaires commerciales que nous les trouvons, Amsterdam, par exemple, à Gênes, à Hambour à Venise ; toutes villes qui étaient en possessio d'un très grand commerce avec l'étranger, et rendez-vous des négociants de tous les pays. (C'est le propre d'un pays d'affaires de v affluer sur la place, des monnaies de toute espè et de toute valeur. Le même fait se reprodu sait à l'époque de la création des banques de dép et il se glissait sans cesse dans la circulation

(1) La création des banques est de beaucoup postérieure à l'inven du papier-monnaie, qui a dû contribuer à en faire naître la première M. Storch (économ. polit. IV.) dit que le papier-monnaie a été intro en Chine vers la fin du treizième siècle, et qu'un voyageur russe lui a porté un assignat de ce pays. Il ajoute qu'en Turquie les collecteurs de taines impositions délivrent des quittances aux contribuables qui le acquittés, et que ces papiers ont cours comme le numéraire.

(Note du R.)

monnaies, qui n'avaient plus cours et dont la variété jetait le trouble et l'incertitude dans l'esprit des négociants.

Une vente était-elle faite, il fallait avoir grand soin de stipuler la monnaie qui devait être donnée en paiement, et faire, pour se rendre un compte exact de l'opération, des calculs fastidieux, ou courir la chance d'être payé en pièces d'un titre défavorable. Avait-on seulement un sac d'écus, il fallait des triages à n'en plus finir pour en apprécier le contenu.

Toutes ces incertitudes, tous ces calculs d'alliages, tous ces détails dont les achats et les ventes se trouvaient surchargés et qui entraînaient des discussions, des erreurs et des fraudes continuelles, firent rechercher un remède à une organisation aussi vicieuse des agents de la circulation.

Ce fut dans ce but qu'on songea à adopter une monnaie légale ou pour mieux dire officielle, et que l'on fut conduit à traduire la valeur de toutes les autres en cette monnaie d'adoption, qui porta bientôt le nom de monnaie de banque. On organisa dans les villes centrales des magasins, des banques dans lesquelles furent déposés les lingots et les monnaies d'or et d'argent de tous titres et de tous poids. Après avoir pesé et essayé chaque dépôt, on donnait au propriétaire un certificat constatant qu'il avait remis une somme déterminée de florins, en espèces reconnues bonnes; et on lui ouvrait en même temps un compte au crédit duquel on portait la valeur des lingots ou des monnaies déposées. Maintenant, cet individu avait-il à payer une certaine somme à un autre négociant, il donnait à celui-ci une délégation sur la banque qui lui transférait une partie de la créance du premier dépositaire. Supposons que ce dernier avait remis à la banque pour 100,000 florins, et qu'il en avait passé 10,000 au nouveau porteur, et qu'il faisait avec neuf autres de ses créanciers la même opération; vous voyez qu'il disparaissait complétement des registres de la banque, que les nouveaux propriétaires lui étaient substitués et de plus que les divers paiements étaient effectués sans le concours apparent des espèces et des monnaies dont le maniement avait, vous venez de le voir, tant d'inconvénients.

C'est ainsi qu'on parvint à n'avoir plus besoin d'espèces que pour faire les appoints ou solder de petites sommes sans importance. Le commerce trouva dans cette institution d'immenses avantages consistant : dans une sécurité complète à l'égard de la valeur réelle des monnaies, les plus mauvaises devenant entre les mains de la banque un lingot sans reproche; dans l'économie du temps perdu autrefois pour peser et éprouver les pièces et faire les paiements; dans la suppression du transport et de la conservation d'une espèce de marchandise fort lourde, incommode ou convoitée par les voleurs.

Mais où donc était le profit de la banque?... Chaque transfert était soumis à un droit à peine sensible pour celui qui le payait; et comme ce transfert se répétait plusieurs centaines de fois par jour, il finissait par donner un important revenu. En outre, la banque avait eu l'heureuse idée de taxer la curiosité et la peur des créanciers, et ceux d'entr'eux qui voulaient voir ou retirer leurs dépôts payaient des droits bien plus considérables que ceux d'un simple transfert. Aussi ne faisait-on que bien rarement une demande onéreuse.

Peu à peu, la banque (je parle plus spécialement de celle d'Amsterdam) devint un magasin général pour les monnaies de toute espèce. La régularité avec laquelle elle remplissait ses fonctions et les avantages qu'elle procurait au commerce, furent si généralement sentis, que tout le monde voulut être en relation avec elle; et c'est ainsi que l'agio entre les papiers de banque et les espèces était de 3 à 4 pour cent en faveur du papier; et que le change fut long-temps favorable à la place d'Amsterdam.

Cependant que faisait la banque de dépôt? elle créait en papier une valeur égale à celle des lingots qu'on déposait chez elle; et les avantages qu'elle offrait se réduisaient en définitive à ceux d'une nouvelle monnaie.

Plus tard on comprit tout le parti qu'il y avait à tirer de cette confiance générale. Car, supposez, Messieurs, qu'une banque qui avait 100 millions en caisse eût émis au lieu de 100 millions de billets 150 millions; que serait-il arrivé?... peut-être rien; puisque personne, au milieu de cette tranquillité générale, ne songeait à se faire rembourser. Dans cette supposition, une banque de dépôt aurait fait ce que firent plus tard les banques de circulation. Cependant elle serait sortie par le fait de ses véritables attributions et l'expérience a prouvé qu'il fallait établir entre ces deux systèmes une ligne de démarcation que les faits que je vais citer, vous mettront à même de bien définir.

Vous venez de voir quel degré de confiance les administrateurs de la banque d'Amsterdam étaient parvenus à inspirer au commerce. Cette confiance s'accrut encore lorsqu'en 1672, cinquante neuf ans après sa fondation, à la nouvelle de la marche des armées de Louis XIV, se dirigeant sur la ville, on rendit à leurs propriétaires, les fonds déposés dans les caves de la banque. Les dépôts avaient éte si bien disposés, et si intégralement respectés, que lorsqu'on voulut extraire le numéraire, on trouva tous les coffres intacts, et les pièces de monnaies encore toutes noircies par un incendie qui avait eut lieu quelques années auparavant. Une fois les affaires publiques arrangées tant bien que mal, les dépôts se reformèrent; la banque reprit ses fonctions; et chose assez remarquable, elle eut à subir de nouveau la même épreuve, qu'elle vit d'ailleurs tourner à son désavantage. Lorsqu'en 1794, l'armée républicaine prit la ville d'Amsterdam, les dépositaires trouvèrent de moins dans les coffres dix millions six cents mille florins (20 à 25 millions de francs), que la banque avait prêtés à la ville d'Amsterdam et à la compagnie des Indes. Sans doute ces florins n'étaient pas perdus; mais comme ces deux débitrices ne purent pas rembourser de suite, et comme la banque avait d'ailleurs violé le dépôt et ses engagements, son crédit s'évanouit et depuis lors il ne lui a plus été permis de se reconstituer (1). Ainsi la banque aurait perdu sa réputation à l'époque de la première invasion, et elle l'aurait conservée, si à l'époque de la seconde, elle eût été banque de circulation, c'est-à-dire, si elle eut augmenté l'émission de ses billets, en exigeant toutefois en échange des valeurs solides et susceptibles de rentrer à de petits intervalles (2).

---

(1) L'argent de Banque qui avait porté un agio de 5 0/0, perdit aussitôt plus de 15 0/0 sur la monnaie courante. (Note de R.)

NOTE SUR LES BANQUES DE DÉPÔT.

(2) La première banque qui ait existé est celle de *Venise* ou de *St-Marc*. Elle fut fondée en 1171 par le gouvernement pour subvenir aux frais des guerres d'Orient, au moyen d'un emprunt forcé, sur les plus opulents auxquels on garantit une rente perpétuelle de 4 0/0. Les prêteurs créèrent une chambre chargée de recevoir et de distribuer les intérêts et qui forma par la suite la banque de Venise. Elle a cessé d'exister depuis 1797 époque de l'invasion des Français. En 1423 ses revenus s'élevaient à près de 5 millions de francs. Elle exportait la plus grande partie de son numéraire

La *Banque de Gênes* date de 1407; elle fut établie sur le plan de celle de Venise, par suite des guerres qui forcèrent cette république à recourir à des emprunts à rente constituée. Le paiement de ces rentes fut assigné sur des propriétés domaniales, qui furent administrées par huit prêteurs choisis, dont la réunion a donné naissance à la Banque de St.-Georges. Plus tard le conseil de régence se composa de 100 actionnaires. La nature de cette banque ne lui a pas permis de rendre des services bien signalés au commerce; mais le gouvernement de la république s'en servit pour régulariser ses finances.

La *Banque d'Amsterdam* est la plus renommée de toutes ces banques. Sa fondation remonte à l'année 1609. Elle était obligée d'avoir toujours en numéraire une somme égale au montant des billets qu'elle donnait aux dépositaires. Contrairement à la banque de Gênes, elle fut surtout instituée dans l'intérêt spécial du commerce. Cette banque de dépôt ne doit point être confondue avec la banque des Pays Bas, fondée en 1814 sur les mêmes bases que celle d'Angleterre, avec un capital de 5 millions

COMPARAISON DES BANQUES DE DÉPOTS ET DES BANQUES DE CIRCULATION.

Malgré leurs inconvénients, les banques de dépôt ont rendu de grands services pendant plus de cent ans, mais vers la fin du dernier siècle elle étaient devenues insuffisantes; et le besoin amena les *banques de circulation*, différant d'une manière générale des *banques de dépôt*, en ce que celles-ci n'émettent des billets qu'au prorata du numéraire qu'elles ont en caisse, tandis que les autres peuvent émettre plus de billets qu'elles ne reçoivent de dépôts, en augmentant le numéraire sans l'employer et en corrigeant les inconvénients que son emploi direct présente.

Les banques de circulation ont en réserve et comme garantie de leurs billets une certaine réserve en numéraire ou en lingots, plus en portefeuille, les effets qu'elles escomptent.

On croit, d'abord, qu'il y a dans ce système, surabondance de garantie; puisqu'on sait qu'avec un

---

de florins, doublé en 1819, et, avec la permission d'émettre des billets au porteur pendant 23 ans.

La *Banque de Hambourg* fut fondée en 1619 sur le plan de celle d'Amsterdam. La ville est responsable des dépôts confiés à la banque et la plus grande publicité préside à ses opérations. En 1813, le maréchal Davoust, chargé de la défense de la ville assiégée, s'empara des fonds de la banque qui s'élevaient à la somme de 7,489,343 marcs banco; (14 millions environ); mais la France a remboursé cette somme à l'occasion de la liquidation des créances étrangères.

La *Banque d'Angleterre* est à la fois une banque de dépôt, d'escompte et de circulation. Voyez pour cette Banque et les autres banques d'Angleterre, les banques d'Irlande, d'Écosse, des États-Unis et de France, la troisième et la quatrième leçon du cours de 1836-37. (Note du R.)

capital de 100 millions, une banque peut émettre pour plus de 100 millions de billets. Cela est vrai quand la banque ne dépasse pas de sages limites ; mais cette faculté de battre monnaie a séduit beaucoup de gouvernements, et il en est résulté de grands inconvénients pour l'industrie et le crédit public. MM. de Sismondi et Thomas Tooke ont signalé tous les sinistres de ce genre qui ont éclaté depuis l'établissement des banques. Trois fois celle de Londres, dirigée par les hommes les plus habiles, et les plus circonspects, a été obligée de recourir à l'appui du gouvernement pour ne pas faire banqueroute ; la banque d'Écosse a manqué ; un grand nombre de banques américaines ont manqué. Or toutes ces faillites ont été le résultat d'une trop grande émission de papier; et d'une émission sans garantie ; partout où les banques n'ont pas gardé une sage mesure, il leur a été impossible d'éviter le danger.

Le crédit est un bon instrument ; mais il ne faut pas perdre de vue qu'il doit représenter une valeur réelle. Lorsque deux hommes dépourvus de tout tirent l'un sur l'autre, il y a abus et non crédit. Il y a encore abus lorsqu'un filleul tire sur son compère. Mais il y a crédit lorsque deux négociants tirent l'un sur l'autre, et lorsque tous deux offrent des garanties. Il ne faut pas perdre de vue non plus que le crédit ne peut fonctionner, que lorsqu'il a à sa disposition, une certaine masse de capitaux circulants; c'est là ce que n'ont pas su les fondateurs de la caisse hypothécaire, et ceux qui ont cherché à organiser, il y a deux ans, des banques agricoles.

Si la prudence doit être recommandée aux banques, il ne faut pas cependant qu'elles la poussent jusqu'à la peur; sans quoi elles manquent à leur mission et ne rendent plus les services qu'on est en droit d'en attendre. La banque de France n'a jamais pu faire prospérer ses succursales dans les départements : quelques-unes sont mortes, d'autres languissent. N'allez pas croire que le commerce ne les demande pas, ou quelles aient compromis leurs capitaux. Non, cela tient à ce qu'elle a fait des conditions inacceptables au commerce, en lui demandant du papier à trois signatures et qui ne dépasse pas 90 jours.

C'est ainsi que la banque de France n'est souvent qu'une banque de dépôt, au détriment des intérêts de ses actionnaires, dont les capitaux ne produisent point tout ce qu'on pourrait en retirer, puisqu'elle refuse de faire un grand nombre d'escomptes. Trop n'est pas toujours bien, et je suis sûr que lorsque le privilége de la banque sera expiré dans 4 ou 5 ans, il se présentera pour la remplacer des compagnies de capitalistes, qui offriront une subvention suffisante pour l'indemniser de la perte qu'il vient d'éprouver par la fermeture des maisons de jeu, et qu'elles trouveront encore moyen de donner de beaux dividendes à leurs associés.

CAISSE GÉNÉRALE DU COMMERCE ET DE L'INDUSTRIE.

Le besoin d'un établissement qui dispensât le crédit d'une manière plus large et plus hardie, sans témérité cependant, s'est fait sentir surtout pendant les dernières années durant lesquelles l'industrie et le commerce ont fait de remarquables progrès. C'est pour satisfaire le désir du commerce et de l'industrie qu'un homme qui fait depuis long-temps autorité en affaires de finances, et que le pays compte au nombre de ses plus anciens et de ses plus fidèles défenseurs, a eu l'idée heureuse et bientôt féconde de fonder une vaste maison de banque, ou si vous voulez d'escompte.

Depuis trois mois que la caisse générale du commerce et de l'industrie a commencé ses opérations, ses espérances ont été réalisées et tout fait espérer qu'elles seront bientôt dépassées. Les faits vont parler plus éloquemment que je ne pourrais le faire. Voici les chiffres officiels des opérations au 31 décembre dernier, tels qu'ils ont été reconnus et arrêtés par conseil de quinze délégués des actionnaires.

ESCOMPTES.

En octobre...	2,870,000	
En novembre.	6,510,000	
En décembre.	8,220,000	
Ensemble..	17,600,000	
Plus........	5,150,000	en remises des départements.
Total......	22,750,000	en trois mois.

MOUVEMENTS DE FONDS.

	pour l'entrée.	*Pour la sortie.*
Ils ont été en octobre...	9,016,100	3,780,000

en novembre.	5,646,000	10,180,000
en décembre.	10,542,000	10,420,000
Totaux..	25,204,000	24,380,000
Solde en caisse..	»	824,000
Balance..........	25,204,000	25,204,000

PORTEFEUILLE.

La caisse a escompté :

En octobre......	2,200 effets;
En novembre...	6,700 dito;
En décembre...	10,000 dito, et plus.
Ensemble....	18,900 effets;

BILLETS DE CRÉDIT.

Il en a été émis :

A trois jours de vue et à 3 0[0] d'intérêts, pour	1,000,000
A trois jours de vue, sans intérêts, pour	700,000
A plus longues échéances, pour	100,000
Ensemble...	1,800,000

Sur les 18,900 effets admis à l'escompte par la caisse, 11,500 sont arrivés à échéance et n'ont pas donné lieu à un seul protêt. Si donc la banque les avait acceptés, pensez-vous qu'elle y aurait perdu quelque chose ? Ainsi ; messieurs, il reste bien démontré par l'expérience, qu'en dehors du monopole, il y a encore à faire. A quoi cela tient-il donc? sans doute le comité d'escompte de la caisse a fait un choix intelligent ; il n'a pris que le véritable papier ; et s'il y a des personnes qui n'ont pas trouvé à écouler leurs effets, c'est que probablement elles présentaient du papier de véritable filleul à compère, ou de compère à filleul.

L'heureuse idée d'émettre des billets de crédit à trois jours de vue a été comprise par le commerce, et n'a pas tardé à porter ses fruits. Ces billets n'ont aucun des inconvénients matériels des espèces, et produisent en outre un intérêt. De quelle facilité ne vont-ils pas être pour les petits envois de fonds, pour ceux par exemple que les soldats font à leurs familles, ou mieux encore pour ceux qu'une bonne mère envoie à son fils en garnison. Il n'y a que deux mois que ces billets sont connus et vous voyez que déjà l'émission s'est élevée à 1 million 800 mille francs. Ainsi la caisse générale a trouvé le secret de faire apprécier ses billets comme ceux de la banque de France, et désormais toutes les maisons pourront imiter la banque Laffitte; et personne ne songera plus à voiturer des écus, ce qui est absurde pour un pays civilisé.

Cette concurrence intelligente et redoutable a fait capituler la banque de France. Elle se montre plus gracieuse, et la voilà qui donne des billets sur la province et qui agrandit le cercle de ses escomptes.

Près de deux millions de francs sont donc entrés dans la circulation depuis quelques mois. Il y en aura 14 ou 15 millions dans un an ; et ce n'est pas trop dire, puisque la caisse a 15 millions plus une réserve de 45 millions de francs, garantie par les actionnaires.

Ce ne sont pas seulement les escomptes qui marchent, mais les avances sur consignations qui tendent à mobiliser les marchandises; les avances sur les valeurs à échéanche fixes, tels que inscriptions de rentes, pensions, intérêts d'actions dans les entreprises publiques, les canaux, etc.

Des comptes courants y ont déjà été ouverts au nombre de plus de 1,000; et pour apprécier l'importance de ce chiffre, il suffit de savoir que la banque de France n'en a que 2,000 ou 2,500.

Tous ces détails vous prouveront que dans un court espace de temps, et sans dépasser les limites de la prudence, on peut augmenter sa fortune en travaillant à accroître la prospérité publique : c'est ce qui m'a engagé à sortir de mes habitudes de réserve, pour vous entretenir d'une entreprise particulière. Il m'a semblé que l'avenir du crédit en France et les intérêts généraux dépendaient trop d'elle, et étaient trop liés aux siens, pour que je pusse me dispenser de vous en parler, surtout lorsque je passais en revue tout ce qui se rapporte aux moyens employés pour multiplier les capitaux, et seconder les travaux du commerce et de l'industrie. Son exemple est d'ailleurs, je le répète, trop bon à suivre pour que je ne lui donne pas toute la publicité possible, afin d'engager nos départements à l'imiter; et pour que le petit commerce cherche à sortir des griffes de l'usure. Il y a encore beaucoup de places pour plusieurs autres banques de la même nature à Bordeaux, à Marseille, à Nantes, etc., qui en ce moment ne peuvent point donner un essor convenable à leurs affaires.

CONCLUSION.

Je finirai cette leçon par quelques considérations générales, qui seront comme le résumé de ce que j'ai eu l'honneur de vous dire.

La monnaie métallique est une marchandise comme tout autre, qui a l'avantage d'être très divisible, inaltérable à l'air, à l'humidité et au feu. Sauf les usages domestiques ou d'art, l'or et l'argent valent moins que le fer et la houille. Toutefois, si on peut les suppléer par du papier, il est impossible de s'en passer pour les appoints.

La monnaie de papier ne doit point être employée pour de trop petites sommes, et la division ne peut pas dépasser sans inconvénient un certain niveau. Bien qu'il n'y ait rien d'absolu dans cette question, on peut aujourd'hui admettre des billets de 100 francs; mais je crois qu'il y aurait du danger à descendre plus bas, surtout s'ils arrivaient à représenter le salaire des ouvriers. La monnaie de papier est destinée à servir et à faciliter le commerce; elle doit donc rester dans les mains des hommes d'affaires, et ne jamais intervenir dans les rapports du marchand avec le consommateur. Cependant il faut avouer que cette règle n'est plus aussi générale; le nombre des petits particuliers est très considérable, et on a été conduit, dans l'intérêt des petits effets ou *broches*, à frapper des timbres spéciaux et d'un prix moindre (25 centimes au lieu de 50 centimes que payaient les effets de 500 francs et 1000 francs.) Mais je le répète, dans l'état actuel des besoins de la circulation, il ne faut guères dépasser la limite posée par la banque de Londres et qui est de 5 livres sterling ou 125 francs.

Il faut reconnaitre encore que le crédit ne peut s'appliquer qu'à des opérations réelles, dont les valeurs sont promptement realisables et que dans l'état actuel il est difficile de le faire servir à l'agriculture et aux grandes entreprises de travaux publics.

Les banques de dépôt ont fait leur temps. Les banques de circulation ou d'escompte, doivent entrer dans le domaine public et cesser d'être officielles ou de monopole, en évitant les abus d'émission qui ont causé tant de désastres dans d'autres pays.

Ces émissions doivent être réglées par la confiance publique et dans tous les cas, ne jamais dépasser le triple du fonds social.

Jph. G.

TREIZIÈME LEÇON.

Séance du 16 janvier 1838.

QUESTION DE LA MONNAIE BELGE (Fin). AGRICULTURE.

SOMMAIRE : Rappel des faits qui ont amené la discussion avec M. de Brouckère. — Discussion. — Conclusion.

AGRICULTURE. Position spéciale de l'agriculture. — Ses besoins. — Qu'a-t-on fait pour elle ? Rien. — Ses représentants ne se sont servis du pouvoir que pour eux, et ils en ont fait un mauvais usage.

Des ROUTES et de l'INSTRUCTION par rapport à l'agriculture.

Tout ce que l'on fera pour cette branche de la production, réagira sur les deux autres.

MESSIEURS,

Je reviendrai ce soir sur le projet de loi relatif à la fabrication d'une nouvelle monnaie d'or en Belgique, pour répondre aux différentes attaques qui ont été dirigées contre moi au sujet de l'opinion que j'ai émise sur cette question, dans notre neuvième Leçon, du 26 décembre dernier (Voir pages 189 à 192).

Si j'ai tardé aussi long-temps à terminer ce débat, ce n'est pas, Messieurs, que j'aie reculé devant l'obligation d'endosser la responsabilité de mes paroles; j'ai voulu seulement laisser au temps le soin d'éclairer la question et d'apaiser les colères que j'avais soulevées.

Des arguments de mes adversaires il faut faire deux parts; la première comprendra les observations désobligeantes qui m'ont été adressées et auxquelles je ne veux pas répondre; dans la seconde se rangent les objections sérieuses qui m'ont été faites et que je me propose d'examiner, pour les admettre si elles sont fondées, et les combattre si elles ne me semblent pas justes. Ne considérant cette discussion comme toutes celles qui pourraient s'élever par la suite, au sujet des matières traitées par moi dans ce cours, que sous le rapport scientifique, je n'éprouverai jamais aucune hésitation à reconnaitre les erreurs dans lesquelles je pourrais tomber, comme aussi je soutiendrai toujours envers et contre tous l'intégralité des principes que je considère comme les seuls vrais. Dans les questions de cette nature, l'amour-propre de l'homme doit disparaitre complètement, pour ne laisser à sa place que l'amour de la science et de la vérité, qui doit seul animer un professeur : je m'efforcerai toujours de suivre ce précepte, et d'en faire la règle de ma conduite.

Comme l'origine du débat remonte déjà à plusieurs semaines, je vous rappellerai les faits et les termes qui lui ont donné lieu, avant d'entrer plus avant dans la discussion.

Examinant dans quelques-unes de nos précédentes leçons la question des monnaies, j'eus occasion de vous signaler les effets désastreux des altérations commises à différentes époques par plusieurs gouvernements; et je m'étonnai qu'une administration aussi éclairée que celle de la Belgique pût songer à renouveler au 19me siècle les déplorables falsifications de monnaies des âges précédents.

Ce pays, séparé violemment de la Hollande en 1830, se trouva à cette époque sans monnaie nationale et fut obligé de se servir des monnaies étrangères; empruntant plus particulièrement à la France ses pièces d'argent, et à la Hollande ses pièces d'or. Ce fut pour sortir de cette position qu'une loi fut présentée aux chambres en 1832, pour donner à la Belgique une monnaie spéciale. Cette loi, votée le 5 juin 1832, portait qu'il serait frappé à la monnaie de Bruxelles des pièces à l'effigie du roi Léopold, fabriquées d'après le système monétaire français. La partie de la loi concernant les monnaies d'argent reçut bientôt son exécution, celle qui statuait à l'égard des pièces d'or, resta seule suspendue, ce que j'ignorais et ce qui fut de ma part la cause d'une erreur dont je vous parlerai tout à l'heure.

Aujourd'hui une nouvelle loi étant proposée à la chambre des représentants et au sénat, et cette loi brisant, quant aux pièces d'or, l'unité de système décimal français adopté pour les pièces d'argent, je me suis permis de l'attaquer en terminant notre 9me leçon.

Voici probablement quel a été le mobile qui a fait agir le gouvernement belge :

Sur le point d'exécuter les pièces d'or au poids et au titre des pièces françaises, on observa qu'il existait toujours entre la valeur de l'argent et de l'or, une différence en faveur de ce dernier, qui était tantôt de 10 et tantôt de 12, 14 et même 15 francs par mille ; ce qui retirait la monnaie d'or de la circulation pour la faire affluer dans la boutique des changeurs. Ce fut pour anéantir cet *agio*, ou plutôt pour en faire profiter le trésor, que le gouvernement suspendit l'exécution de la loi de 1832, et qu'il vient aujourd'hui demander l'autorisation de réduire le poids de chaque pièce d'or qu'il s'agit de fabriquer, d'une quantité égale à la valeur de l'agio.

Puisque, s'est-il dit sans doute, une pièce d'or vaut quatre pièces de 5 francs plus quelques centimes ; pourquoi la donnerais-je pour 4 pièces de 5 francs seulement ? — n'est-il pas plus juste que je ne livre au public qu'une valeur égale à celle que j'en reçois? Si en effet, outre sa valeur intrinsèque, l'or emprunte à quelques circonstances extérieures une valeur conventionnelle, pourquoi n'en profiterais-je pas? L'affaiblissement de la monnaie d'or est donc pour moi un droit, dont l'exercice me procurera des bénéfices importants, et aura de plus l'avantage de replacer dans la circulation une espèce de monnaie qui y est soustraite aujourd'hui :

Telles furent, sans doute, les raisons qui motivèrent le projet de loi dont je vous ai entretenu, et que j'ai vivement critiqué, parce que si les observations faites par les financiers belges sont exactes, les déductions qu'ils en ont tirées me semblent fausses.

Sans doute l'or disparait de la circulation et se réfugie chez les changeurs ; mais pour quelles causes ? Parce que les billets de crédit des banques et des particuliers servent à faire les paiements qui se soldaient autrefois en or ; et que celui-ci n'est plus recherché que par les voyageurs, les militaires, etc., qui le trouvent chez les marchands changeurs.

Sans doute l'or monnayé jouit d'une prime ou *agio* ; mais cette prime varie suivant les besoins ; c'est à dire qu'elle augmente parce que l'or est plus recherché toutes les fois qu'une crise commerciale ou financière altère le crédit et déprécie les billets des banques ; ou qu'une guerre extérieure envoie au dehors un plus grand nombre de soldats et d'employés des administrations et des armées, dont les services se paient en monnaie d'or, beaucoup plus facile à transporter que l'argent et qui a cours partout.

La prime diminue au contraire lorsque la paix rétablit les communications, et que la prospérité fait renaitre la confiance qui met le papier-monnaie au pair de la monnaie métallique.

Les circonstances qui influent ainsi sur le rapport de l'or à l'argent, et sur la prime dont jouit le premier, étant, comme nous venons de le voir, essentiellement variables, il en résulte naturellement qu'il est impossible, même à une loi, de rétablir l'équilibre et de faire disparaître la prime.

Une réduction sur le poids des pièces d'or égale à 13 francs pour mille, taux actuel de l'*agio*, mettrait bien aujourd'hui l'or au pair de l'argent ; mais que demain une guerre éclate entre la Hollande et la Belgique, et tous ceux qui voudront cacher leurs capitaux ou les emporter au loin ; ceux qui suivront les armées et l'administration elle-même pour le service de la solde, des vivres, etc. ; tous ceux en un mot qui auront besoin d'or, consentiront à payer une prime de 1 ou 2 francs et même plus, pour changer leur argent contre des pièces de 20 ou de 25 francs, bien que celles-ci ne vaillent plus réellement cette somme. Faudra-il alors faire, comme on le propose aujourd'hui, une nouvelle loi et une refonte de la monnaie d'or, pour diminuer les pièces déjà réduites, de la valeur de la nouvelle prime ?

Supposez au contraire, ce qui est plus probable, que les progrès de l'industrie et du commerce, affermissant chaque jour davantage la paix, fassent descendre le crédit dans toutes les relations d'affaires, et doublent, décuplent même, ce qui n'est pas impossible, la circulation des billets, et vous verrez, dans ce cas, l'or devenir chaque jour plus inutile, les avares et les voyageurs seuls le rechercheront encore, et comme la demande se trouvera ainsi de beaucoup diminuée, la prime de l'or baissera dans la même proportion. Dans cette seconde hypothèse comme dans celle qui précède, faudra-il faire une loi monétaire et une refonte des pièces d'or, non pas cette fois pour diminuer le poids des pièces, mais bien pour y ajouter tout ce que la prime aura perdu ?

Telle est cependant la position dans laquelle on se place en voulant établir officiellement un rapport exact entre l'or et l'argent; comme ce rapport change tous les jours, il faudra que la loi change avec lui, à moins que le premier ne soit rendu obligatoire, ce qui est impossible ; de telle sorte que la loi deviendra inutile si elle change, et vexatoire si elle demeure immuable.

Je m'étonne que le gouvernement belge qui a conçu la pensée d'établir ainsi de nos jours, non pas un *maximum*, mais un *prix fixe* pour une marchandise comme la monnaie ; n'ait pas demandé en même temps aux chambres de fixer par un tarif le prix légal des autres marchandises, avec défense de vendre meilleur marché ou d'acheter plus cher. Cette prétention n'eût pas été plus exorbitante que celle qu'il élève à propos de la monnaie.

Ayant chiffré, dans ma neuvième leçon, la réduction dont le gouvernement belge menaçait les pièces d'or, à 13 p. 00/00 ou 1, 3 p. 0/0, le journal (l'*Europe Industrielle*,) qui donne de mes leçons l'analyse la plus complète, mais à la rédaction duquel je suis complètement étranger, imprima par erreur 10 pour cent.

C'est l'article de ce journal qui, reproduit par les journaux belges avec l'erreur que je viens de signaler, a soulevé la polémique dont j'ai à vous entretenir aujourd'hui.

Ayant trouvé en Belgique des économistes partisans des doctrines que je professe et des adversaires pour les combattre, il en est arrivé que j'ai reçu des premiers des éloges trop bienveillants peut-être, et des seconds quelques raisonnements mêlés à de violentes attaques personnelles.

Un journal semi-officiel, (*l'Indépendant*,) qui, en cette qualité, a une certaine importance, basa toute la critique qu'il fit de mon opinion, sur l'erreur typographique dont je viens de vous parler, et sur l'ignorance, bien facile à comprendre, dans laquelle j'étais resté, de la non-exécution de la partie de la loi de 1832 concernant la monnaie d'or. Un autre de mes adversaires, M. de Brouckère, a publié également différentes lettres, insérées dans les journaux belges, et motivés, comme l'article du journal ministériel l'*Indépendant*, sur l'erreur d'impression et la circonstance de non-exécution de la loi de 1832.

Déjà j'ai répondu directement à l'article de l'*Indépendant* (1); je vais, pour terminer enfin cette discussion, examiner rapidement les principales objections présentées par M. de Brouckère dans sa dernière lettre, adressée au journal le *Commerce Belge*, qui avait reproduit ma leçon en donnant une complète approbation aux opinions qu'elle renfermait, et dont voici les passages importants.

« Je suis invité à m'en rapporter à la seconde partie (de la lettre de M. Blanqui, reproduite à la fin de cette leçon, et qui répondait à la fois aux critiques de l'*Indépendant* et aux observations de

(1) Voir à la fin de cette leçon, la lettre adressée par M. Blanqui à l'*Indépendant*.

M. de Brouckère). Pour y répondre, je n'éprouve qu'une difficulté, c'est celle de préciser où elle commence.

« Est-ce à l'explication de ce que la Belgique a fait en adoptant la loi monétaire de 1832? Mais j'étais député à cette époque, et je ne pense pas qu'on ait besoin de m'apprendre ce que j'ai fait.

« Est-ce à la citation des savants auteurs du système monétaire français? Je ne puis le croire davantage; car on a puisé, nous dit-on, à des sources authentiques; et la seule qui existe est l'exposé des motifs du projet de loi.

« Dans cet exposé, on lit qu'un membre de la commission, et ce membre c'est moi, à propos du changement de valeur nominale attribuée aux pièces d'or, a dit: « Plutôt que d'adopter les me-
» sures proposées, et n'obtenir qu'une monnaie
» spéciale à la Belgique en dehors du système dé-
» cimal, il était préférable de laisser la pièce d'or
» ce qu'elle est dans la loi, sauf à changer la dé-
» nomination de 20 francs, ou l'effigie, en l'ex-
» pression du poids et du titre (1), et de laisser au
» gouvernement le soin de fixer tous les ans, ou
» tous les six mois, la valeur à laquelle l'or serait
» pris au trésor, d'après les prix du marché; que
» ce système rationnel était conforme aux sains
» principes, et *qu'il nous éviterait les refontes*
» *de monnaie, les variations soit de poids, soit*
» *de titre, et laisserait subsister l'harmonie des*

(1) Cette proposition a déjà été faite principe par Adam Smith et J.-B. Say. (Note du Réd.)

» *lois monétaires qui ont le franc pour base.* »

» Est-ce enfin au paragraphe où l'on a la générosité de nous croire encore assez ignorants pour caresser les illusions de la balance du commerce qu'on me renvoie? mais la citation qui précède suffit pour repousser cette pensée.

» Que reste-t-il donc pour moi, Monsieur, dans la lettre que vous reproduisez : rien.

» Soyons de bonne foi ; les premiers arguments avaient été puisés à des sources apocryphes, et ceux qu'on produit pour ne pas les rétracter reposent sur une supposition erronée.

» On suppose de nouveau que nous avons un système monétaire, tandisque nous n'avons qu'une loi qui n'a pas été mise à exécution pour ce qui concerne la monnaie d'or.

» Nous, Belges, nous sommes aujourd'hui dans la même position que celle où se trouvait la France il y a quarante ans ; nous nous trouvons même dans une condition plus libre ; car nous n'avons rien à démonétiser ; nous sommes sans antécédents qui nous gênent, sans préoccupation du passé.

» Dans une pareille situation, et précisément parce que nous n'avons qu'un étalon monétaire, que cet étalon est l'argent, parce que l'or est marchandise, nous devons établir le rapport légal d'après la moyenne des prix du marché. Or, c'est ce que nous avons fait ; on l'avoue en ne répondant point à la seule condition sérieuse de la question. On avait d'abord prétendu que la hausse de l'or était momentanée ; j'ai hasardé de repousser cette idée et l'on n'y revient plus ; cependant toute la difficulté est là. Qu'on nous prouve que l'or *doit* revenir à la valeur qu'il avait il y a quarante ans, que le rapport de 1 à 15 1/2 approche plus de la réalité actuelle que celui de 1 à 15 3/4, et je me donne pour battu ; *car je suis d'accord sur les principes*, je ne conteste que leur application. »

Du moment où M. de Bouckère veut bien convenir qu'il est d'accord avec nous sur les principes, les différences d'application deviennent presque insignifiantes. Il résulte en effet de la lettre qui précède que l'honorable directeur de la banque de Bruxelles veut, comme moi, qu'on laisse *subsister l'harmonie des lois monétaires qui ont le franc pour base ;* comme moi, il veut *éviter les refontes de monnaie, les variations soit de poids, soit de titre ;* comme moi, il repousse les propositions de la loi dont il s'agit, et qui tendent à *n'obtenir qu'une monnaie spéciale à la Belgique, en dehors du système décimal ;* il trouve enfin qu'il est *préférable de laisser la pièce d'or ce qu'elle est dans la loi, sauf à changer la dénomination de 20 francs ou l'effigie, en l'expression du poids et du titre, et de laisser au gouvernement le soin de fixer tous les six mois, la valeur à laquelle l'or serait pris au trésor, d'après le prix du marché.*

Que reste-t-il donc maintenant entre M. de Brouckère et moi ? Rien, puisque d'une part le reproche d'ignorance que j'adresse aux auteurs du projet, *qui caressent encore les illusions de la balance du commerce*, ne s'adresse pas à cet économiste qui repousse lui-même le projet et ses erreurs ; et que de l'autre je reconnais l'inexactitude des renseignements qui m'avaient fait croire à *l'existence d'un système monétaire complet, tandis qu'il n'y a qu'une loi qui n'a pas été mise à exécution pour ce qui concerne la monnaie d'or.*

Quant aux principes, donc, nous sommes parfaitement d'accord, ainsi que le déclare M. de Brouckère, et si nous différons encore sur leur application, je crois que cela tient uniquement à ce que mon adversaire ne s'est pas conformé assez rigoureusement aux règles qu'il a lui-même reconnues et acceptées. Je vois en effet qu'après avoir défendu, dans la commission qui a élaboré la loi de 1832, la cause des bons principes, il s'en écarte aujourd'hui en disant dans la seconde partie de sa lettre que c'est pour les Belges un droit et un devoir *d'établir le rapport légal de l'or à l'argent, d'après la moyenne des prix du marché.* Du moment où il admet que l'or est une marchandise qui se cote au marché suivant les offres et les besoins, il ne doit pas pouvoir soutenir que le rapport de l'or est invariablement fixé à 15 3/4 pour 1, et qu'il est logique qu'une loi arrête officiellement cette proportion.

C'est donc bien à tort, suivant moi, que M. de Brouckère nous met au défi en disant : qu'on nous prouve que l'or *doit revenir* à la valeur qu'il avait il y a quarante ans; car la question n'est pas de savoir si ce chiffre peut ou doit être atteint de nouveau, mais bien si la valeur de l'or peut être immuablement fixée par une loi, ou si elle est susceptible d'éprouver des modifications. Dans ce dernier cas, dont on admet la possibilité en se servant de l'expression *moyenne des prix du marché*, qui suppose l'existence de plusieurs prix, une loi devient, comme je le disais tout à l'heure, à la fois impossible, puisque le rapport qu'il s'agit de fixer est variable; et inutile, puisque le prix qu'elle établirait ne serait pas adopté par le commerce qui, en fait de valeur de marchandise, ne connaît d'autre tarif que celui des besoins et des offres.

Il est probable que la contradiction flagrante qui existe, comme vous venez de le voir, entre l'opinion de M. de Brouckère en 1832, et celle qu'il semble vouloir défendre dans la dernière partie de sa lettre, n'est que le résultat d'une mauvaise rédaction; car je ne puis admettre qu'un esprit aussi logique et aussi droit que le sien soutienne à la fois :

1° Que plutôt que d'adopter les mesures proposées afin de donner une monnaie spéciale à la Belgique en dehors du système décimal, il est préférable de laisser la pièce d'or ce qu'elle est dans la loi, et de laisser au gouvernement le soin de fixer tous les ans ou tous les six mois, la valeur à laquelle l'or serait pris au trésor, d'après le prix du marché;

Et 2° que la Belgique *doit* établir le rapport *légal*, etc, et faire confectionner des pièces d'or d'après ce rapport.

Cette partie, la seule importante de la discussion, se trouvant ainsi terminée, je ne m'étendrai pas sur les inconvénients que je vous ai déjà signalés comme devant résulter du nouveau mode de coupure par pièces de 25, 50 et 100 fr. Les premières, ai-je dit, rompront l'unité du systême décimal, ce magnifique monument du génie français, dont l'admirable simplicité et les précieux résultats sont reconnus et cités par les savants de tous les pays; quant aux pièces de 100 fr., elles vont directement contre le but que l'on s'était proposé de faire servir les monnaies d'or à la circulation; car elles seront recherchées plus que les autres par les avares et les enfouisseurs, ce qui rendra improductif un capital assez considérable.

Comment le gouvernement belge n'a-t-il pas prévu ce résultat? comment surtout n'a-t-il pas reculé devant la crainte d'altérer par son projet les rapports intimes qui unissent ce pays à la France? Trop d'entraves ne s'opposent-elles pas déjà à ce que les peuples communiquent facilement entr'eux? Pourquoi en créer là où il n'y en a pas, et surtout entre deux peuples que tant d'intérêts rapprochent, que tant de liens unissent? Il y a dans cette question de finance intérieure, et qui semble spéciale à la Belgique, une question de haute politique à laquelle on n'a peut-être pas assez songé, et qui devrait suffire pour faire rejeter le projet de loi.

Toute cette affaire, que je n'avais nullement provoquée, et que des circonstances qui n'ont pas dépendu de moi ont seules fait durer aussi longtemps, étant enfin terminée, nous allons maintenant rentrer dans les limites du cadre que nous avons choisi.

La suite de notre plan me conduit à vous parler des grandes branches de la production, et de la situation relative de l'agriculture, de l'industrie et du commerce. Toutes trois sont également fécondes, également utiles au pays; seulement il en est peut-être qui, plus heureuses et mieux placées, ont trouvé dans certaines circonstances extérieures des encouragements à l'aide desquels elles ont pu réaliser des progrès importants, que les autres n'étaient pas en position d'obtenir.

Comme il est bien reconnu aujourd'hui que chaque branche de la production est tributaire des deux autres, et que dès lors la plus parfaite égalité existe entre elles, nous n'avons pas à déterminer l'ordre dans lequel on doit les considérer. Toutefois on peut dire que s'il était besoin d'assigner un rang à chacune, l'agriculture qui fournit à l'industrie les matières premières, au commerce ses plus nombreux clients, et à tous les travailleurs la laine, la soie et le lin de leurs vêtements; le pain, la viande, et le vin de leurs repas; devrait occuper la première place. Et cela plus encore en France que partout ailleurs; parce que les trois quarts de la population sont occupés aux travaux de la terre.

Placée dans une position toute spéciale, l'agriculture jouit de quelques avantages particuliers, rachetés par d'assez graves inconvénients. Si les revenus et les profits de ses travailleurs sont modiques et garantis contre les crises qui désolent l'industrie, rien ne les défend contre l'inclémence des saisons; elles craignent également le froid et la chaleur, l'humidité et la sécheresse, les maladies et les inondations. Si le cultivateur est plus riche que l'artisan des villes avec des profits moins élevés, parce qu'il a des besoins moins impérieux, il est étranger aux jouissances des arts dont une instruction plus complète et plus variée fait mieux sentir le prix au premier; mais il a sur celui-ci une supériorité incontestable, celle de l'indépendance, beaucoup plus grande pour le paysan que pour l'ouvrier. Celui-ci est placé constamment à la merci d'un entrepreneur et d'un propriétaire, pour son salaire et son logement, quand l'autre est presque toujours assuré de sa nourriture et ne peut jamais, comme le premier, être mis hors de son habitation, qui lui appartient d'ordinaire, pour un terme en retard.

Telle est la condition *naturelle* de l'agriculture: voici maintenant celle que les lois et les hommes lui ont faite.

Mère nourricière de tous les citoyens, la terre n'a le plus souvent trouvé en eux que des fils ingrats, qui ont négligé de satisfaire ses besoins.

Il lui fallait des capitaux et des avances pour améliorer son fonds : on lui en a laissé manquer.

Il fallait que ses travailleurs fussent instruits, au moins des premiers éléments de la science, afin de pouvoir suivre les progrès de l'industrie : on les a laissés dans l'ignorance;

Il lui fallait de bonnes et nombreuses routes pour expédier ses produits sur les marchés où ils auraient pu trouver un placement avantageux : on les a laissés s'encombrer dans les granges, faute de routes et de chemins;

Il lui fallait encore des machines, des découvertes, des inventions, pour défricher et cultiver avec avantage tous les sols, pour tirer de ses produits et de leurs résidus tout le parti possible : les savants, les mécaniciens et les inventeurs, n'ont travaillé que pour l'industrie, et rien fait pour l'agriculture.

L'énumération des besoins de cette branche précieuse de la production remplirait des volumes; ce qu'on a fait pour les satisfaire se renferme dans ces deux mots : ABANDON, OUBLI ; qui expliquent comment elle n'a fait aucun progrès important depuis plusieurs siècles. Elle emploie encore aujourd'hui les mêmes instruments qui servaient du temps des Romains, et ne connaît d'autre moteur de ses machines, que les forces si coûteuses de l'homme et des animaux.

Je saisirai l'occasion qui se présente ici de répondre à quelques critiques dont ma première leçon a été l'objet. Abusant de mes paroles, tronquant ma pensée, on a prétendu trouver dans quelques mots relatifs à l'agriculture, un réquisitoire contr'elle, et l'approbation de l'abandon dans lequel on la laisse. Ce n'est pas auprès de vous qu'une pareille accusation a pu trouver créance; vous savez trop bien, à cet égard, que je n'ai jamais eu pour l'agriculture que les sentiments d'un fils respectueux; mais j'ai pu dire, parce que j'ai cru comme je le crois encore, qu'elle n'avait pas marché à l'égal de sa sœur, l'industrie : Personne, je pense, n'oserait soutenir le contraire. J'ai pu dire encore que l'abandon déplorable dont elle souffre depuis si long-temps, était dû en partie à ses principaux représentants qui, lorsqu'ils se sont trouvés avoir dans les chambres et dans l'administration, le pouvoir entre les mains, ne s'en sont pas servis pour la soulager ; se sont bornés à faire rendre pour la grande culture qui les intéressait particulièrement quelques mauvaises lois sur les bestiaux et sur les laines ; lois dont ils ont été les premiers à souffrir, ainsi que quelques-uns ont eu depuis la bonne foi de le reconnaître.

Quant au reste des cultivateurs qui n'ont ni prairie ni herbages, ni bœufs ni moutons, et qui ont plus souffert des lois soi-disant protectrices de l'agriculture comme consommateurs, qu'ils n'y eussent gagné comme producteurs, si leur effet eût été tel qu'on l'attendait; rien n'a été fait pour eux. Et cependant en prenant ceux qui paient 20 fr. d'impôt foncier et au-dessous, on voit qu'ils sont au nombre de 8,471,656, dont 5,205,411 paient moins de 5 fr., contre 46,557 payant 500 fr. et au-dessus (1) !

En parlant tout à l'heure de ce qu'il fallait à l'agriculture, j'ai indiqué les routes qui lui sont de la plus impérieuse nécessité, et qu'elle n'a pas. C'est vraiment une chose difficile à concevoir que, depuis 30 ans que l'on ne cesse de faire et de projeter des routes pour tous les coins de la France, la fatalité ait voulu qu'on ne songeât qu'aux besoins de l'industrie et du commerce ; et que ceux non moins légitimes de l'agriculture aient toujours été oubliés.

Et cependant sans routes économiques rapi-

---

(1) Les propriétaires payant 500 fr. et au-dessus sont aux parcellaires de 0 à 20 fr. :: 11|20 : 100.

des et multipliées, l'agriculture ne peut porter ses denrées, presque toutes de nature encombrante, sur les marchés où elles trouveraient un bon placement. Chaque pays de grain ne peut vendre que dans un rayon limité à cause des frais de transport, qui sont assez considérables pour que les consommateurs de Marseille aient plus d'avantages à recevoir du blé étranger chargé de droits, que celui de Chartres ou d'Etampes. C'est encore par les routes et les transports, que s'explique la différence de prix que nos constructeurs de navires trouvent à faire venir un sapin du Jura, que de la Norwège ou du Canada.

Dans ces derniers temps enfin l'administration a compris tous les bénéfices que le pays en général retirerait d'un système de routes perfectionnées; et l'agriculture spécialement, d'un développement considérable des chemins vicinaux et de grande communication. La loi qui a été présentée et votée dans ce but offre encore quelques imperfections, mais elle est déjà un grand progrès, dont la réalisation a malheureusement rencontré plusieurs fois des obstacles. Ici ce sont les agents voyers ou les piqueurs qui manquent, là les cantonniers ou les pierres; ailleurs enfin ce sont les communes elles-mêmes qui se refusent à voter les fonds nécessaires pour couvrir les dépenses, et que les préfets sont obligés d'imposer d'office, leur faisant ainsi du bien malgré eux.

Les routes et les chemins sont pour l'agriculture des instruments précieux, mais ils ne suffisent pas seuls pour créer la richesse; il faut avant de les faire servir au transport des récoltes, que l'intelligence éclairée du cultivateur ait su rendre celles-ci aussi bonnes, aussi abondantes que possible.

Dans la plupart des campagnes, la routine a seule dirigé jusqu'ici la production ; il serait tems enfin que le science vînt remplir cette tâche souvent délicate, et guider l'ouvrier agricole dans ses travaux.

C'est là une question d'enseignement, que le gouvernement a pensé résoudre par la loi sur l'instruction primaire, mais qui ne le sera véritablement que lorsque le programme des connaissances que les maîtres d'école sont chargés de faire acquérir aux enfants qui leur sont confiés, aura été modifié : c'est-à-dire quand les matières inutiles à des cultivateurs auront fait place à d'autres plus spéciales, telles que des notions de chimie pour l'analyse des terres et des engrais, des éléments de l'art vétérinaire pour les maladies de bestiaux, des leçons théoriques et pratiques sur les greffes, les plants, semis etc., l'établissement des haies, fossés, rigoles, pour retenir les terres, absorber les eaux et arroser les prairies.

Toutes ces connaissances n'ont rien d'inutile, et qu'on ne puisse exiger des maîtres que les écoles normales des départements forment pour tous nos villages ; la grande difficulté, c'est de faire adopter par le conseil de l'Université une réforme dans le mode de l'enseignement, et d'abandonner, dans ce cas du moins, le système des études littéraires pour celui d'une instruction pratique, tel que l'a adopté l'Autriche, pays que nous considérons à tort comme arriéré, et qui pourrait nous offrir souvent plus d'un bon exemple à suivre.

En voyant tout ce qu'il y a à faire pour ramener l'agriculture dans la voie de la prospérité, on comprend jusqu'à un certain point, tant la tâche est lourde et difficile, qu'on n'ait rien fait pour elle, et que la sympathie qu'on lui témoigne en tant de circonstances se soit bornée jusqu'ici à des vœux stériles. Mais on ne peut s'empêcher de regretter que ses amis officieux, et surtout officiels, n'aient point eu du moins le courage et la volonté d'empêcher qu'il ne lui fût fait plus de mal encore, dans une occasion récente, lors du vote de la loi des sucres, qui a sacrifié l'industrie du sucre de betteraves au prolongement de la crise de mort des colonies.

Dura lex, sed lex.

La loi est dure, mais c'est la loi; je la respecterai donc, mais tout en souhaitant que la session qui vient de s'ouvrir ne se passe pas sans être témoin de son abrogation, ou tout au moins de sa révision complète.

Tout ce que l'on fera d'ailleurs pour l'agriculture réagira sur l'industrie et le commerce; car, on l'a dit avec raison, les consommateurs par excellence sont les habitants du pays. Quand, donc, la Provence vendra ses huiles; la Bresse, la Bauce, la Brie leurs grains; le Nord ses colza et ses navettes; le Bordelais, la Champagne et la Bourgogne leurs vins: Rouen, Mulhouse, Sedan, Reims, St. Quentin, Tarare, Lyon, Amiens placeront facilement leurs draps, leurs toiles, leurs mousselines, leurs flanelles, leurs mérinos et leurs soieries.

Que la paix se rétablisse en Espagne, que l'agriculture retrouve les bras qui portent aujourd'hui le mousquet, et vous verrez bientôt nos départements méridionaux, si languissants et si désolés, reprendre une nouvelle vie et renaître à la prospérité.

Dans une prochaine leçon nous commencerons l'examen des principaux systèmes économiques dans leurs rapports avec l'agriculture.

Ad : B. (des V.)

NOTA : nous avons cru devoir reproduire ici la lettre écrite par M. Blanqui au journal Belge l'*Indépendant*, afin qu'aucune pièce du débat qui s'est élevé à propos de la fabrication d'une nouvelle monnaie d'or en Belgique, ne manque au dossier du procès.

A M. le Rédacteur de L'INDÉPENDANT.

On me communique, monsieur, l'article que vous avez cru devoir publier sur mon compte, à l'occasion de l'opinion que j'aurais émise au Conservatoire des Arts et Métiers sur le projet de fabrication d'une nouvelle monnaie d'or en Belgique. S'il ne s'agissait ici que d'une attaque personnelle, le caractère de la vôtre pourrait me dispenser d'y répondre ; mais il s'agit d'une question fort grave, dans laquelle mes paroles ont été complètement dénaturées, et je me borne à réclamer de votre loyauté une simple rectification.

Les leçons que je donne au Conservatoire des Arts et Métiers sont recueillies chaque jour par deux ou trois journaux auxquels je suis entièrement étranger et qui les rédigent comme bon leur semble. Dans le compte-rendu par l'un d'eux de la leçon dont vous avez cité un extrait, il y avait des erreurs tellement manifestes que la plus insigne malveillance ne pouvait pas, non-seulement m'en rendre responsable, mais même les attribuer au rédacteur du journal. Il était évident qu'après avoir établi que le nouveau système de fabrication produirait une différence de 13 pour mille, on ne pouvait pas soutenir, quelques lignes plus bas, que cette différence serait de 10 pour cent. Une telle absurdité ne pouvait être considérée que comme le résultat d'une faute d'impression.

C'est cependant sur de telles données, Monsieur, que vous avez lancé contre un professeur qui vous est inconnu, les accusations les plus dures d'inexactitude et de légèreté ; vous avez même pris sur vous d'assurer que le compte-rendu dont j'ai tant à me plaindre, *avait dû certainement* passer sous mes yeux. Il faudrait donc aussi admettre que j'ai affaire à un auditoire de fous et que les 8 ou 900 personnes qui assistent régulièrement à mes leçons, magistrats, députés, employés du gouvernement, en majorité barbes grises, se réuniraient tous les soirs pour entendre déraisonner un professeur sur les matières de leur compétence. Vous ne le croyez pas, Monsieur, et je n'ai besoin de défendre à cet égard, ni leur dignité, ni la mienne.

Je traitais, il y a peu de jours, la question des *Monnaies*, et tout naturellement il me vint à l'esprit de rappeler le projet soumis à la chambre des représentants Belges, et d'en critiquer les dispositions susceptibles de critiques. Ce ne sont pas là, Monsieur, des choses avec lesquelles on puisse *amuser* un auditoire; pas plus qu'on ne l'amuserait des pillages littéraires dont la Belgique est le théâtre; ce sont des matières sérieuses que nous traitons sérieusement, dussent nos opinions être réfutées par des injures plus que par des raisons. Et maintenant, si vous voulez des raisons, je vous en donnerai, dont au moins je suis en mesure de répondre.

Laissons les chiffres de côté. Votre gouvernement s'est aperçu que l'or jouissait d'un *agio* qui réduit ce métal à l'état presque absolu de marchandise et qui le fait affluer dans les caisses des changeurs, pour être vendu par eux avec profit. C'est afin de les maintenir dans la circulation qu'il veut refondre les espèces d'or, en leur donnant un poids qui rétablisse l'équilibre entre le poids légal de l'or et celui de l'argent. En un mot, votre gouvernement veut que 1,000 francs en or, qui s'échangent aujourd'hui contre 1,012 ou 1,013 fr. en argent, puissent être désormais échangés prix pour prix; et pour y parvenir, il propose de diminuer le poids des pièces d'or, d'une valeur de 12 à 13 francs par mille, c'est-à-dire d'une somme égale à l'*agio* qui subsiste depuis plusieurs années.

J'ai soutenu qu'une telle mesure n'aurait pas les résultats qu'on parait s'en promettre. En effet, Monsieur, il ne peut y avoir, en monnaie, qu'un étalon sur lequel viennent se mesurer toutes les autres valeurs. La France et la Belgique ont adopté la monnaie d'argent comme étalon, de préférence à la monnaie d'or, parce que l'argent sort moins rarement du pays pour solder des créances à l'étranger, et que d'ailleurs sa pesanteur le rend moins mobile que l'or. La valeur de l'or relativement à l'argent varie suivant l'abondance ou la rareté des demandes. En France cette valeur est cotée à la bourse, parce que l'or monnayé n'est pas autre chose qu'un lingot divisé et ayant un titre certain. Or, si un lingot d'or est considéré comme marchandise et traité comme tel, comment espère-t-on assujétir les pièces d'or à des règles différentes! Vainement les lois prescriraient le contraire de ce qui existe, la conversion des pièces d'or en lingots est trop facile et trop peu coûteuse pour qu'on puisse les soumettre avec succès à un régime différent. La perte des frais de monnayage ne sera jamais qu'un faible obstacle à cette conversion, lorsque le commerce aura intérêt à s'y livrer.

C'est donc en vain, Monsieur, qu'on essaie d'assigner une valeur fixe aux monnaies d'or, tandis que celle du lingot est variable. Les savants auteurs de notre système monétaire étaient bien loin de cette erreur lorsqu'ils disaient : « L'argent étant « regardé comme le point fixe auquel on doit rap-« porter toutes les valeurs, et la proportion de l'or « à l'argent étant par sa nature sujette à des va-« riations, il est clair qu'on ne peut pas détermi-« ner pour toujours la valeur d'une pièce d'or « d'un poids fixé, tel que le décagramme d'or. « Ainsi, quand même le corps législatif jugerait « convenable de fixer la valeur en francs pour la-« quelle le décagramme d'or sera reçu au moment « de l'émission, cette valeur sera susceptible d'être « changée au bout d'un temps plus au moins long, « sans quoi la république serait exposée à des per-« tes considérables. »

Examinez, Monsieur, quelles seraient les conséquences de la marche contraire. En affaiblissant le poids des pièces d'or pour rapprocher cette monnaie de la valeur des pièces d'argent, la Belgique fera une opération inutile et dispendieuse. Inutile, attendu que ce qui est vrai aujourd'hui cessera de l'être demain. Une multitude de causes tiennent l'or dans un état d'oscillation continuel. Une simple inquiétude de guerre, une crise, des troubles civils en élèvent le prix ; la découverte d'une mine féconde suffirait pour le faire baisser. A chaque fluctuation imprévue, le gouvernement belge opérera-t-il la fonte de ses nouvelles monnaies pour maintenir l'équilibre entre l'or et l'argent ? Je dis aussi que l'opération sera dispendieuse, car la Belgique ne pourra laisser subsister concurremment des espèces de poids différents ; il lui faudra nécessairement refondre toutes les anciennes monnaies.

En modifiant ainsi son système monétaire la Belgique rend ses transactions à l'extérieur plus difficiles, sans profit pour elle, parce que si les paiements se font en or affaibli, les créanciers exigeront toujours la même quantité d'or fin, quelle que soit la dénomination qu'il ait plu au gouvernement belge de donner à ses nouvelles monnaies. Mais, dit-on, ces espèces ne sortiront plus du royaume. Je n'ai rien à répondre à cela, Monsieur, sinon qu'il m'est impossible de croire qu'un gouvernement ausi éclairé que le vôtre en soit encore aux illusions de la *Balance du Commerce*. L'affaiblissement du poids des espèces n'en empêche jamais l'exportation, quand le pays est débiteur et qu'il n'a pas de meilleur moyen de s'acquitter. Nous ne sommes plus au temps où l'exportation du numéraire était considérée comme un malheur public.

Je dis plus : la Monnaie de Bruxelles pourrait fort bien continuer d'acheter des lingots d'or au prix où ils sont maintenant, et les convertir en monnaies qui s'élèveraient bientôt à la hauteur du prix des lingots, augmenté des frais de monnayage. Les nations voisines n'auraient plus intérêt à les acheter, et elles resteraient dans le pays plus sûrement que sous l'influence du changement qu'on a proposé! Quant aux florins d'or de Hollande qui circulent en Belgique et qu'on veut démonétiser, ils ne paraîtraient plus sur le marché belge que comme lingots. A ce titre, leur valeur étant inférieure aux monnaies légales, celles-ci ne pourraient être achetées par les Hollandais qu'avec désavantage.

« J'aurais encore, Monsieur, beaucoup de choses à vous dire à ce sujet, mais je crains avoir dépassé l'espace exigible même pour une défense légitime : je n'ajouterai plus qu'un seul mot. Beaucoup de bons esprits, en France, ont cru que le nouveau projet monétaire avait un caractère politique et que son but était de compléter la nationalité belge, en distinguant la monnaie du pays de celle des Hollandais qu'on déteste et des Français qu'on n'aime guère. Je le croirais volontiers à la vivacité de vos attaques, non seulement contre un professeur, mais contre ce que vous appelez l'esprit français. L'esprit français, Monsieur, est plus sérieux que vous n'affectez de le dire, et ce qui le distinguera toujours, c'est l'urbanité, qui vous a manqué dans l'attaque dirigée contre moi.

» Je confie, Monsieur, cette réponse à votre loyauté et je vous salue de tout mon cœur.

BLANQUI, aîné,

« *Professeur au conservatoire des Arts et Métiers.* »

Ce 9 janvier 1838.

QUATORZIÈME LEÇON.

Séance du 19 janvier 1838.

CONSTITUTION DE L'AGRICULTURE.

SOMMAIRE : Ressemblance des procédés actuels avec ceux des Romains.— L'avenir de l'agriculture est dans un nouveau système d'organisation.
Du système patriarcal. — Constitution de la propriété.—Comment cette constitution s'est effectuée en Amérique.— Note sur le prix des terres dans ce pays.
Du *système romain*.— L'agriculture honorée à Rome.— Documents laissés par les Romains.
Culture par les esclaves.—Les esclaves se transforment en *serfs attachés à la glèbe*;—Les serfs deviennent *censitaires*;—Les censitaires deviennent *métayers*.— Appréciation du *métayage*.
Du *fourrage*. — Comparaison du système des baux en France et en Angleterre. — Inconvénients des fermes divisées en *lots*.—Misère des petits fermiers.
Influence de *l'usure et de la vaine pâture*.
Statistique de l'agriculture en France. — Population des communes. — Revenus des communes. — Impôts. — Procès. — Division de la propriété par le fisc. — Les notaires et les gens de loi. — Statistique du sol.

MESSIEURS,

Nous nous occuperons ce soir de la constitution de l'agriculture aux différentes époques de l'histoire, afin que vous puissiez juger, par les phases que cette branche de l'industrie humaine a parcourues, de ce qui lui reste à faire.

Une chose attirera d'abord votre attention ; c'est la ressemblance frappante qui existe entre les procédés en vogue aujourd'hui, et ceux des Romains, dont nous retrouvons la description dans les écrits que nous ont laissés Varron et Columelle, sans compter les Géorgiques de Virgile, qui sont à la fois un curieux traité d'agriculture et un beau poëme. J'insiste sur ce point, parce que c'est beaucoup moins dans la nouveauté des méthodes et les perfectionnements des instruments, que dans sa théorie sociale, qu'il faut désormais chercher l'avenir et la prospérité de l'agriculture.

D'abord nous voyons apparaître le *système patriarcal*, comme l'appelle M. de Sismondi ; l'homme vagabond et nomade transporte sa tente où la nature lui sourit davantage. Il y a de la terre pour tous ceux qui arrivent. Il n'est pas nécessaire de se reporter à une époque antérieure au déluge pour se faire une idée d'une semblable constitution; les Arabes et les Bédouins sont encore, au moment où je vous parle, errants avec leurs troupeaux. Mais un tel état de choses ne pouvait guère améliorer l'agriculture; et tout au plus s'il convenait aux sociétés naissantes, peu nombreuses par rapport aux terres qu'elles occupaient ; aux peuples chasseurs il fallait de profondes forêts sans fin, aux bergers nomades il fallait d'immenses prairies, et l'on peut dire que dans ces temps primitifs, les champs étaient plus dévastés qu'ils n'étaient cultivés. Pourtant ce système, que vous jugez sans peine comme l'antipode des progrès, nous le trouvons encore constitué en France, avec ses abus, bien qu'il ne faille pas être un grand économiste pour comprendre tout ce qu'une pareille organisation fait perdre au pays.

A mesure que la population augmente, la propriété se constitue, et l'agriculture rentre de plus en plus dans les conditions d'une exploitation régulière. La propriété a bien toujours pour principe l'occupation; mais celle-ci devient constante de passagère qu'elle était, et chaque occupant fait tous ses efforts pour repousser les envahissements des voisins dont à son tour il respecte les droits. C'est d'ailleurs ce que nous avons vu se passer, presque sous nos yeux en Amérique. D'abord on a appelé les colons de toutes les parties du globe, et on leur a donné non-seulement la terre qu'ils ont voulue, mais encore une prime sous forme d'instruments, de bestiaux et de bâtiments. Puis on a cessé la prime et l'on s'est borné à donner le terrain; c'était le moment, où l'on était, si vous voulez, au pair. Plus tard on a distribué les terres dans de certaines limites, et sous certaines conditions; plus tard encore on les a vendues, et en ce moment, elles sont l'objet d'un agiotage (1). Ainsi, dans un

---

(1) Les terres de l'ouest se vendent à raison de 16 fr. 48 par hectare. Il n'y a pas de concessions gratuites, mais un certain nombre d'individus désignés sous le nom de *squaters* s'emparant des terrains non encore achetés, les défrichent et les exploitent sans rien payer; et quand plus tard les terres qu'ils ont prises pour former leurs fermes, sont mises en vente, ils ont le droit de préemption sur tous les autres acheteurs.

Le prix des terrains est énormément plus élevé aux alentours ou dans l'intérieur des villes; à Philadelphie dans Market street, et à New-York dans Wall street, il se vend jusqu'à 3 et 4,000 fr. la toise carrée; ou 789,000 à 1,052,000 fr. l'hectare.

court espace de temps, dans le courant d'une existence d'homme, nous avons pu examiner toutes les phases qu'a dû traverser la propriété avant de se constituer conformément à nos mœurs et à nos lois.

La grande colonisation de l'Amérique vous prouve encore que l'accroissement de la population augmente la demande de nourriture, et avec elle tout naturellement, l'instrument qui sert à la produire. La terre devient la première de toutes les marchandises, en se constituant propriété exclusive, pour des raisons fort simples. La première occupation fait droit, parce qu'elle entraîne avec elle des peines et des ennuis, parce qu'elle nécessite du travail et la dépense d'un capital moral. Les nouveaux venus n'ont pas besoin de déployer le courage des premiers colons; ils ne sont point exposés aux mêmes privations, et ils n'ont qu'à entrer en jouissance. Voilà pourquoi le premier occupant a le droit de faire des conditions à celui qui veut devenir possesseur à sa place. C'est ainsi que la propriété se constitue, et que tout un état progresse en civilisation.

Au système patriarcal, tel que je viens de le décrire, a succédé un système assez difficile à définir et que j'appellerai le *système romain*.

A Rome, et surtout du temps de la république, la terre était cultivée par les propriétaires eux-mêmes, ayant à leur disposition une classe de journaliers. Ça a été sans doute l'époque la plus florissante pour l'agriculture; vous savez qu'on s'honorait du travail des champs, et que c'est à la charrue qu'on allait chercher des consuls, parce que c'était alors le poste des hommes d'honneur. Il est facile de juger de la tendance de l'époque par les brillants écrits qui nous sont restés, et qui portent tous l'empreinte de cet hommage politique que ces vainqueurs intrépides rendaient à l'agriculture. Les lettres de Pline, l'éloquence de Cicéron, la poésie d'Horace et de Virgile, ont en cela une unanimité remarquable, et rendent pour l'agriculture une affection vive et bien sentie que nous ne retrouvons plus aujourd'hui. Si nous n'avions d'autres documents que ceux des belles-lettres, l'on pourrait croire que l'imagination de ces auteurs s'est fait une illusion complète; mais comme je vous le disais, en commençant, il nous est resté des écrits spéciaux où la greffe des arbres, par exemple, et où l'éducation des bestiaux sont enseignées avec une rare exactitude; et tous ceux qui ont lu Columelle, savent que ce n'est pas sans fruit que les plus habiles d'aujourd'hui, l'ont souvent consulté.

Plus tard survinrent d'immenses conquêtes, et avec elles ou plutôt après elles les hommes de loisir, c'est-à-dire les paresseux, car il faut appeler les choses par leur nom. Ce fut alors que les grands propriétaires, au lieu de dépenser leur intelligence pour améliorer leurs champs, coururent la perdre dans les villes. Chacun d'eux eut des intendants et ceux-ci des *esclaves*, véritables nègres blancs, qu'ils firent travailler à coups de bâtons. Or, Messieurs, vous le savez, ce n'est pas là le bon système, et c'est un triste encouragement au travail que les coups de bâton. Avec une si déplorable organisation vous concevrez sans peine que l'agriculture dut forcément suivre l'empire dans sa décadence.

Fort heureusement une nouvelle révolution dans sa constitution vint régénérer l'industrie agricole. Vous savez que vers la fin du grand empire, il y eut deux têtes pour commander un même corps; l'une d'elles était à Constantinople et l'autre à Rome, et le Christianisme prêchait amour pour le travail et pitié pour les travailleurs. L'esclavage ancien se transforma en *servage;* c'est-à-dire que les esclaves furent attachés à la glèbe, et qu'ils ne pouvaient être vendus qu'avec la terre dont ils étaient une des dépendances. C'était un commencement d'émancipation, et déjà l'homme put se considérer comme un meuble utile. Les travailleurs quoique vendus d'abord comme du bétail, s'attachèrent au sol qui les avait vus naître et qui les nourrissait, et l'habitude finit par leur donner des idées de propriété. Peu à peu ils surent réclamer certains avantages; on leur accorda pour leur propre compte, d'abord un jour, puis deux et enfin, Dieu et la nécessité aidant, quelques-uns purent gagner de quoi se racheter. C'était déjà un grand pas que cette lueur d'amélioration, que cette liberté qu'on apercevait au loin, bien loin sans doute; mais enfin que l'on pouvait atteindre.

Nous voilà arrivés aux *serfs censitaires*, à ces embryons de fermiers, propriétaires des fruits de leur travail moyennant un cens payé au propriétaire qui les avait acquis avec sa terre. Au premier abord, ce rapprochement des fermiers et des serfs censitaires, peut paraître paradoxal; mais en y réfléchissant de plus près, on voit qu'à la liberté près, les fermiers de nos jours sont de véritables censitaires.

Indépendamment de ces censitaires ou *villani* (gens des campagnes) admis à payer à leurs possesseurs une redevance au moyen de laquelle le surplus des produits de la culture leur appartenait, il y avait aussi quelques hommes libres, en petit nombre, il est vrai, qui conservaient une ombre d'indépendance, et jouissaient du fruit de leur travail, dans certaines limites, comme l'indique le nom de *conditionales tributarii* (tributaires conditionnels).

A une époque moins éloignée apparaissent les *colons partiaires*, classe fort originale dont vous avez plus souvent entendu parler. Les colons partiaires comme les métayers d'aujourd'hui, fournissaient leurs bras et leur industrie et partageaient avec le maître qui fournissait à son tour le sol et les autres instruments. Ce partage toujours naturellement fort léonin était un progrès. Le cultivateur travaillait davantage et le propriétaire l'encourageait aussi davantage.

C'est à l'arrivée des *métayers*, à leur invasion, qu'il faut rapporter le changement complet qui s'est opéré dans la constitution de l'agriculture; on les voit en Toscane d'abord, puis en Allemagne, en Angleterre où ce système existe encore au complet, et enfin en France où ce système a produit les plus heureux résultats au moins au temps dont nous parlons. Ce système était le seul possible à une époque où il n'y avait pas d'argent; aujourd'hui il n'offre plus de ressources; car le serf devenu métayer ne peut point amasser un capital suffisant pour faire des avances en instruments, en semences, en bestiaux; car les échanges ne se font que difficilement en nature. Cependant ce que ce commencement de sécurité accordée aux travailleurs agricoles produisit de résultats favorables, est très remarquable.

Des circonstances heureuses ayant permis plus tard aux capitaux de se développer, l'on vit remplacer le métayage par le *fermage* qui est aujourd'hui la plus haute expression du progrès. Le propriétaire ne fournit que la terre et celui qui doit la féconder n'est plus seulement un travailleur intelligent, mais un capitaliste possédant lui-même des bestiaux, des outils, des semences, etc., et en même temps des avances, soit en nature, soit en argent, pour se nourrir ainsi que ses ouvriers jusqu'à la vente de ses récoltes. C'est sous ce régime que l'agriculture a prospéré, et qu'elle est devenue tout à la fois un art souvent difficile à exercer, et une grande source de richesses.

Ainsi donc, comme je le disais en commençant, l'avenir de l'agriculture est beaucoup moins une question de procédés qu'une question d'organisation. D'un autre côté la prospérité de l'agriculture est d'autant plus grande que le propriétaire réside davantage sur ses terres et les exploite lui-même, et que la condition des travailleurs qu'il emploie est plus heureuse. Jamais elle ne fut en plus complète décadence, que lorsque le propriétaire habitant de la ville, laissa le soin d'administrer ses biens à un intendant; et que le cultivateur proprement dit fut réduit à un dur esclavage.

Le fermage contribuera d'autant plus à la prospérité de l'agriculture, que le fermier tiendra plus du propriétaire et qu'il s'éloignera aussi plus de la condition de serf censitaire ou de métayer. L'Angleterre et la France pourront me fournir des faits à l'appui de cette assertion.

En Angleterre le fermier peut jusqu'à un certain point se considérer comme propriétaire; en effet au lieu d'avoir comme en France un bail de six ou neuf ans, quinze ans au plus; il a un bail emphitéotique qui peut durer de 60 à 99 ans. Il n'est pas difficile de comprendre les résultats différents que l'on doit obtenir avec ces systèmes; le fermier anglais, franc tenancier (*free holder*) à l'abri de la longueur de son bail, peut entreprendre des essais et faire des améliorations; il est sûr d'en retirer les fruits. D'un autre côté un simple fermage de deux livres (cinquante francs) le rend électeur. Mais en France, un fermier n'ose rien entreprendre; il ne plante pas d'arbres, parce qu'il est sûr que ses enfants ne les couperont point; il ne renouvelle pas ses fonds de terre par des engrais suffisants, parce que son capital n'aura pas le temps de lui rentrer. Il travaille et vit au jour le jour.

Une autre cause agit encore en France au détriment de l'agriculture et s'oppose à ses progrès. La propriété est très divisée; pour 10 millions de propriétaires, on y compte 120 millions de parcelles, et comme si ce n'était pas encore assez de ce tamisage du sol, les détenteurs de portions un peu considérables les subdivisent encore en plusieurs exploitations. Une avidité mal entendue a poussé les propriétaires vers ce système. Les fermiers aisés pouvant se passer d'eux, ont refusé de souscrire des contrats à des prix désavantageux; c'est alors qu'ils ont divisé leurs fermes en petits lots, et qu'ils ont pu profiter de la concurrence que se livrent des travailleurs malheureux, qui n'analysent pas toujours bien les conditions qu'on leur offre, et qui souscrivent souvent des engagements qu'ils ne peuvent pas remplir. Ce triste résultat, qu'il y a lieu de déplorer aujourd'hui dans plusieurs parties de la France, s'explique très bien par l'impossibilité dans laquelle se trouvent vis-à-vis des grands fermiers, les journaliers devenus fermiers qui n'ont ni assez de chevaux pour labourer, ni assez de voitures pour effectuer les transports. Aussi quand vient le moment de payer le fermage ou la *rente*, ils vendent leurs récoltes comme ils peuvent et presque toujours à perte. Admettez maintenant qu'un orage ait détruit leur habitation, qu'une maladie ait ravagé leurs troupeaux, que des insectes ont dévasté leurs récoltes, il ne leur reste plus d'autre ressource que l'hôpital. C'est alors que pour sortir d'embarras, beaucoup d'entre eux veulent de nouvelles terres, et que de nouvelles avances devenant nécessaires, ils cherchent à emprunter. Dès ce moment leur ruine est certaine; l'usure s'attache à eux et absorbe toutes leurs ressources. Il faut le dire ; l'usurier prend toutes les formes ; l'emprunteur a-t-il un peu de bien, c'est le propriétaire qui lui prête, dans un espoir de rapacité peu honorable ; s'adresse-t-il à des prêteurs ordinaires, il trouve des gens qui le voyant dans la gène lui disent : « Nous n'avons pas d'argent ; mais voici des marchandises que nous vous cédons à tel prix ; vendez-les, vous aurez de l'argent. » Poussé par la nécessité, il accepte pour revendre à perte à un compère du prêteur, et au bout d'un certain nombre d'années il est complètement perdu. Ces détails vous paraissent incroyables ; mais demandez à ceux qui ont vécu avec les agriculteurs ; ils vous apprendront que l'usurier agricole est le type de l'espèce, et que dans plus d'un département ces loups cerviers ont réduit nos cultivateurs à la condition misérable du paysan irlandais.

Ajoutez encore à toutes ces causes dissolvantes, un vice d'organisation que nous avons de commun avec l'Espagne, notre malheureuse voisine ; je veux parler de cette coutume barbare qui rattache l'agriculture du dix-neuvième siècle à celle des temps héroïques de l'Arabie et de l'Asie, connue sous le nom de droit de parcours et de vaine pâture, et qui n'est autre chose qu'un droit de dévastation et de pillage accordé aux bestiaux, nouveaux mendiants à quatre pates, comme aux temps de la culture patriarcale. Le propriétaire a bien le droit, en vertu d'une loi de la république, de porter plainte contre le voisin qui aura conduit un troupeau sur ses terres ; le garde-champêtre fera son procès-verbal, le juge de paix prononcera une amende pour punir la contravention; mais ce propriétaire ne sera pas suffisamment indemnisé, et il n'en aura pas moins perdu ou à peu près sa seconde récolte. Vous croyez peut-être que cette singulière coutume est favorable à l'éducation des bestiaux; détrompez-vous; elle leur est nuisible, parce qu'ils sont mal nourris et que l'herbe qu'on leur laisse est chétive. Aussi, ne peuvent-ils pas soutenir la comparaison avec ceux d'Angleterre, de la Belgique et de la Prusse rhénane, et même avec ceux des parties de la France où on a renoncé d'un commun accord à cette coutume déplorable. Avec un tel régime, toute amélioration sérieuse est impossible; dans beaucoup d'endroits on n'a point encore abandonné les jachères, dans d'autres on y est revenu après avoir en vain essayé des assolements et des prairies artificielles, sans cesse dévastés par le fléau des parcours. Un honorable député, M. de Magnoncourt, représente de nouveau à chaque session avec une louable persistance, un projet de loi portant abolition générale de la vaine pâture; espérons qu'enfin cette année, sa patience sera couronnée de succès, et qu'une loi sera rendue sur la matière. Ce sera le premier pas fait dans la voie des améliorations législatives promises depuis long-temps à l'agriculture.

Comme nous aurons à nous occuper souvent encore de la question agricole, je terminerai ce soir en vous donnant quelques chiffres auxquels nous aurons plusieurs fois occasion de nous reporter.

STATISTIQUE DE L'AGRICULTURE EN FRANCE.

Population des communes.

Sur 38,000 communes, plus de 33,000 renferment moins de 1,500 habitans et 3,000 en ont moins de 200. La France est donc un pays rural.

Revenus des communes.

3,528 communes ont un revenu moindre que . . . . fr.	100
6,196	200
10,991	500
16,742	10,000
87 seulement ont un revenu supérieur à . . .	100,000

Beaucoup de communes n'ont d'autres revenus que les centimes additionnels, autorisés chaque année par les lois de finances.

Impôts.

Les centimes additionnels ont produit en 1835, fr.	9,331,147
L'affectation sur les patentes . . .	1,640,864
Les impôts extraordinaires . . .	13,451,094
Les octrois	56,571,506

Procès.

Chaque année, le comité de l'intérieur du conseil d'état est saisi de plus de 6,000 affaires communales.

Division de la propriété.

On compte 10,893,528 propriétaires,
et 123,360,308 parcelles.

Ce morcellement atomistique est déplorable. Ses plus puissans promoteurs sont LE FISC ET LES NOTAIRES, également intéressés à des mutations de propriété donnant lieu à des actes, à des contrats, à des enregistremens et à une consommation de papier timbré. C'est sur les ruines qu'il cause de toutes parts, que s'élève dans nos campagnes l'aristocratie nouvelle des GENS DE LOI.

Classification du sol.

Le sol de la France se divise en

terres arables	25,000,000	hectares.
Prés	5,000,000	«
Vignes	2,000,000	«
Bois	7,000,000	«
Jardins et vergers	643,000	«
Étangs, mares et canaux	200,000	«
Landes et bruyères . . .	8,000,000	«

et le reste en routes, chemins, rivières et propriétés bâties.

C'est sur une forte partie des 25 millions d'hectares de terres arables que la vaine pâture exerce ses ravages.

QUINZIÈME LEÇON.

Séance du 23 janvier 1838.

AGRICULTURE (Suite). SYSTÈME DE QUESNAY.

SOMMAIRE : Résumé de la leçon précédente : l'agriculture est honorée et prospère sous la République. Sa décadence date de l'Empire et de l'exploitation par les ESCLAVES. — Elle se relève avec les SERFS CENSITAIRES, les VILAINS et les COLONS-PARTIAIRES. — Elle est florissante avec le FERMAGE par le bail emphytéotique, et stationnaire sinon rétrograde avec ceux de courte durée.

Tout ce qu'on a fait pour encourager l'agriculture a été inutile. — Les droits protecteurs sur les LAINES, les BESTIAUX et les CHEVAUX, ne sont que des palliatifs impuissants. — Si la contrebande pouvait s'exercer sur les produits agricoles elle sauverait l'agriculture, comme elle a sauvé l'industrie des CHALES et celle des MONTRES.

Le gouvernement doit à l'agriculture quatre choses : un CODE RURAL, la RÉFORME DE LA LÉGISLATION HYPOTHÉCAIRE, des ROUTES et de l'INSTRUCTION TECHNIQUE. — Les citoyens doivent à l'agriculture d'honorer ses travaux ailleurs que dans les livres. — On a tort de se retirer, d'avoir des intendans et des fermiers, il faut faire valoir soi-même. — Les propriétaires des provinces se lancent dans les affaires industrielles, dans les sociétés en commandites, dont ils ne connaissent pas le ressort et le mécanisme. — Pour vouloir s'enrichir tout d'un coup ils s'exposent à se ruiner. — Ils répètent la faute commise à l'époque du système. — Sous beaucoup de rapports la situation est la même. — Comme à cette époque on reviendra à l'agriculture et nous verrons reparaître les systèmes agricoles, reproduisant ceux de Quesnay, de Ricardo et de Sismondi. — Examen du SYSTÈME DE QUESNAY ou des ÉCONOMISTES (Extrait du 2e vol. de l'HISTOIRE DE L'ÉCONOMIE POLITIQUE.

MESSIEURS,

Vous avez vu quelle avait été aux différents âges la constitution de l'agriculture. A une certaine époque elle dut sa prospérité et ses richesses à la haute estime dont on entourait ses travaux, au prix que l'on attachait à l'honneur de lui appartenir. Ce serait aujourd'hui un grand progrès de revenir au degré où nous avons vu l'agriculture s'élever à cette époque, à laquelle nous avons donné le nom d'époque romaine; à transporter sur cette branche de la production, les capitaux et l'intelligence qui la vivifiaient alors, et que nous dépensons aujourd'hui d'une manière souvent stérile, dans des entreprises moins honorables et dont le succès n'importe pas autant à la gloire et à la force du pays.

Après cette période florissante de l'agriculture, sous la République, nous l'avons vu déchoir rapidement aussitôt que les citoyens, les propriétaires, abandonnèrent le soin de son exploitation à des intendants et à des esclaves pour se livrer tout entiers aux intrigues qui remplissaient le sénat et le palais des Césars, ainsi qu'à la mollesse et aux plaisirs corrupteurs des villes, où ils formèrent une classe d'*hommes de loisirs*, mieux qualifiés d'*hommes paresseux*.

Au régime destructeur des *intendants* et des *esclaves* succéda, au grand avantage de l'agriculture, celui des *serfs censitaires*, puis celui des *vilains* et des *conditionales*. Les *colons-partiaires* vinrent ensuite, et grâce à l'activité et au zèle qu'ils apportèrent dans leurs travaux, et qui avaient l'intérêt pour base, ils firent faire de nouveaux pas à l'agriculture, qu'ils sortirent un peu de la décadence où elle était tombée à l'époque de l'Empire.

Devenu insuffisant à son tour, le *métayage* fut

remplacé par le *fermage*. Celui-ci se divisa en deux classes : le fermage à longs baux et le fermage à baux de courte durée.

La plus haute expression du produit agricole, c'est, vous ai-je dit, l'organisation dans laquelle on se rapproche le plus de l'exploitation par le propriétaire, c'est le bail par emphitéose, au moyen duquel la terre appartient en quelque sorte au fermier, puisque la jouissance lui en est assurée non seulement pendant sa vie mais encore pendant celle de ses fils ; il peut alors construire, planter, avec la certitude d'user et de recueillir : la sécurité d'un long avenir est pour lui la liberté de tout entreprendre, parce qu'il peut mener toutes ses opérations à fin.

Placé dans des conditions semblables, le fermier peut consentir son bail à un prix élevé parce qu'il a pour lui toutes les chances d'augmenter les revenus de la terre qu'il exploite : c'est ce qui existe en Angleterre, en Allemagne, en Belgique, en Lombardie ; et dans chacun de ces pays, l'agriculture est prospère. Les méthodes anciennes ou mauvaises, y ont été remplacées par d'autres plus perfectionnées ; on n'y a reculé devant aucune réforme, parce qu'on pouvait en attendre les résultats.

Il n'en a pas été de même en France où l'on a préféré les baux à courts termes ; où même, dans un grand nombre de localités et principalement dans le midi, on en est encore au système des *colons-partiaires*. Presque partout aussi, excepté dans les départements frontières du Nord et de l'Est, qui ont suivi les exemples de l'Allemagne et où l'agriculture est florissante, les travaux agricoles sont mal dirigés, la terre rend des moissons chétives et nourrit des cultivateurs misérables, vivant de chataignes et de pommes de terre, de pain d'avoine ou de sarrazin, à défaut de blé; et buvant de l'eau parce qu'ils ne peuvent avoir ni vin, ni cidre, ni bierre : CINQ MILLIONS DE NOS CONCITOYENS SONT DANS LE PREMIER CAS, DIX MILLIONS DANS LE SECOND ! .

Pourquoi donc nos propriétaires fonciers se sont-ils décidés pour les baux à courte échéance, pourquoi ont-ils craint de n'être pas payé, et ont-ils espéré louer plus cher au bout de quelques années qu'au moment du contrat? Ils se plaignent que leurs terres ne rapportent pas assez, mais ils sont eux-mêmes la cause de la diminution de leur revenu : c'est parce qu'il n'ont pas laissé à leurs fermiers le temps nécessaire pour récolter tout ce qu'ils auraient pu semer, que ceux-ci n'ont pu leur payer des loyers aussi chers que si les récoltes eussent été complètes; c'est parce qu'ils ont spéculé sur ce que les améliorations introduites par un fermier dans l'exploitation de leurs terres pouvait donner à celles-ci de valeur, afin d'élever leurs baux ou d'exiger de forts *pots-de-vin* pour les renouvellements, que les fermiers n'ont point amélioré et se sont bornés à faire ce qui était strictement nécessaire; n'ont essayé aucune méthode nouvelle, n'ont pas renouvelé le fonds de la terre par des engrais.

S'il est arrivé fréquemment que le propriétaire a eu des non-valeurs, c'est que, ainsi que je vous le disais l'autre jour, il a cherché une augmentation de revenus par la division de ses terres entre un plus grand nombre de cultivateurs inégalement solvables, et qui ont épuisé la terre, faute de moyens de la féconder.

Les choses en sont venus à un tel point aujourd'hui, que dans beaucoup de localités, fermiers et cultivateurs, sont également misérables; et dans plus d'un endroit, les baux sont tellement courts, qu'un marchand ne voudrait pas ouvrir une boutique pour si peu de temps. Et cependant il peut se transporter ainsi que sa marchandise beaucoup plus facilement que le cultivateur qui, lui, est attaché au sol, et qui est, en quelque sorte, obligé de faire un nouvel apprentissage chaque fois qu'il change de canton.

On s'est adressé à des moyens palliatifs pour corriger les résultats de ces vices de constitution; on a imaginé, par exemple, des droits protecteurs peu nombreux heureusement, mais qui ont suffi pour démontrer que ce n'était pas par eux que l'on parviendrait à redonner de la vie aux travaux agricoles, et à les rendre plus profitables que par le passé.

Voyons en effet quels ont été les droits en question, et ce qu'ils ont produit.

On a mis d'abord un droit de 33 pour 0/0 sur les laines : qu'en est-il arrivé? Ce droit n'a pu protéger (si toutefois il y a eu protection, ce que je ne crois pas), que les laines françaises similaires de celles produites à l'étranger, et qui ne forment qu'une partie de la production totale; et elles ont empêché l'entrée, ou du moins augmenté d'un tiers, le prix des laines longues que nous ne produisons pas, ou seulement en quantité insuffisante.

Le droit a eu encore une autre conséquence non moins déplorable, il a porté tous les éleveurs à ne produire que des laines fines, et ils ont négligé les laines communes; de telle sorte que nous payons aujourd'hui fort cher ou du moins plus cher que nous ne devrions le faire, non seulement les draps, les mérinos, les stuffs, les flannelles etc., mais encore, les matelas, les couvertures, les tapis et les étoffes mélangées de soie et de laine; l'article Lyon, Saint-Étienne, Rheims, Amiens etc. D'un autre coté le droit n'a pas profité, même pour les qualités moyennes et fines, aux agriculteurs français; la hausse et la baisse occasionnées au moyen de l'introduction des laines étrangères par les spéculateurs, a presque toujours déjoué leurs calculs et leurs espérances (voir le cours de 1836-37 page 400). Ce droit a été enfin réduit il y a trois ans à 22 pour 0/0, mais même à ce taux il est encore trop élevé, il faudra le réduire de nouveau.

Outre le droit sur les laines, on en a mis un autre, toujours dans le but d'encourager l'agriculture, sur les bœufs étrangers introduits en France : ce droit a été de 50 francs — qu'en est-il résulté? Les départements frontières qui eussent acheté les bœufs de la Prusse rhénane, du pays de Bade, de la Suisse, n'ont pu le faire et se sont passés de viande, ou n'en ont consommé qu'une plus faible quantité; et nous n'avons pas vendu à ces pays les produits de notre industrie manufacturière, qu'ils eussent achetés en échange des bœufs qu'ils nous auraient amenés?

Voilà pour ce que nous avons perdu par suite du droit sur les bœufs, maintenant qu'y avons-nous gagné?

Les nourrisseurs de l'Angoumois, du Poitou, du Limousin, de la Bretagne, qui n'eussent pas vendu leurs bestiaux aux Alsaciens, aux Flamands, aux Comtois, n'ont certainement rien gagné à ce que ceux-ci se privassent de viande; quelques grands herbagers de la vallée d'Auge, de Lisieux et de Caen, y ont peut-être trouvé l'occasion de vendre leurs bœufs 10 ou 20 francs plus cher; mais là s'est borné leur avantage, si toutefois il y a eu avantage pour eux, (ce que les termes d'une pétition adressée aux Chambres par les propriétaires de 21 départements nourrisseurs, permettent de mettre en doute); et la masse des cultivateurs, des petits fermiers, des paysans, y a bien plus perdu comme consommateur, que les 50 ou 60 herbagers normands n'ont pu y gagner comme producteurs.

Parlerai-je du droit sur les chevaux? eux aussi ont été protégés par un droit de 50 francs: mais qui est-ce qui a profité du droit? personne. Qui l'a payé? tout le monde.

Je dis qu'il n'a profité à personne, car en effet le fisc lui-même ne l'a pas reçu; la contrebande s'est chargée, cette fois comme tant d'autres, d'éluder la loi; seulement ici la marchandise a porté le contrebandier, tandis qu'ordinairement c'est le contrebandier qui porte la marchandise. Je dis encore que tout le monde l'a payé, parce que, à l'exception de ceux qui ont violé la loi, tous ceux qui l'ont respectée ont acheté fort cher de mauvais chevaux, qui n'ont pas fait ou mal fait le service. Car c'est une vérité malheureusement incontestable, que de tous les pays qui élèvent des chevaux, la France est à peu près celui qui a les plus mauvais; à ce point même que les remontes de l'armée se font en partie à l'étranger. L'intérêt d'amour-propre des éleveurs français a dû être nécessairement dans ce cas sacrifié à la sûreté de l'armée, qu'on ne pouvait exposer un jour de bataille à monter des chevaux incapables de la porter.

Ni le fisc, ni les particuliers, n'ont, je le répète, profité des droits sur les laines, les bestiaux et les chevaux; ils n'ont servi qu'à faire payer une prime aux contrebandiers dont on est conduit à voir d'un œil favorable l'illégale industrie, qui est le châtiment inexorable de toutes les mauvaises lois de douanes, et qui encourage réellement plus l'industrie que toutes les prohibitions du monde.

C'est elle, vous le savez, qui a fait marcher l'industrie des chales à laquelle elle a fourni les modèles de l'Inde, si supérieurement imités par les Deneirouse et autres habiles fabricans; c'est elle encore qui a stimulé l'horlogerie française, par la concurrence active de la fabrique de Genève, dont elle a répandu les produits dans les poches de tous nos ouvriers, de nos soldats et de nos maçons; elle s'exerce encore aujourd'hui parce que le droit, même réduit à 5 francs, est encore trop élevé; et cependant grâce à elle, nous fabriquons maintenant des mouvements de montres à 15 francs la douzaine : 25 sous la pièce !

Ah ! si nos bœufs pouvaient galoper un instant comme les chevaux, si le fer pouvait s'introduire comme des chales, les draps comme des montres; nous verrions bientôt nos prairies engraisser plus de bestiaux, ou nos fermiers s'en rapportant à l'étranger du soin de nous fournir une partie de notre consommation de viande, se livrer à des cultures plus en rapport avec la nature de leurs terres; nos maîtres de forge écouteraient moins nos propriétaires de bois et adopteraient plus promptement les méthodes perfectionnées de l'Angleterre ; nos fabricants de Louviers, de Sedan, d'Elbœuf vendraient leurs draps aux mêmes prix que ceux de Verviers et d'Aix-la-Chapelle; et chacun de nous, consommateurs et producteurs y gagnerions mille fois plus qu'avec la protection des tarifs actuels, qui arrête nos progrès et nous fait payer cher sans profit pour personne.

C'est à ces trois articles de notre tarif des douanes que se bornent les encouragements officiels qu'a reçus l'agriculture, je passe à dessein sur les lois des céréales, si incomplètes, et qui devront disparaître lorsque les projets de lois sur les routes et les chemins auront reçu leur exécution, et rendu toutes les parties de notre sol viables.

Calculez maintenant ce qu'ont pu produire tous les droits sur les laines, les bestiaux et les chevaux, et voyez si ce qui en est rentré dans la bourse des agriculteurs, dont les produits bruts s'élèvent annuellement à plusieurs milliards, n'est pas comme une goutte d'eau dans la mer. Quand je les vois tendre ainsi les bras vers le ministère du commerce, il me semble voir une armée demandant un pain de 4 livres pour sa ration d'un jour; et je me sens pris de l'envie de crier à cette classe si nombreuse de mes compatriotes : AIDE-TOI, LE CIEL T'AIDERA !

Pour protéger l'agriculture, on a imaginé encore de lui accorder des dégrèvements d'impôts et des secours, en cas d'orage et de maladie sur les bestiaux ; à ceux qui ont perdu une vache, un cheval, on a remis 6 francs, quelquefois moins, rarement plus. De pareils secours sont ridicules, inutiles et onéreux : ridicules par leur modicité, inutiles par leur insuffisance, et onéreux pour le trésor par leur multiplicité. Pas plus que les protections de tarifs, ils ne servent l'agriculture, qui ne doit recevoir d'encouragements que d'elle-même et à laquelle le gouvernement ne doit que quatre choses : un code rural, difficile mais non impossible à rédiger, la révision de la législation hypothécaire, des routes et de l'instruction.

Depuis plusieurs années on travaille au premier, ou du moins une commission a été nommée dans ce but; depuis long-temps on parle de la seconde, dont chacun reconnaît et proclame la nécessité, sans que, toutefois, il ait été rien fait encore pour l'opérer; on a rendu des lois que j'ai déjà examinées l'année dernière, (voir le cours de 1836-37, leçons 5 et 6), pour doter le pays des troisièmes; une loi a été également rendue (voir le cours de 1836-37, leçon 8), pour répandre la quatrième dans les campagnes, qui manquent plus encore de capital moral que de capitaux circulants. Mais cette loi est incomplète, elle ne s'occupe que des éléments d'une instruction purement littéraire et nullement technique, bien que ceux qui doivent la recevoir, soient destinés à exercer un état spécial qui demande des connaissances particulières, dont quelques-unes, telles que l'analyse des terres et des engrais, la construction et la réparation des instruments réglées par les lois de la mécanique, l'exploitation des ressources hydrauliques, etc., soient fort relevées. Des routes et de l'instruction, voilà ce qu'il faut à l'agriculture : par les premières nos cultivateurs ne craindront plus l'abondance à l'égal de la disette, parce qu'ils pourront transporter partout les produits de leurs récoltes ; par la seconde ils sauront tirer de la terre tout ce que son inépuisable fécondité refuse quelquefois à l'ignorance, mais accorde toujours à l'intelligence ; témoins nos départements du nord.

Tout ne sera pas encore fait pour la prospérité de l'agriculture, lorsqu'elle aura des routes et des écoles sur le plan de celles des comtés agricoles de l'Angleterre et de l'Amérique, et des campagnes Allemandes, Belges, et Lombardes ; la tâche du gouvernement sera accomplie, mais tous ces éléments de richesses demeureront stériles si nous ne savons remplir la nôtre. Savoir en quoi elle consiste, comprendre son importance, c'est déjà la remplir à moitié ; hâtons-nous donc de la décrire, et de montrer comment et en quoi nous l'avons négligée jusqu'ici.

Semblables aux nobles Patriciens des derniers temps de la république et de l'empire, nous avons abandonné les travaux de l'agriculture, que nous honorons encore dans les livres, mais auxquels nous dédaignions de prendre part. Nous aussi nous avons des intendants, ou tout au moins des fermiers; nous nous sommes retirés, méprisant le titre honorable de *cultivateur*, nous avons pris la qualité de *propriétaire*, de *bourgeois*, ce qui signifie : homme inoccupé, oisif; nous avons pris des habitudes et des idées étroites; nous sommes devenus gros de corps et épais d'esprit, corps et esprit se sont engourdis dans le repos, dans l'inaction.

Qu'est-il arrivé de là, c'est que les chevaliers d'industrie qui font de magnifiques prospectus, promettant des dividendes de 20 pour cent et plus, que les journaux de toutes les couleurs portent ensuite dans tous les coins de la France; soutirent aux capitalistes des provinces, des sommes considérables, que ceux-ci trouvent honteux ou mals de placer à 3 pour cent, sur des achats de terre ou en améliorations de celles qu'ils possèdent. Et, chose remarquable, ces hommes qui sont des lions avec le sous-préfet de leur arrondissement, le maire ou le garde champêtre de leur commune, sont doux comme des agneaux avec les gérans des entreprises trop souvent mal conçues dans lesquelles ils ont engagé leurs capitaux.

J'appelle toute votre attention sur cette espèce de maladie qui affecte, maintenant surtout, la plupart de nos propriétaires des départemens, et qui fait encore chaque jour de nouveaux progrès.

Heureusement la vérité sort toujours victorieuse de sa lutte avec l'erreur, lutte qui, pour l'agriculture, se renouvelle presque périodiquement et dont l'issue est toujours pour elle de voir se rattacher à sa cause d'habiles et puissans défenseurs. Bien des fois déjà l'agriculture s'est vue négligée comme aujourd'hui, mais chaque fois aussi elle a vu revenir à elle ceux qui l'avaient abandonnée un instant.

La position dans laquelle elle se trouve aujourd'hui est, sous beaucoup de rapports, semblable à celle où elle se vit en 1720, à l'époque de l'engouement pour le système.

A cette époque, presque tous les détenteurs du sol avaient quitté leurs terres pour se jeter, eux et leurs fortunes, dans le gouffre de la spéculation; beaucoup perdirent, et leurs domaines passèrent en se divisant entre les mains des joueurs enrichis.

Aujourd'hui comme en 1720, nos propriétaires quittent leur résidence pour venir se mêler au mouvement extraordinaire qui s'est manifesté dans les affaires industrielles, et principalement dans le développement donné aux sociétés en commandite. Aujourd'hui comme en 1720 il n'est question dans tous les lieux publics que de sociétés nouvelles; on ne s'enquiert plus du cours des huiles ou du coton, mais de la prime qu'offrent les actions de telle ou telle entreprise souvent encore en projet, et qui avant de commencer ses opérations a déjà payé deux ou trois semestres d'intérêts et même de dividendes pris sur le capital.

A voir l'aveuglement avec lequel on se précipite dans ces sortes d'affaires il semble que l'expérience du passé ne doive jamais servir de leçon pour le présent ; espérons toutefois que nos conseils et ceux de toute la presse arrêteront ces hardis et téméraires spéculateurs sur le bord du précipice, et qu'ils ne tomberont pas tout entiers comme leurs prédécesseurs, dans le gouffre béant de la banqueroute. Dans tous les cas nous pouvons dès aujourd'hui prédire ce qui arrivera.

Lorsque quelques ruines éclatantes auront enfin parlé plus haut que nos avertissemens, l'ardeur fiévreuse qui anime aujourd'hui tant de capitalistes, grands et petits, fera place à un engouement non moins violent pour l'agriculture. Alors comme autrefois on se prendra peut-être à ne plus vouloir reconnaître qu'en elle la source de la richesse, et comme dans les années qui suivirent la chute du système, nous verrons pleuvoir des livres, des mémoires, des notes, des projets, ayant pour objet de fonder une économie politique nouvelle, dont le pivot et la base unique seront l'agriculture.

Il en est arrivé déjà plusieurs fois ainsi : sous Louis XV et depuis notre révolution ; Quesnay, Ricardo et Sismondi ont à ces différentes époques présenté des systèmes qui, s'ils ne sont pas à l'abri de la critique, ont du moins rendu d'immenses services en mettant au jour de grandes et fécondes vérités. Avant d'examiner les systèmes modernes de Ricardo et de Sismondi, nous étudierons celui de Quesnay ou des *économistes* ; et comme je ne veux point abuser de vos moments, je vous lirai le chapitre dans lequel j'ai résumé ce système, et qui fait partie du second volume de mon HISTOIRE DE L'ÉCONOMIE

POLITIQUE DEPUIS LES ANCIENS JUSQU'A NOS JOURS (1).

« Le triste dénouement du système de Law laissait la France entière plongée dans une véritable stupeur. On ne savait plus désormais à quels principes se fier, après avoir vu rapidement naître et mourir tant de fortunes. Les uns déploraient la ruine des manufactures si laborieusement fondées par Colbert ; les autres se reportaient à cent ans en arrière et rappelaient les maximes patriarcales de Sully : *labourage et pâturage sont les mamelles de l'État*; et il faut avouer que les circonstances étaient devenues bien favorables au retour de ces idées. De toutes les valeurs industrielles écloses sous l'atmosphère embrasée du *système*, il ne restait plus rien que la ruine, la désolation et la banqueroute. La propriété foncière seule n'avait pas péri dans cette tourmente. Elle s'était même améliorée en changeant de mains, et en se subdivisant sur une vaste échelle, pour la première fois, peut-être, depuis la féodalité.

« L'importance qu'elle acquérait ainsi tout-à-coup augmenta considérablement sa valeur, et bientôt l'activité des esprits désillusionnés de spéculations se porta vers la culture du sol, pour lui demander réparation des malheurs du système. On eût dit que chaque homme avait besoin de se reposer à l'ombre de sa vigne et de son figuier des secousses et des agitations de la bourse.

« Jamais transition ne fut plus brusque. On y pro-

---

(1) Cet ouvrage, est publié par le libraire Guillaumin, 5, galerie de la Bourse.

cédait toutefois, au travers d'un monceau de livres. Il pleuvait des écrits sur la circulation, sur le crédit, sur l'industrie, sur la population, sur le luxe; chacun voulait expliquer la crise dont on sortait, et croyait avoir trouvé, pour sa consolation, le mot de cette énigme. On avait pensé pendant quelque temps que l'argent était la richesse par excellence et qu'en multipliant, le papier, qui la représentait, multipliait la richesse ellemême. Mais le renchérissement de toutes choses et la chute du papier avaient dessillé les yeux des plus aveugles, et comme c'est l'usage dans les circonstances semblables, on avait passé de l'engouement à l'aversion, du fanatisme à l'incrédulité. Il n'y avait plus désormais de richesse véritable que la terre, et de revenus assurés que ceux qui émanaient de son sein. C'est de cette réaction qu'est sorti le système agricole, plus connu sous le nom des *Économistes* ou de Quesnay qui en fut le principal fondateur. C'est aussi le premier système qui ait fait école et qui se soit formulé avec une précision dogmatique assez rare dans les annales de la science. Nous le résumerons avec simplicité, dans les personnes et dans les choses. S'il n'eût été qu'un exposé de doctrines purement économiques, peut-être n'aurait-il pas obtenu à un si haut degré l'attention des hommes d'État; mais il se présenta tout d'abord comme l'instrument d'une réforme politique, qui devait faciliter la perception des impots et réparer les maux dont la France était accablée. Il venait après les désastres de Law et les essais un peu rudes de l'abbé Terray en matière de finances (1) : on l'accueillit avec faveur comme une nouveauté, en attendant qu'il s'établit par droit de conquête.

« Et vraiment, ses premiers manifestes apparurent comme une révélation. Chaque peuple, à son tour, avait préconisé la puissance de l'industrie et la liberté du commerce; nul ne semblait avoir songé à l'agriculture, si ce n'est sous le point de vue exclusivement pastoral. Personne n'avait eu l'idée que le gouvernement dût s'occuper de la culture des champs, et prendre quelques mesures d'administration relatives à ses travaux. Tout ce qu'on avait fait jusqu'alors en ce genre consistait en de mauvais réglements contre l'exportation des grains, ou pour en empêcher l'importation, comme les lois céréales qui règnent en Angleterre. Et cependant l'agriculture était toujours considérée, par une espèce de tradition poétique, comme la mère nourricière des peuples. Vers l'année 1750, deux hommes d'une haute portée d'esprit, MM. de Gournay et Quesnay, essayèrent d'entreprendre l'analyse de cette puissance féconde; au lieu de la chanter, ils l'expliquèrent. Ils ravirent à la terre ses procédés mystérieux, et s'ils n'en donnèrent pas la meilleure théorie, ils en préparèrent du moins les éléments pour la postérité.

« Leur point de départ était admirablement choisi.

(1) L'abbé Terray n'était pas aussi absurde et aussi impitoyable que la plupart de ses contemporains l'ont prétendu. « Il répondit un jour à quelques chanteurs de l'Opéra qui réclamaient leur arriéré : « Il est juste de payer ceux qui pleurent avant ceux qui chantent. »

Ils voulurent d'abord établir les vrais principes de la formation des richesses et de leur distribution naturelle entre les différentes classes de la société. Il leur sembla que ces richesses provenaient toutes d'une source unique qui était la terre, puisque c'était elle qui fournissait aux travailleurs leur subsistance et les matières premières de toutes leurs industries. Le travail appliqué à la culture de la terre produisait non seulement de quoi s'alimenter lui-même, pendant toute la durée de l'ouvrage, mais encore un excédant de valeur qui pouvait s'ajouter à la masse de richesses déjà existantes : ils appelèrent cet excédant *le produit net*. Ce produit net devait nécessairement appartenir au propriétaire de la terre et constituait entre ses mains un revenu pleinement disponible. Quel était donc le produit net des autres industries ?

« Ici commencent les erreurs de ces hommes ingénieux, car à leurs yeux les autres industries étaient improductives et ne pouvaient rien ajouter, selon eux, ni à la masse des choses sur lesquelles elles s'exerçaient, ni au revenu général de la société. Manufacturiers, commerçants, ouvriers, tous étaient les commis, les *salariés* de l'agriculture, souveraine créatrice et dispensatrice de tous les biens. Les produits du travail de ceux-là ne représentaient, dans le système des *Économistes*, que l'équivalent de leurs consommations pendant l'ouvrage, en sorte qu'après le travail achevé, la somme totale des richesses se trouvait absolument la même qu'auparavant, à moins que les ouvriers ou les maîtres n'eussent mis en réserve, c'est-à-dire *épargné*, ce qu'ils avaient le droit de consommer. Ainsi donc, le travail appliqué à la terre était le seul productif de la richesse, et celui des autres industries était considéré comme *stérile*, parce qu'il n'en résultait aucune augmentation du capital général.

«En vertu de ce système, les *Économistes* admirent comme une nécessité tout à la fois sociale et *naturelle* la prééminence des propriétaires fonciers sur toutes les autres classes de citoyens. Ils devaient recueillir la totalité des riches produits dont ils distribuaient leur part, sous le nom de salaire, aux non-propriétaires ; et la circulation des richesses n'avait lieu, dans la société, que par l'échange continuel du travail et des services des uns contre la portion disponible du revenu des autres. Que devenait, dans cette hypothèse, car ce n'est plus qu'une hypothèse aujourd'hui, la base de l'impôt? Il était évident qu'on ne pouvait pas établir de taxes sur des gens réduits au salaire, à moins d'attaquer leur existence dans sa source : aussi les *Economistes* déclarèrent-ils que l'impôt devait être exclusivement supporté par les propriétaires de terres, et prélevé sur leur *produit net*. L'intérêt général de toutes les classes était donc de multiplier les produits agricoles, parce que les propriétaires y trouvaient un revenu plus considérable à distribuer à toutes les professions salariées. La population était encouragée et accrue par l'abondance des subsistances ; et ainsi se vérifiait la maxime empruntée par la nouvelle école aux livres saints : *Qui operatur terram suam, satiabitur* (1).

(1) Prov. C. XII, vers. 2.

« Nous n'avons pas besoin de dire en quoi les *Économistes* se trompaient. Leur principale erreur venait de ce qu'ils attribuaient à l'agriculture seule la faculté de créer des produits susceptibles d'accumulation. Les belles analyses d'Adam Smith ont complété, depuis, le catalogue des sources de la richesse, en démontrant que la valeur sociale réelle, c'était la valeur échangeable, et qu'il y avait profit pour la société toutes les fois que par le travail on augmentait cette valeur. Le blé serait d'une bien faible utilité si l'on n'en faisait du pain, et le bois n'aurait pas une grande valeur si le menuisier et l'ébéniste ne le transformait pas en meubles. L'expérience a prouvé, même, que l'industrie et le commerce étaient bien plus favorables que l'agriculture à l'accroissement de la valeur échangeable, soit par la division du travail qui s'y adapte mieux, soit par le perfectionnement des machines. Comment les villes seraient-elles devenues le foyer de la richesse et de la civilisation, si l'agriculture seule avait le don de créer des valeurs; et comment expliquerait-on la fortune de Venise et de Gênes, qui n'avaient point de territoire? N'est-ce pas plutôt qu'au moyen du commerce et des manufactures, un pays peut importer annuellement chez lui une quantité de subsistances beaucoup plus grande que ses propres terres ne pourraient lui en fournir? La théorie des *débouchés*, si bien développée depuis les *Économistes*, par J. B. Say, a mis cette vérité dans tout son jour et dignement achevé ce qu'Adam Smith, notre maître à tous, avait si bien commencé. Mais quelle lumière ont versée sur cette grave question les hypothèses hardies de l'école *économiste* ! Quelles immenses conséquences nous avons tirées de cette proposition si simple, que la richesse des nations ne consiste pas dans les richesses non consommables telles que l'or et l'argent, mais dans les biens consommables reproduits par le travail incessant de la société !

« Pour comble de bonheur, les *Économistes* préoccupés de l'état de subordination et d'infériorité des classes non propriétaires, telles qu'elles leur apparaissaient dans leur système, ne trouvèrent rien de plus juste et de plus indispensable que de réclamer pour elles la liberté absolue de l'industrie et du commerce. Le bon marché des vivres et l'abondance des produits bruts ne pouvaient leur être assurés que par la concurrence illimitée des vendeurs. Cette concurrence était le seul moyen de stimuler les industries et favoriser la culture de la terre par la levée de toutes les entraves ; doctrine que la nouvelle école résumait dans ces paroles mémorables, si mal interprétées depuis : *Laissez faire, laissez passer*. C'est à partir de ce moment que sont tombées la plupart des barrières qui arrêtaient le développement de l'agriculture et que la guerre générale a commencé contre les corporations et les douanes, ces deux forteresses du privilége, qui les recèlent tous dans leurs flancs ! L'école *économiste* a rendu encore beaucoup d'autres services aussi importans, en analysant les principaux phénomènes de la distribution des richesses. C'est principalement à cette occasion que le docteur

Quesnay, médecin de Louis XV, et chef de cette école, publia son fameux *Tableau économique*, si lourdement commenté dans l'*Ami des Hommes* du marquis de Mirabeau et reproduit dans la *Physiocratie* de Dupont de Nemours.

« Ce *tableau économique*, dont les premières épreuves furent imprimées à Versailles, de la main même du roi, avec cette épigraphe : *Pauvres paysans, pauvre royaume; pauvre royaume, pauvre roi*, présente une série de formules hérissées de chiffres, dans lesquels l'auteur indiquait la distribution du revenu territorial telle qu'elle lui semblait résulter de l'opinion qu'il s'était faite des lois générales de la production. C'est, de tout le système, la partie qui a fait le plus de bruit, et qui est aujourd'hui la plus oubliée, parce qu'elle repose sur des bases reconnues erronées. Rien ne saurait peindre l'enthousiasme que sa publication excita parmi les adeptes de la secte. Dupont de Nemours l'appelait « cette formule étonnante qui peint la naissance, la distribution et la reproduction des richesses, et qui sert à calculer avec tant de sûreté, de promptitude et de précision, l'effet de toutes les opérations relatives aux richesses. » Mirabeau ajoutait : « Il y a trois inventions merveilleuses dans le monde, l'*écriture*, la *monnaie* et le *tableau économique*. » Ce tableau était commenté, amplifié, et développé par tous les adeptes, avec la même assurance que les théorèmes de la géométrie dans les colléges. On l'apprenait par cœur comme une espèce de catéchisme, où chaque classe de citoyens devait étudier les devoirs qu'elle avait à remplir dans la hiérarchie sociale. Mais, à présent que nous n'admettons plus ces professions stériles dont parlait l'auteur, leur classification plus ou moins ingénieuse n'offre plus aucun intérêt pour la science.

« La pensée dominante de l'école *économiste* se révèle davantage dans l'opuscule de Quesnay, reproduit sous le titre de *Maximes générales du gouvernement économique d'un royaume agricole*. On y découvre plus nettement les vues politiques de cette école, qu'on a accusée avec quelque raison d'une tendance systématique pour le gouvernement absolu. Nous citerons quelques-unes de ces maximes, isolées, comme elles le sont dans l'ouvrage original, sous forme d'aphorismes :

Que l'autorité souveraine soit unique, et supérieure à tous les individus de la société et à toutes les entreprises injustes des intérêts particuliers; car l'objet de la domination et de l'obéissance est la sûreté de tous et l'intérêt licite de tous. Le système des contreforces dans un gouvernement est une opinion funeste, qui ne laisse apercevoir que la discorde entre les grands et l'accablement des petits.

Que le souverain et la Nation ne perdent jamais de vue que la terre est l'unique source des richesses, et que c'est l'agriculture qui les multiplie. Car l'augmentation des richesses assure celle de la population ; les hommes et les richesses font prospérer l'agriculture, étendent le commerce, animent l'industrie, accroissent et perpétuent les richesses.

Que l'impôt ne soit pas destructif, ou disproportionné à la masse du revenu de la Nation, que son augmentation suive l'augmentation du revenu, qu'il soit établi immédiatement sur le produit net des biens-fonds et non sur le salaire des hommes, ni sur les denrées, où il multiplierait les frais de perception, préjudicierait au commerce, et détruirait annuellement une partie des richesses de la Nation. Qu'il ne se prenne pas non plus sur les richesses des fermiers des biens-fonds, car les avances de l'agriculture d'un royaume doivent être envisagées comme un immeuble qu'il faut conserver précieusement pour la production de l'impôt, du revenu et de la subsistance de toutes les classes de citoyens: autrement l'impôt dégénère en spoliation, et cause un dépérissement qui ruine promptement un État.

Que les terres employées à la culture des grains soient réunies, autant qu'il est possible, en grandes fermes exploitées par de riches laboureurs; car il y a moins de dépense pour l'entretien et la réparation des bâtiments, et à proportion beaucoup moins de frais et beaucoup plus de produit net dans les grandes entreprises d'agriculture, que dans les petites. La multiplicité des petits fermiers est préjudiciable à la population. La population la plus assurée, la plus disponible pour les différens travaux qui partagent les hommes en différentes classes, est celle qui est entretenue par le produit net. Toute épargne faite à son profit dans les travaux qui peuvent s'exécuter par le moyen des animaux, des machines, des rivières, etc., revient à l'avantage de la population et de l'État, parce que plus de produit net procure plus de gain aux hommes pour d'autres services ou d'autres travaux.

Que l'on facilite les débouchés et les transports des productions et des marchandises de main-d'œuvre, par la réparation des chemins, et par la navigation des canaux, des rivières et de la mer; car plus on épargne sur les frais du commerce, plus on accroît le revenu du territoire.

Qu'on ne diminue pas l'aisance des dernières classes de citoyens, car elles ne pourraient pas assez contribuer à la consommation des denrées qui ne peuvent être consommées que dans le pays, ce qui serait diminuer la reproduction et le revenu de la Nation.

Que les propriétaires et ceux qui exercent des professions lucratives, ne se livrent pas à des épargnes stériles, qui retrancheraient de la circulation et de la distribution une portion de leurs revenus ou de leurs gains.

Qu'on ne soit pas trompé par un avantage apparent du commerce réciproque avec l'étranger, en jugeant simplement par la balance des sommes en argent, sans examiner le plus ou le moins de profit qui résulte des marchandises mêmes que l'on a vendues, et de celles que l'on a achetées. Car souvent la perte est pour la Nation qui reçoit un surplus en argent, et cette perte se trouve au préjudice de la distribution et de la reproduction des revenus.

Qu'on maintienne l'entière liberté du commerce, car la police du commerce intérieur et extérieur la plus sûre, la plus exacte, la plus profitable à la Nation et à l'État, consiste dans la pleine liberté de la concurrence.

Que le gouvernement soit moins occupé du soin d'épargner, que des opérations nécessaires pour la prospérité du royaume, car de très grandes dépenses peuvent cesser d'être excessives par l'augmentation des richesses. Mais il ne faut pas confondre les abus avec les simples dépenses, car les abus pourraient engloutir toutes les richesses de la nation et du souverain.

Qu'on n'espère de ressources pour les besoins extraordinaires d'un État, que de la prospérité de la Nation, et non du crédit des financiers, car les fortunes pécuniaires sont des richesses clandestines qui ne connaissent ni roi ni patrie.

Que l'État évite des emprunts qui forment des rentes financières, qui le chargent de dettes dévorantes, et qui occasionnent un commerce du trafic de finances, par l'entremise des papiers commerçables, où l'escompte augmente de plus en plus les fortunes pécuniaires stériles. Ces fortunes séparent la finance de l'agriculture, et privent les campagnes des richesses nécessaires pour l'amélioration des biens-fonds et pour l'exploitation de la culture des terres.

« Les maximes qu'on vient de lire appartiennent surtout, comme on a pu le voir, à l'ordre politique. L'auteur n'y semble préoccupé que du paiement des impôts, de la population, des emprunts, des dépenses publiques. C'est qu'en effet les *Economistes* envisageaient la science d'un autre œil que nous-mêmes, et presque exclusivement dans ses rapports avec l'administration et le gouvernement. Leur but était de fonder la théorie sociale et d'assujettir toutes les intelligences au joug d'une autorité tutélaire, assez voisine du despotisme. Ils voulaient d'abord asseoir sur des bases immuables la propriété foncière qui leur semblait la première de toutes; mais ils ne respectaient pas moins la *propriété personnelle*, et ils n'admettaient pas de devoirs sans droits, ni de services sans compensation. L'intérêt du souverain était naturellement, selon eux, le même que celui du peuple; un roi n'était qu'un père de famille. Ils se plaisaient à peindre Lous XV animant l'agriculture de sa présence et répandant sur son passage l'abondance et la paix. Mercier de la Rivière se hasardait jusqu'à écrire : « Il est physiquement impossible qu'il puisse subsister un autre gouvernement que celui d'un seul. Qui est-ce qui ne voit pas, qui est-ce qui ne sent pas que l'homme est formé pour être gouverné par une autorité despotique? — Par cela seul que l'homme est destiné à vivre en société, il est destiné à vivre sous le despotisme. — Cette forme de gouvernement est la seule qui puisse procurer à la Société son meilleur état possible (1). »

« L'abbé Baudeau, l'un des interprètes les plus habiles de la nouvelle école, partageait les opinions de Mercier de La Rivière. Il avait pensé, comme lui, qu'il était plus aisé de persuader un prince qu'une nation et que le triomphe *des vrais principes* serait plutôt assuré par la puissance souveraine d'un seul homme, que par la conviction, difficile à obtenir, de tout un peuple. Le hasard voulut qu'ils rencontrassent parmi leurs contemporains plus d'un de ces princes réformateurs : l'impératrice Catherine, en Russie, l'empereur Joseph II, en Autriche, le grand-duc de Toscane, le grand-duc de Bade.

« Il se formait insensiblement en France, une pépinière d'hommes d'état imbus de leurs maximes, M. de Gournay, M. de Trudaine, M. de Malesherbes, M. d'Argenson, et l'illustre Turgot qui résumait leurs vertus et leurs talents. Tous ces hommes de bien n'adoptaient pas sans réserve les doctrines patriarcales de Mercier de La Rivière; mais ils faisaient pénétrer peu à peu dans le gouvernement les maximes de tolérance de l'école *économiste*, et ils préludaient par de brillants essais dans quelques provinces, soit comme intendants, soit comme ministres, aux réformes exécutées par

(1) *Ordre naturel et essentiel*, etc., tome I, pages 199, 220, 221.

la révolution française. Les abus des corporations, des douanes, des corvées, des mesures fiscales étaient signalés par eux avec une persévérance infatigable ; et dans leur ardeur de conquêtes scientifiques, ils soulevaient en passant les plus hautes questions sociales. Leurs erreurs mêmes étaient utiles, et leurs pressentiments les plus vagues semblent toujours avoir quelque chose de prophétique. « Modérez votre enthousiasme, s'écriait Mercier de La Rivière, aveugles admirateurs des faux produits de l'industrie ! avant de crier miracle, ouvrez les yeux et voyez combien sont pauvres, du moins malaisés, ces mêmes ouvriers qui ont l'art de changer vingt sous en une valeur de mille écus : au profit de qui passe donc cette multiplication énorme de valeurs ? *Quoi ! ceux par les mains desquels elle s'opère, ne connaissent pas l'aisance ! ah ! défiez-vous de ce contraste !* (1) » Mercier n'attribuait sans doute les misères de l'industrie qu'à la détresse de l'agriculture et à l'insuffisance du *produit net* ; mais quoiqu'il se trompât sur les causes, il signalait très bien les effets ; et le *constraste* dont il recommandait de se défier, renfermait le problème que l'époque actuelle n'est pas encore parvenue à résoudre.

« Adam Smith n'a rien écrit de plus net et de plus vigoureux que les belles démonstrations des *Économistes* en faveur de la liberté du commerce. Ces idées de fraternité générale parmi les nations,

---

(1) *Ordre naturel et essentiel*, tome II, page 407.

si populaires de nos jours, étaient développées par Mercier de La Rivière, avec une verve entrainante et une force de raison à laquelle on ne saurait désormais rien ajouter. Il y a même lieu de penser que cet écrivain remarquable aurait puissamment aidé les gouvernements à trouver la meilleure base d'assiette des impôts, s'il n'avait été dominé par la doctrine du produit net et des classes réputées stériles. L'impôt, disait-il, est une portion du revenu net de la nation, appliqué aux besoins de son gouvernement. Or, ce qui n'est qu'une portion du produit net, ne peut être pris que sur le produit net; on ne peut donc demander l'impôt qu'à ceux qui se trouvent possesseurs de la totalité des produits nets dont l'impôt fait partie. En conséquence, les *économistes* considéraient comme arbitraire et injuste tout impôt personnel, et ils enveloppaient dans une réprobation commune toutes les taxes indirectes. Qu'auraient-ils dit s'ils avaient vu, de nos jours, ces taxes produire en Angleterre près d'un milliard et en France plus de cinq cents millions?

« Cette erreur fondamentale qui devint plus tard la base des doctrines financières de l'Assemblée constituante, malgré les efforts de Rœderer et de quelques-uns de ses collègues, était le résultat d'une fausse appréciation des principes de la richesse. La théorie de la valeur créée, depuis, par Adam Smith, aurait appris aux *économistes* que le travail est aussi bien que la terre une source de richesses, et qu'ils avaient eu tort de ne pas assimiler la multiplication matérielle résultant d'un grain de blé confié à la terre, à la multiplication des valeurs produites par les procédés de l'industrie et du commerce. Cette malheureuse doctrine du produit net ferma les yeux des *économistes* sur une infinité de vérités qu'ils auraient déduites de l'observation des faits, s'ils avaient suivi la méthode sévère des écrivains qui leur ont succédé. Mais, dans leur fausse route, ils n'en firent pas moins des découvertes admirables, comme ces alchimistes qui ont trouvé tant de substances utiles en cherchant la pierre philosophale. Nous leur devons même les travaux des hommes qui les ont surpassés, et personne ne doute aujourd'hui qu'Adam Smith lui-même, qui résida quelque temps en France et qui vécut dans l'intimité des *économistes*, ne leur ait emprunté ses premières connaissances. Il ne parle d'eux qu'avec respect dans ses écrits, et il se proposait de dédier son grand ouvrage sur *la Richesse des Nations* à Quesnay, si cet économiste eût vécu au moment où il en fit la publication.

« On a souvent accusé les *économistes* d'une tendance révolutionnaire en voyant l'intimité qui régnait entre ces savans et les philosophes encyclopédistes. Il ne faut pas oublier, cependant, que Voltaire avait cruellement raillé leurs doctrines sur l'impôt, dans son *homme aux quarante écus*, et que Montesquieu avait répondu à leurs manifestes en faveur de la liberté du commerce par un chapitre intitulé : *à quelles nations il est désavantageux de faire le commerce*. Ce qui est certain, c'est que l'école économiste n'a pas moins contribué que l'école philosophique à la réforme de l'ordre social européen. Tandis que les *philosophes* attaquaient avec vivacité les abus de tout genre, sans regarder au choix des armes, les économistes se contentaient d'en faire ressortir avec un calme tout-à-fait magistral, les inconvéniens essentiels. Ils gardaient une réserve digne et austère au milieu du feu roulant des épigrammes ou des philippiques dont l'encyclopédie poursuivait le passé, et ils vivaient tout à la fois en bonne harmonie avec la cour sans être courtisans, et avec les philosophes sans être frondeurs. Leur gravité impartiale les faisait respecter de tous les partis, et Louis XV lui-même appelait Quesnay *son penseur* (1). Il demeurait à Versailles dans le palais du roi, qui était devenu le rendez-vous des réformateurs les plus hardis. « Tandis que les orages se formaient et se disputaient au dessus de l'entresol de Quesnay, dit Marmontel dans ses mémoires, il griffonnait ses axiômes et ses calculs d'économie rustique, aussi tranquille, aussi indifférent à ces mouvemens de la cour, que s'il en eût été à cent lieues de distance. » Il ne se mêla jamais à aucune intrigue, et il mourut à l'âge de 80 ans laissant un nom vénéré dans toute l'Europe, qui ne comprenait pas la portée de ses doctrines. Quesnay écrivait peu et d'une manière presque toujours sentencieuse et obscure. Il jetait ses idées à ses sectateurs en manière d'oracle, sans paraître y attacher d'importance et comme pour leur donner à penser. Mais ses formules étaient avidement recueillies et déve-

(1) Il lui avait donné pour armes, trois fleurs de pensée, avec cette devise : *Propter excogitationem mentis.*

loppées par la nombreuse pléïade attachée à ses pas. C'est de leur sein qu'est parti le signal de toutes les réformes sociales exécutées ou tentées en Europe depuis quatre-vingts ans, et l'on pourrait dire qu'à quelques maximes près, la révolution française n'a été que leur théorie en action.

« Ils se présentent, en effet, avec les avantages d'une phalange compacte et serrée sous les mêmes drapeaux. Ils ont un cri de ralliement commun, une doctrine commune, et ce langage dogmatique qui exerce toujours sur le vulgaire son influence accoutumée. Leurs principes sont partout proclamés dans les mêmes termes, avec la même précision mathématique, et Quesnay ne dédaigne pas de recourir à des combinaisons spécieuses de chiffres, pour justifier ses aphorismes. Trois pages suffisent pour résumer la *science nouvelle* comme ils l'appellent, et cependant Mirabeau le père la délaye en deux énormes volumes in-quarto. L'essentiel est qu'elle pénètre partout. Elle est, selon eux, aussi indispensable au roi qu'au plus modeste citoyen. On la répand sous forme de tableaux, d'instructions, de dialogues, de traités, de lettres, d'articles de journaux. *Les Éphémérides du citoyen, le Journal d'agriculture, le Journal économique* la propagent sans crainte de la censure, tant les *économistes* sont connus pour amis de l'ordre, au point de lui sacrifier la liberté. La condition du paysan, jusque-là si modeste et si injustement humiliée, s'élève au premier rang des professions les plus honorables. On réclame de toutes parts des communications, et dès lors commence cette fièvre de routes et de canaux qui se rallume si heureusement de nos jours. Les grands chemins se multiplient comme par enchantement. Sur plusieurs points la corvée est abolie ; la vaine pâture est repoussée ; la liberté du commerce des grains est réclamée. Les campagnes ont enfin obtenu un regard de leurs villes, et l'agriculture sort de l'état affreux où elle languissait depuis plusieurs siècles.

« Les économistes n'étaient, néanmoins, pas tous parfaitement d'accord sur le système de Quesnay. Ils s'entendaient sur les doctrines ; ils différaient d'avis quant aux applications. M. de Gournay, fils de négociant et négociant lui-même, fut le véritable auteur du fameux adage : *Laissez faire et laissez passer* ; c'est lui qui commença la guerre contre les monopoles et qui démontra avant tout la nécessité d'abolir les droits sur les matières premières. Quesnay, fils de cultivateur, avait tourné plus particulièrement ses regards du côté de l'agriculture, et c'est ainsi qu'il fut conduit à ses hypothèses ingénieuses sur l'influence de la production agricole, avec tout leur cortége de déductions, soit en ce qui touche l'impôt, soit par rapport au travail. M. de Malesherbes, l'abbé Morellet, Trudaine, le docteur Price, M. Josiah Tucker appartenaient à la nuance de Gournay ; Le Trosne, Saint-Peravy, Mirabeau le père, Dupont de Nemours suivaient de préférence les idées absolues de Quesnay. Mercier de la Rivière et l'abbé Baudeau, plus politiques et moins abstraits, penchaient vers la domination du pouvoir et voulaient l'investir presque exclusivement de la direction du mouvement social. Turgot marchait à part, issu d'eux tous et destiné à réaliser leurs idées par des applications promptes et décisives. Il était éclectique et pratique, comme un philosophe et un homme d'état. Mais ce qui distinguait par dessus tout cette généreuse famille d'amis du genre humain, c'était la probité admirable de chacun de ses membres et leur désintéressement sincère en toute chose. Ils ne recherchaient point l'éclat et le bruit. Ils n'attaquaient aucun des pouvoirs établis et ils n'aspiraient point à devenir populaires, quoiqu'ils fussent animés d'une profonde sympathie pour le peuple (1). C'étaient de véritables philantropes, dans la plus noble acception de ce mot. Leurs livres sont oubliés ; mais leurs doctrines ont germé comme une semence féconde, et les préceptes qu'ils enseignaient ont fait le tour du monde, affranchi l'industrie, restauré l'agriculture et préparé la liberté du commerce. Après Quesnay vint Turgot ; après Turgot, Adam Smith : la science désormais marche à pas de géant. »

Dans notre première leçon nous étudierons le système de Ricardo et celui de Sismondi.

Ad : B. (des V.)

---

(1) Ils ont mérité qu'on leur appliquât ces trois vers :

Secta fuit servare modum, finemque tueri
Naturamque sequi, vitamque impendere vero,
Nec sibi sed toto genitos se credere mundo.

TABLE

DES

MATIÈRES

CONTENUES DANS LE

PREMIER VOLUME.

PREMIÈRE LEÇON.

INTRODUCTION.

Progrès de l'Économie Politique.—Erreurs des anciens économistes.— Supériorité de l'industrie sur l'agriculture. — Comparaison entre les pays agricoles et ceux qui s'occupent d'industrie et de commerce.

L'économie politique est la science de la médecine sociale ; elle a son diagnostic et ses remèdes.— Exemples d'apoplexie et de suicide industriels.—Services rendus par les économistes : ils ont démonétisé la guerre entre les peuples, et démontré que les ouvriers et les industriels perdaient plus que les propriétaires fonciers aux émeutes et aux troubles.—Une réaction dans le sens industriel s'est opérée dans les esprits ; les dernières élections en ont été la preuve.— Pour s'occuper de ses intérêts, le pays n'en est pas devenu plus matérialiste. —Accroissement du mouvement industriel de 1824 à 1836 : *Routes*, *brevets d'invention*, *sucre*, *café*, *caisses d'épargne*, *houille*, *coton*, *soies*, *mûriers*, *fers et fontes*, *indigo*, *compagnies d'assurances*, *sociétés anonymes*, *navigation à la vapeur*, *chemins de fer*.

L'engouement a fait place à la défiance ; agiotage, abus des sociétés en commandite.—Importance des définitions.—Exemples de la division du travail ; nous manquons de spécialités.—Réductions du droit sur les houilles. 1 à 16

SECONDE LEÇON.

INTRODUCTION (SUITE).

Révolution que subissent les richesses mobilières et agricoles.—Dangers du progrès industriel.

L'étude de l'économie politique convient à tout le monde. Reproches adressés aux économistes qu'on dit trop pressés.—Essais de Turgot.—On accusait ce ministre d'être trop pressé.—Le gouvernement est entravé par l'ignorance du public. Il est forcé de respecter les droits acquis.

Ce n'est qu'avec le secours de l'économie politique qu'on peut résoudre les questions que font naître en ce moment les salaires, le paupérisme, les rentes, un projet du gouvernement belge sur les monnaies, la construction des chemins de fer, notre colonie d'Alger.

Il n'y a que les éléments de bien utiles dans la science.—En quoi consistent ces éléments.—Définition de la *valeur*, de la *valeur en échange* et de la *valeur en usage ;* de la *richesse ;* de la *monnaie ;* du *travail ;* du *capital ;* du capital *fixe* et du capital *circulant.* 17 à 34

TROISIÈME LEÇON.

CAPITAL. IMPOT. RENTE. PROFITS DU CAPITAL.

Définition du CAPITAL.—Comparaison d'un peuple et d'un journalier qui consomment tous leurs revenus, et d'un ouvrier qui épargne.—Rôle que joue le capital dans le phénomène de la production.—L'abondance des capitaux amène la division du travail.—Avantages de la division du travail; ex. d'une fabrique d'épingles.—Les capitaux peuvent recevoir différents emplois dont les résultats sont entièrement différents.—Comparaison de la Hollande, de l'Italie et de l'Espagne.—Le bon emploi des capitaux facilite le progrès industriel ; ex. de *Watt, Wyatt, Lewis Paul, Arkwright,*

Hargreaves, *Crompton*, *Cartwright*, *Berthollet*, *Bell*. — Importance du fer dans la civilisation.—Est-il toujours possible d'accroître les capitaux, de faire des économies? Oui. Ex. de la France.—Le développement des richesses fait disparaître les inégalités sociales : Ex. de la domesticité en Amérique ; il sert aussi la moralité et la civilisation.

De l'impôt. Définition de l'*impôt :* de son chiffre, de sa répartition, de son emploi.—Un économiste anglais, partisan des impôts, les regarde comme des enfants qui forcent les chefs de famille à travailler.— Réfutation de cette opinion. — Outre le chiffre de l'impôt, sa répartition et son emploi, il faut encore considérer les formalités que sa perception entraîne : des *acquits à caution*.

Du capital moral. L'intelligence de l'homme est le plus précieux de tous les capitaux.—Il importe de la cultiver. Ex. de peuples qui ont accru leur *capital moral :* différence avec les premiers.— Comparaison des résultats obtenus par un homme qui a consacré toute sa fortune pour accroître son *capital moral,* et par un autre homme qui a conservé son argent et son ignorance.

De l'intérêt des profits. —De la réduction de la *rente :* ses inconvénients, ses avantages.—Considérations sur l'habitude française de se retirer de bonne heure des affaires.—C'est une perte du *capital moral.* 35 à 60

QUATRIÈME LEÇON.

DE LA DIVISION DU TRAVAIL.

Découverte de ce principe, par Adam Smith. — Note sur ce sujet. — Avantages de la division du travail dans les métiers en général. — Avantages de la division du travail dans chaque métier.—L'invention des machines est un effet de la division du travail. — De la division du travail entre les nations.— Difficultés qui se présentent sur ce point de la question.—Division du travail dans les diverses circonscriptions d'une nation.

La division du travail n'abrutit pas le travailleur.— Elle provoque l'invention des machines qui relèvent la dignité

CINQUIÈME LEÇON.

MACHINES.

production a pour résultat une augmentation de revenus, et celle-ci un accroissement de consommation. — Exemple de la Saintonge et du Nord, de la Normandie et du Limousin, de la Flandre, de l'Alsace, de l'Artois, des Vosges.

Examen des avantages moraux qu'ont eus les machines par rapport à l'homme, aux femmes et aux enfants.—Abus des machines : trop longue durée du travail.—Cet abus est plus difficile qu'on ne pense, à faire disparaître.—Craintes que les machines ont fait concevoir à Montesquieu et Colbert.—Comparaison des pays à machines et sans machines : Irlande et Angleterre, Espagne et Belgique.—Accroissement de la population dans les villes de fabrique : Glasgow, Manchester, St-Quentin, Reims, Mulhouse, etc.

Toutes les sciences, tous les arts, ont participé aux progrès des machines : ÉTIRAGE DU PLOMB, LAMINAGE DU FER, CLICHAGE, BOUTONS, ESTAMPAGE, PIPES, OMNIBUS, BATEAUX A VAPEUR, GAZ, CHEMINS DE FER, CARCELS, ALCOOLS DE FÉCULE, BLANCHISSAGE AU CHLORE, INDIGO, BLEU DE PRUSSE, PAPETERIE, TANNERIE, SOUDE FACTICE, ACIDE PYROLIGNEUX, etc.

Le plus grave inconvénient des machines, c'est de placer les ouvriers sous la dépendance des capitalistes. Il disparaît chaque jour.—Lois contre les COALITIONS; elles ont été rapportées en Angleterre, il faut en faire autant en France.—Histoire des diverses inventions. 82 à 108

SIXIÈME LEÇON.

PAUPÉRISME.—POPULATION.

Les machines n'ont point fait le PAUPÉRISME, plaie de l'antiquité et du moyen-âge.—Le système économique de Charles-Quint contribue à augmenter le paupérisme dans les temps modernes.

L'apparition de Luther a été une autre cause de paupérisme. —Destruction des couvents et de l'aumône.—Résultat des réformes d'Henri VIII en Angleterre. — L'exportation des malfaiteurs n'est point un remède suffisant contre les mendiants voleurs.

Pauvres honorables et pauvres vicieux ; l'aumône multipli

suppression des tours.—Éloignement des enfants.—Réduction des lits. —Secours accordés aux mères qui gardent leurs enfants.

PRISONS. Population et dépenses des prisons.— Ce sont les économies faites sur l'instruction publique qui ont conduit les ignorants au vol.—Les 7|8 des condamnés ne savent pas lire. — Le dixième a moins de 20 ans, les 3|4 de ceux-ci sont des enfants trouvés.—Éducation donnée aux enfants trouvés en France, dans le royaume de Naples, en Espagne et en Russie (en note).

CONCLUSION. Budget du paupérisme ; il est le dixième du Budget général.—Son élévation a fait sentir la nécessité des réformes.—Pour rendre celles-ci complètes, il faut tout prendre par la base, par l'éducation. 127 à 152

HUITIÈME LEÇON.

PAUPÉRISME (FIN).—INÉGALITÉS DES CONDITIONS.

Revue de la leçon précédente.—Erreur à éviter.—Si tout le monde a le droit de vivre, personne ne peut exiger une aisance égale à celle de son voisin, pas plus qu'il ne peut vouloir être aussi beau, ou aussi intelligent.—Ce que le gouvernement doit à tous, ce n'est donc pas la richesse, mais les moyens de l'acquérir.

DE L'IMPÔT. Défense de l'impôt; il sert à exécuter certains travaux qui profitent à la communauté, et que personne n'eût pu faire seul.—Les pauvres retirent autant que les riches des améliorations obtenues avec l'argent de l'impôt et par les entreprises des riches.

DES RICHESSES ET DES INÉGALITÉS. La richesse ne produit rien quand elle est trop divisée.— L'intelligence doit recevoir un salaire supérieur à celui qui est réservé à la seule force physique.—Exemple du capitaine d'un navire et de son équipage. —Comparaison avec un entrepreneur d'industrie.

OWEN, ST.-SIMONIENS, FOURIER. Essais tentés pour améliorer le sort des classes pauvres.— Causes qui les ont fait échouer. — *New-Lanark, New-Harmony.* — *Ménilmontant.* — *Phalanges passionnées et séraphiques.* — *Industrie attrayante.*

Indication de la route à suivre pour de nouvelles tentatives de réforme; il faut reprendre par la base, par l'enfance.

REPRODUCTION DE LA PARABOLE DE ST.-SIMON. 153 à 173

NEUVIÈME LEÇON.

DE LA MONNAIE.

Définition du NUMÉRAIRE et de la MONNAIE; Fonctions qu'ils remplissent.—Des MÉTAUX PRÉCIEUX; ils ne servent pas seulement d'intermédiaires dans les échanges, et sont aussi des marchandises dont le prix se forme en raison de la quantité offerte, et des besoins.—Les altérations des monnaies les déprécient parce qu'elles diminuent la quantité de métal précieux; on a été conduit à les commettre par l'idée que l'or et l'argent n'étaient point des marchandises; c'est par la même raison qu'on a défendu à certaines époques l'exportation du numéraire.—Rapport de l'or à l'argent en différents pays.

DES MONNAIES. Avantages des pièces revêtus d'une empreinte qui en constate le titre et le poids, sur les lingots.—Effets désastreux des falsifications des monnaies en France.—Abus du papier-monnaie converti en monnaie de papier en France et en Angleterre.—Du BILLON au Brésil, en France et en Sardaigne; facilités qu'il offre aux contrefacteurs.

De la FABRICATION DES MONNAIES en Angleterre, en France et en Russie.—Détails sur le système monétaire de la France.

DE L'ALTÉRATION DES MONNAIES D'OR EN BELGIQUE.—Résultats qu'elle doit produire. 174 à 192

DIXIÈME LEÇON.

MONNAIE.—CRÉDIT.—BANQUES.

Lettre de M. Ch. de Brouckère directeur de la monnaie en Belgique à M. le professeur Blanqui.

Système de Sismondi sur la monnaie, opposé à celui de Ricardo.—Milieu à garder.

La circulation du papier a fait augmenter les salaires et le prix de toutes choses.—Les rentiers et les employés publics sont devenus plus pauvres.— Facilité apportée dans les transactions commerciales.—*Clearing house* à Londres.

DOUZIÈME LEÇON.

COMPARAISON DES BANQUES DE DÉPOT AVEC CELLES D'ESCOMPTE OU DE CIRCULATION. — CAISSE GÉNÉRALE DU COMMERCE ET DE L'INDUSTRIE.

BANQUES DE DÉPÔTS. Ancienneté des banques de dépôts; — (Note sur le crédit en Chine et en Turquie). — Leur création est provoquée par la diversité des monnaies. — Comment cette création a eu lieu. — Services rendus par ces banques. — Profits qu'elles font. — Confiance inspirée par la banque d'Amsterdam. — Comment elle la perdit. — Note sur les banques de Venise, de Gênes, d'Amsterdam et de Hambourg.

COMPARAISON DES BANQUES DE DÉPÔT AVEC CELLES DE CIRCULATION. — Les banques de dépôt deviennent insuffisantes; elles sont remplacées par celles de circulation. — Garanties de ces banques. — Elles sont plus exposées au sinistres. — Le crédit ne se soutient qu'avec des capitaux circulants. — Il ne faut pas non plus que les banques de circulation poussent trop loin la prudence. — C'est ce que fait la banque de France.

CAISSE GÉNÉRALE DU COMMERCE ET DE L'INDUSTRIE. — Ses succès en quelques mois. — Chiffres officiels du 31 décembre 1837. — Elle n'a éprouvé aucune perte sur 11500 effets. — Petits billets de crédit. — Appréciations diverses.

CONCLUSION. 234 à 249

TREIZIÈME LEÇON.

QUESTION DE LA MONNAIE BELGE (FIN). AGRICULTURE.

Rappel des faits qui ont amené la discussion avec M. de Brouckère. — Discussion. — Conclusion.

AGRICULTURE. Position spéciale de l'agriculture. — Ses besoins. — Qu'a-t-on fait pour elle? Rien. — Ses représentants ne se sont servis du pouvoir que pour eux, et ils en ont fait un mauvais usage.

Des ROUTES et de l'INSTRUCTION par rapport à l'agriculture.

Tout ce que l'on fera pour cette branche de la production, réagira sur les deux autres. 250 à 278

QUATORZIÈME LEÇON.

CONSTITUTION DE L'AGRICULTURE.

Ressemblance des procédés actuels avec ceux des Romains. —L'avenir de l'agriculture est dans un nouveau système d'organisation.

Du système patriarcal. — Constitution de la propriété. — Comment cette constitution s'est effectuée en Amérique.—Note sur le prix des terres dans ce pays.

Du *système romain*. — L'agriculture honorée à Rome. — Documents laissés par les Romains.

Culture par les esclaves.—Les esclaves se transforment en *serfs attachés à la glèbe*; — Les serfs deviennent *censitaires*; —Les censitaires deviennent *métayers*.—Appréciation du *métayage*.

Du *fermage*.—Comparaison du système des baux en France et en Angleterre. — Inconvénients des fermes divisées en *lots*. —Misère des petits fermiers.

Influence de *l'usure* et *de la vaine pâture*.

Statistique de l'agriculture en France. — Population des communes.—Revenus des communes.—Impôts.—Procès. — Division de la propriété par le fisc. — Les notaires et les gens de loi.—Statistique du sol. 279 à 292

QUINZIÈME LEÇON.

AGRICULTURE (SUITE). SYSTÈME DE QUESNAY.

Résumé de la leçon précédente : l'agriculture est honorée et prospère sous la République.—Sa décadence date de l'Empire et de l'exploitation par les ESCLAVES.—Elle se relève avec les SERFS CENSITAIRES, les VILAINS et les COLONS-PARTIAIRES.— Elle est florissante avec le FERMAGE par le bail emphytéotique, et stationnaire sinon rétrograde avec ceux de courte durée.

Tout ce qu'on a fait pour encourager l'agriculture a été inutile.—Les droits protecteurs sur les LAINES, les BESTIAUX et les CHEVAUX, ne sont que des palliatifs impuissants.—Si la contrebande pouvait s'exercer sur les produits agricoles, elle

sauverait l'agriculture, comme elle a sauvé l'industrie des CHALES et celles des MONTRES.

Le gouvernement doit à l'agriculture quatre choses : un CODE RURAL, la RÉFORME DE LA LÉGISLATION HYPOTHÉCAIRE, des ROUTES et de l'INSTRUCTION TECHNIQUE. — Les citoyens doivent à l'agriculture d'honorer ses travaux ailleurs que dans les livres. — On a tort de se retirer, d'avoir des intendants et des fermiers, il faut faire valoir soi-même. — Les propriétaires des provinces se lancent dans les affaires industrielles, dans les sociétés en commandites, dont ils ne connaissent pas le ressort et le mécanisme. — Pour vouloir s'enrichir tout d'un coup ils s'exposent à se ruiner. — Ils répètent la faute commise à l'époque du système. — Sous beaucoup de rapports la situation est la même. — Comme à cette époque on reviendra à l'agriculture, et nous verrons reparaître les systèmes agricoles, reproduisant ceux de Quesnay, de Ricardo et de Sismondi. — Examen du SYSTÈME DE QUESNAY ou des ÉCONOMISTES (Extrait du 2e vol. de l'HISTOIRE DE L'ÉCONOMIE POLITIQUE). 293 à 326

FIN DE LA TABLE DU 1er VOLUME.

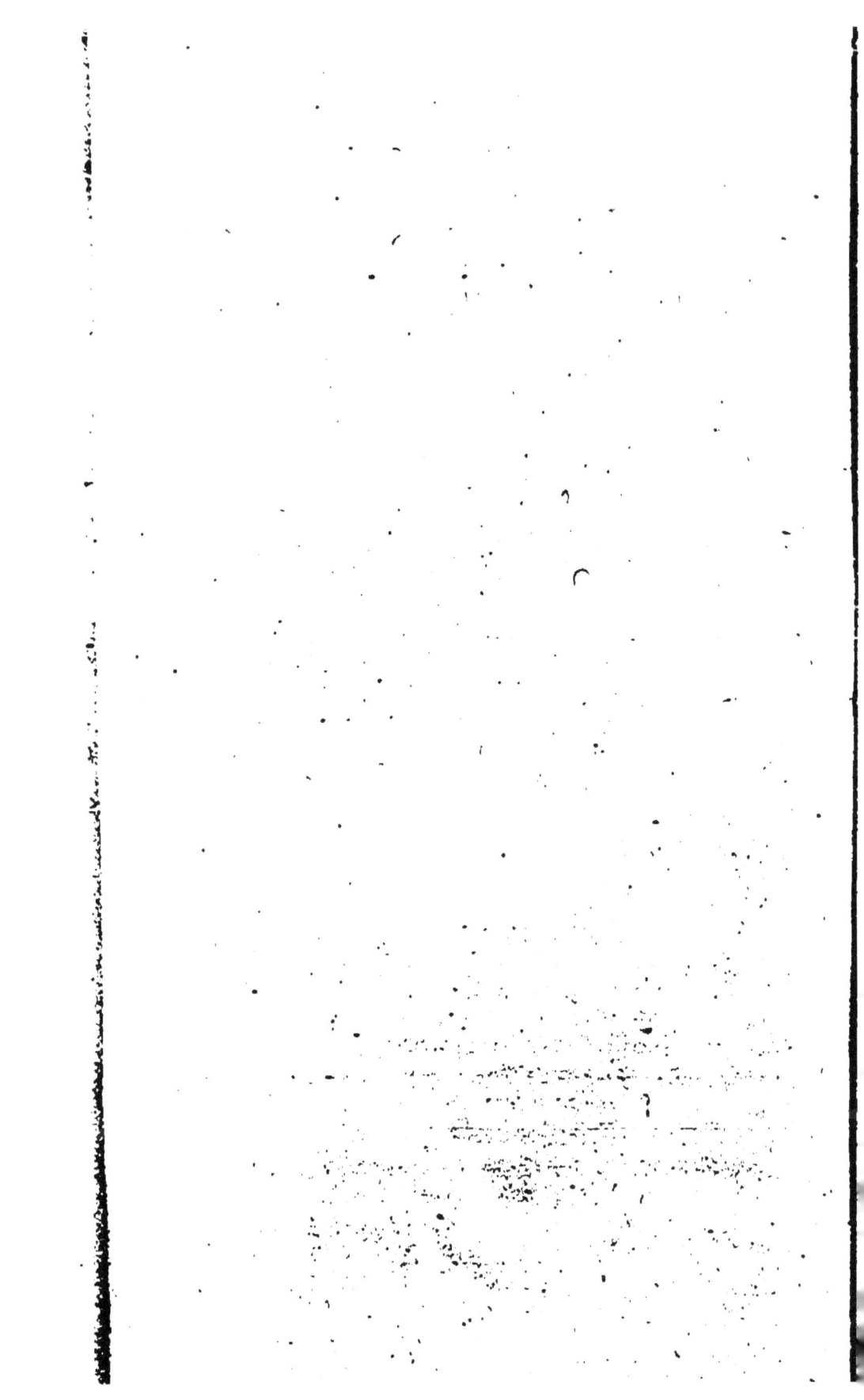

www.ingramcontent.com/pod-product-compliance
Lightning Source LLC
Chambersburg PA
CBHW060134200326
41518CB00008B/1028
* 9 7 8 2 0 1 2 6 4 5 1 9 6 *